lonely planet

EUROPA OHNE FLIEGER

80 INSPIRIERENDE UND NACHHALTIGE REISEIDEEN

Inhalt

ETWA EINE WOCHE

ZWEI WOCHEN ODER MEHR

LEGENDE

Essen & Ausgehen
Wellness & Entspannung
Sehenswertes & Geschichte
Aktivitäten
Kunst & Kultur
Natur

Zug
Bus
Fähre
Fahrrad
Elektro-/Hybridauto

Schienen
Wasser
Straße
Andere
Tagestrip

Am besten sitzt man am Fenster, wenn der französische TGV durchs Land braust

Einführung

von Tom Hall, London 2019

Irgendwo in Europa in einem Zug aufzuwachen muss zu den größten Freuden des Reisens zählen: Denn draußen ziehen die Vororte von Rom, Edinburgh oder Wien vorbei. Und schon bald steht man in einer der berühmtesten Städte der Welt. Einfach so – ohne Sicherheitscheck wie am Flughafen, fast stressfrei, dafür aber mit dem guten Gewissen, klimafreundlicher gereist zu sein.

Erst seit relativ Kurzem sind Kurzstreckenflüge innerhalb Europas Alltag. Nach dem Krieg erkundeten ganze Generationen von Reisenden Europa per Interrail oder per Anhalter. Seit dem Aufkommen der Billigflieger sind immer mehr Ziele preiswert und schnell zu erreichen.

Inzwischen macht sich die Erkenntnis breit, dass damit auch einiges verlorengegangen ist. Die Freude am gemächlichen Erkunden, wenn man vom Fahrrad, von der Fähre oder vom Zugfenster aus beobachtet, wie sich die Landschaft langsam verändert, ist Welten entfernt von der Hektik des Wochenend-Kurztrips. Verschiedene tolle Ziele sind Opfer ihrer eigenen Beliebtheit geworden: Viele Städte müssen inzwischen versuchen, mit zu vielen Menschen an denselben Stellen zurechtzukommen. Und viele Reisende möchten heutzutage die Auswirkungen des Fliegens auf ihre persönliche CO_2-Bilanz nicht länger ignorieren.

Doch Europa ist nach wie vor ein tolles Fleckchen Erde für klimabewusstes Reisen. Ein immer weiter wachsendes Netz an schnellen Zugverbindungen, die es in Sachen Gesamtreisezeit mit dem Fliegen aufnehmen können, ergänzt die normalen Regional- und Nahverkehrsbahnen vom nördlichen Norwegen bis nach Marokko, vom westlichen Irland bis zur Grenze zwischen Europa und Asien. Wo keine Züge fahren, verkehren Busse und Fähren. Und in ganz Europa ist das unabhängige Reisen auch per Drahtesel oder zu Fuß dank Hostels, Pensionen und Privatzimmern kein Problem. Von London nach Amsterdam, von Madrid nach Barcelona oder von Paris nach Zürich muss man nicht fliegen. Und eine Woche lang die Radwege Dänemarks oder der Niederlande zu erkunden ist für viele eine völlig neue Alternative, von A nach B zu gelangen.

Dieses Buch ist Lonely Planet sehr wichtig. Alle unsere Mitarbeiter sind leidenschaftliche Reisende, die denken, dass

Der Mailänder Hauptbahnhof lässt die meisten Flughäfen alt aussehen

vernünftig praktiziertes Reisen etwas Gutes darstellt. Zwar lassen sich die Auswirkungen der Reisen so vieler Menschen nicht ignorieren. Für uns heißt das, nicht etwa ganz auf das Reisen zu verzichten, sondern zu schauen, was wir anders machen können. Mit den hier aufgeführten Routen hoffen wir, ein bisschen zum Umdenken beitragen zu können. Natürlich wird es auch weiter Reiseziele geben, die nur mit dem Flugzeug zu erreichen sind – und wir empfehlen, dort jeweils länger zu verweilen und am Ziel selbst nicht mehr zu fliegen. Für unsere eigenen Reisen werden wir weiterhin einen Emissionsausgleich leisten, auch wenn wir wissen, dass das keine wirkliche Lösung des Problems ist. Und wir werden uns dafür einsetzen, die CO_2-Emissionen des Fliegens und der Reisebranche als Ganzes zu reduzieren.

Gebrauchsanleitung

Bei jeder Route, ob bei einer Fährfahrt zu den Färöern oder einer Bahnfahrt entlang der französischen Riviera, sind von verschiedenen Städten Europas, meist im Norden, Süden, Osten oder Westen der ersten Station, Möglichkeiten der Anreise zum Ausgangspunkt der Route angegeben. Danach wird die Route Station für Station mit eventuellen Abstechern vorgestellt. Die Art der Weiterreise zur nächsten Station ist in Fettdruck angegeben. Das Rückgrat der meisten Routen bildet das exzellente Bahnnetz Europas, von Hochgeschwindigkeits- bis zu Bummelzügen, aber es gibt auch Fahrten per Fähre, Hybridauto und Fahrrad oder gar Wanderungen.

Dauer: Für jede Route ist eine Durchschnittsdauer angegeben, die, wenn überhaupt, eher zu kurz als zu lang ausfällt. Wer mehr Zeit hat, kann je nach persönlichem Interesse an ausgewählten Stationen einfach länger verweilen. Familien mit Kindern müssen fürs Reisen sowie für eventuelle Radtouren vielleicht mehr Zeit einplanen.

CO_2: Die Berechnung der CO_2-Emissionen pro Kilogramm für jede Route (pro Person) von der ersten bis zur letzten Station, d. h. ohne Anreise, erfolgt auf der Grundlage des CO_2-Rechners von Resurgence, der unterschiedliche Transportmittel berücksichtigt. Jedoch gibt es manchmal für einzelne Etappen einer Route verschiedene Möglichkeiten, z. B. kann man mit dem Zug statt mit dem Fahrrad fahren.

Die „Big Five“ des umweltbewussten Reisens

Buchung: Viele Zugfahrkarten können ab 90 Tagen vor der Reise gebucht werden; oft sind die Preise bei früher Buchung günstiger. Wer flexibel ist, kann rund um den Wunschreisetermin oft Schnäppchen finden.

Gepäck: Ob auf zwei Rädern oder im TGV: Jedes Kilo weniger Gepäck zählt! Das Allermeiste kann man sich zur Not auch unterwegs besorgen.

Unterkünfte: Zwar muss man schon Pech haben, als einzelner Reisender kein Ticket für einen bestimmten Zug oder eine konkrete Fähre zu bekommen, doch Unterkünfte sollten in den Sommermonaten am besten reserviert werden, auch in Schlafsälen.

Kosten: Manche Reisende lassen sich von den höheren Kosten des Bahnfahrens abschrecken. Doch sollte man erst einmal die Gesamtkosten ins Auge fassen, also mit Anreise zum Flughafen, Gepäckgebühren und Verpflegungskosten – dann ist der Unterschied nicht mehr so groß.

Spaßfaktor: Flughäfen sind nervig. Doch eine Schiffs- oder Bahnreise ist Teil des Reiseerlebnisses. Vielleicht teilt man sich mit anderen Fahrgästen sogar den mitgebrachten Proviant …

Tipps

Radfahren: Bei einigen Routen können Teile der Strecke mit dem Rad absolviert werden. In vielen Zügen kann man nur eingeschränkt Bikes mitnehmen. Eine Möglichkeit, ohne das Rad in eine schwere Tasche oder einen viel zu großen Karton zu verpacken ist es, eine große, leichte Tasche mitzunehmen. Man baut Vorder- und Hinterrad aus, entfernt den Lenker oder dreht ihn, packt die Räder neben den Rahmen und das Ganze dann in die Tasche. Oder man fragt in einem Radladen nach einem Transportkarton oder nutzt eine Radtasche, die man dann zu Beginn der Reise in der Unterkunft zurücklässt. Oder man nutzt einen Service wie www.nannybag.com.

Züge: In den Hauptreisezeiten und für beliebte Strecken sollte man Bahntickets stets so weit im Voraus buchen wie möglich. Mark Smith (www.seat61.com) hat jede Menge Tipps parat, wo und wie man für bestimmte Strecken Fahrkarten buchen kann.

ETWA EINE WOCHE

BODE-MUSEUM
UKW
20

Kunsttour nach Amsterdam

Paris • Lille • Antwerpen • Amsterdam

Diese Route verbindet kunstvoll reizende Städte mit Weltklasse-Galerien. Aus dem Zug zu den französischen Impressionisten und holländischen Meistern des Goldenen Zeitalters.

So kommst du hin

Der Kurztrip macht sich die Hochgeschwindigkeitsverbindung Paris–Amsterdam zunutze. Es bietet sich an, im Süden zu starten, mit Anbindung von Lyon Part Dieu (2 h), Marseille Gare Saint-Charles (3 h) und Milano Centrale (7 h) an die Pariser Gare de Lyon. Wer die Reise in umgekehrter Reihenfolge macht, reist von Hamburg nach Amsterdam (5 h) an, oder steigt mittendrin ein und fährt von London St. Pancras direkt zum Bahnhof Lille Europe (1 h 30).

❶ Paris

Paris ist ein Kunstgigant – von Renoirs Illustrationen der Stadt im Musée d'Orsay bis hin zum rätselhaften Blick einer bestimmten Person im Louvre. Wer mal was anderes sucht, besichtigt das Musée Picasso: In einem Herrenhaus aus dem 17. Jh. im Stadtteil Marais zeigt es das Leben des Künstlers in der Stadt, als dieser beschuldigt wurde, die Mona Lisa gestohlen zu haben.

20 Züge fahren tgl. von Paris Gare du Nord nach Lille (1 h 30). www.sncf.com

Hoteltipp: Hotel Gavarni

Faktencheck

CO_2 (kg pro Pers.) 10

Entfernung (km) 513

Übernachtungen 6+

Fahrtkosten (€) 300

Das Musée d'Orsay in Paris

Rembrandts *Nachtwache* im Rijksmuseum

❷ Lille

Lille ist eine Industriestadt an der Grenze zwischen den Niederlanden und Frankreich und besticht durch sein Aufgebot an bildender Kunst. Napoleon ließ hier das Palais des Beaux-Arts erbauen, um die Menschen mit den Alten Meistern vertraut zu machen. Es umfasst Werke von Raphael bis Rembrandt. Heute strömen die Besucher auch ins LaM, Lilles Museum für Zeitgenössische Kunst. Zu sehen gibt's dort außergewöhnliche Installationen.

SNCF bietet Verbindungen von Lille Flandres nach Antwerp Centraal (1h 30). www. sncf.com

Tagestrip

Louvre-Lens

Im Norden Frankreichs steht eine Verwandte der berühmten Pariser Pyramide: Die markante Glasstruktur eröffnete 2012. Sie sollte einem Teil der riesigen Louvre-Kollektion ein neues Zuhause geben und die einstige Bergbaustadt Lens aufwerten.

Pro Tag verkehren 50 Züge zwischen Lille Flandres und Lens (30 min). www.sncf.com

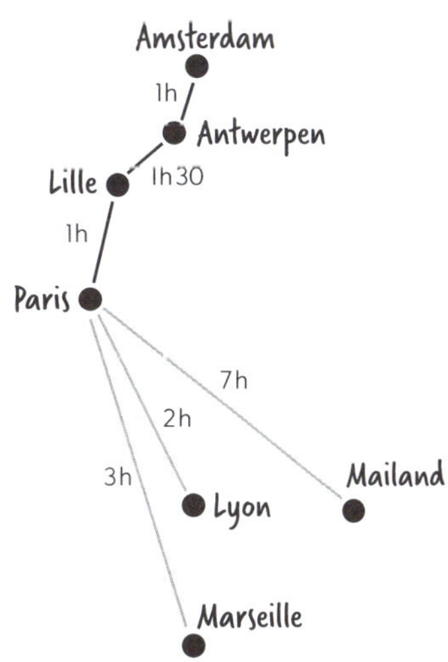

Amsterdams Waldorf Astoria an der Herengracht

❹ Amsterdam

Das Amsterdamer Dreigestirn der Kunstgalerien liegt rund ums Museumplein, eine Grünfläche, die zum Picknicken einlädt. Das zeitgenössische Stedelijk Museum mit seinem auffälligen Badewannen-Design sticht hervor, genauso wie die Türme des renovierten Rijksmuseum. Wer die Reise Revue passieren lassen will, kommt ins Van Gogh Museum. Hier gibt‘s die weltweit größte Sammlung seiner Werke, inkl. seiner Anfangsarbeiten aus Antwerpen und Abbildungen der Pariser Cafés und Boulevards.

So geht's zurück

Mit elf direkten Thalys-Zügen zur Gare du Nord in Paris (3 h 30) ist die Rückreise ein Kinderspiel.

❸ Antwerpen

Die prosperierende Hafenstadt war die Heimat des barocken Malers Peter Paul Rubens. Haus und Werkstätte stehen für Besichtigungen offen und seine Arbeiten schmücken Antwerpens Kathedrale. Wer sich mehr fürs geschriebene Wort interessiert, ist im Museum Plantin-Moretus richtig. Das Gebäude aus dem Mittelalter beherbergt die ersten industriell gefertigten Drucke aus einer Zeit, in der die Niederlande Bücher und Ideen in ganz Europa verbreiteten.

Über 50 Züge bedienen pro Tag die Strecke Antwerpen–Amsterdam (1 h). www. thalys.com

Die neue Vorhalle im Amsterdamer Rijksmuseum

Bierwallfahrt nach Belgien

Paris · Brüssel · Antwerpen · Brügge

Von Paris aus geht's direkt ins Herz der belgischen Bierlandschaft, wo Brauereien und höhlenartige Bars zwischen den Kanälen und gepflasterten Plätzen von Flandern warten.

So kommst du hin

TGV Lyria bedient die Strecke Genf–Paris Gare de Lyon (3 h). Von London St. Pancras fährt der Eurostar nach Paris Gare du Nord (2 h 30). Wer Frankreich auslässt, reist gleich nach Brüssel Midi/Zuid (2 h). ICE- und Thalys-Direktzüge fahren von Köln Hauptbahnhof ab (2 h).

❶ Paris

Die Pilgertour startet in Paris, das zwar nicht gerade für seine Bierszene bekannt ist, wo aber in den letzten Jahren viele Ausschänke aufmachten. Hier kann man im Le Triangle auf die Reise anstoßen, einer Mikrobrauerei, 20 Gehminuten von der Gare du Nord, unweit des Canal Saint-Martin.

Faktencheck

CO_2 (kg pro Pers.) 10

Entfernung (km) 500

Übernachtungen 5+

Fahrtkosten (€) 200

Pro Tag schaffen 30 Züge Anbindung von Paris Gare du Nord nach Brüssel Midi/Zuid (1 h 30). www.thalys.com

Hoteltipp: Le Citizen

❷ Brüssel

Die quasi-Hauptstadt der EU ist überraschend kompakt. In 15 Minuten ist man zu Fuß vom Bahnhof aus an der legendären Brunnenstatue eines pinkelnden Jungens, dem Manneken Pis. Nach weiteren fünf

Über 800 belgische Biere stehen zur Auswahl

Minuten steht man an der Grand-Place inmitten barocker Gildehäuser, die zu den schönsten Europas zählen. Ein Highlight für Bierliebhaber ist die Brauerei Cantillon, wo bei der Herstellung des charakteristischen Lambic noch Geräte aus dem 19. Jh. zum Einsatz kommen. Die Brauerei liegt in Anderlecht, 20 Minuten vom Zentrum entfernt.
Mit dem Zug von Brussel-Noord nach Antwerp Centraal (30 min). www.belgiantrain.be

❸ Antwerpen

Antwerpen wartet mit einem prunkvollen Bahnhof mit vergoldeten Uhren, himmelhohen Decken und imposanten Treppen auf. Die Stadt war im 16. Jh. eine der reichsten Hafenstädte Europas und ist dank ihrer Modeindustrie und modernisierten Docks wieder am Aufblühen. Morgens ein Besuch im Rubenshuis – Heim und Atelier des Alten Meisters Peter Paul Rubens (1577-1640), geschmückt mit seinen Gemälden – und danach geht's zum Grote Markt, einem mittelalterlichen Platz, auf ein *bolleke*, ein bauchiges Glas, in dem das lokale Bier De Koninck serviert wird.
Bis zu 40 Züge fahren tgl. von Antwerp Centraal nach Brügge (1h 30). www.belgiantrain.be

❹ Brügge

Brügge wird zwar von Touristenmassen überrannt, doch es ist eine Stadt wie aus dem Bilderbuch: Glockentürme, kleine Windmühlen, beschauliche Grachten und gepflasterte Gässchen. Die Pflastersteine werden spätestens nach einer Kostprobe ihres berühmten Exportartikels, dem köstlichen belgischen Bier, zur Herausforderung. Am besten wartet man, bis der große Mittagsansturm nachgelassen hat, und kehrt in der Brauerei De Halve Maan auf ein Brugse Zot (Brügges Narr) ein. Oder macht sich auf die Suche nach De Garre, einer gut versteckten mehrstöckigen Taverne. Das Hausbier dort ist so stark, dass maximal drei Gläser ausgegeben werden (damit die Gäste sicher die Treppen runterkommen).

Tagestrip

Gent

Auf halbem Weg zwischen Brügge und Brüssel liegt Gent, ein weiterer hinreißender Ort in Flandern; allerdings mit einem unschönen Industriegebiet und vergleichs-

Mit dem Boot Brügges Grachten erkunden

weise wenig Touristen. Wer Gents historische Kirchen, Galerien und die Tuchhalle besuchen will, hat schnell einen ganzen Tag gefüllt. Abends lädt eine der Bars zum Versumpfen ein. Das Het Waterhuis aan de Bierkant hat eine Terrasse zum Fluss hinaus. **Über 80 Züge gehen tgl. nach Brügge, der schnellste in weniger als 30 Minuten. www.belgiantrain.be**

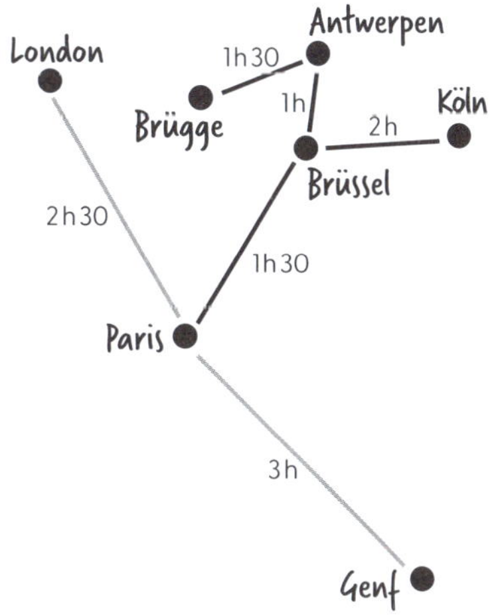

So geht's zurück

Von Brügge starten ca. 60 Züge pro Tag zurück nach Brüssel (1 h).

Kulinarisch durchs Baskenland

Bilbao • Logroño • Vitoria-Gasteiz • Donostia-San Sebastián

Geschäftige Häfen, imposante Städte, Kunst von Weltklasse und renommierte Weingüter liegen auf dieser Tour durch eines der Feinschmeckerparadiese Europas.

So kommst du hin

Der Bahnhof Bilbao-Abando wird täglich von bis zu zwei Zügen aus Madrid (4 h 40) und einem aus Barcelona (7 h) angefahren. Aus Frankreich sind es 4 h 40 mit dem TGV von Paris-Montparnasse nach Hendaye an der Grenze zu Spanien. Direkt am Bahnhof Hendaye befindet sich die östliche Endstation der Euskotren-Metrolinie E2 (www.euskotren.eus), mit der man den Bahnhof Amara in Donostia-San Sebastián in40 Minuten erreicht. Von hier aus fahren stündlich Metrozüge der Linie E 1 weiter zum Bahnhof Matiko in Bilbao (2 h 40). Schneller ist der Bus (1 h 20; www.alsa.com). Es ist aber auch möglich, mit dem Bus direkt von Hendaye nach Bilbao zu fahren (1 h 40; www.blablacar.com).

Faktencheck

CO_2 (kg pro Pers.) 151

Entfernung (km) 1500

Übernachtungen 8+

Fahrtkosten (€) 450

Fährverbindungen gibt es von Großbritannien nach Bilbao, entweder von Portsmouth nach Bilbao (34 h; www.brittany-ferries.co.uk) oder von Plymouth nach Santander (21 h, Zug nach Bilbao (3 h). Wer in der Region unterwegs ist, sollte immer daran denken, dass der baskische Name eines Ortes möglicherweise der einzige

Pintxos **nach Lust und Laune in San Sebastián**

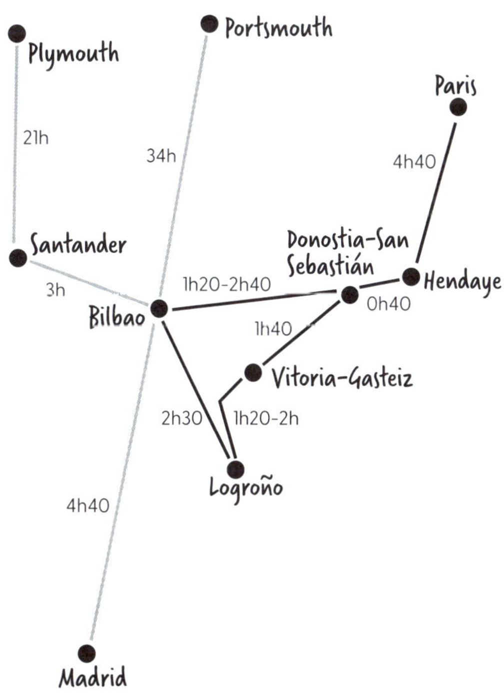

ist, der angezeigt wird (Hendaye heißt z. B. Hendaia).

❶ Bilbao

Nur wenige europäische Städte können in Sachen Imagewechsel mit Bilbao mithalten. Das einstige Zentrum der Schwerindustrie hat sich inzwischen ganz der Kultur verschrieben. Neben dem Guggenheim-Museum lohnt sich auch ein Besuch des Museo de Bellas Artes. Nach so viel Kunst ist es Zeit für *pintxos* (baskische Tapas) in einem der stimmungsvollsten Lokale der Stadt, der Café-Bar Bilbao (seit 1911).
Täglich geht's von Bilbao-Abando nach Logroño (2 h 30). www.renfe.com

❷ Logroño

Das grüne Logroño liegt an der Grenze zum Baskenland in La Rioja. Auch hier ist

Links: der Nervión fließt durch Bilbao; rechts: die Bahía de la Concha und San Sebastián

man stolz auf die traditionellen *pintxos*, aber das wahre Highlight der Region sind: die besten Weine Spaniens. Angebaut werden sie am Ebro und getrunken in den Bars der Calle Laurel und de San Juan.
Es gibt eine tägliche Zugverbindung von Logroño nach Vitoria-Gasteiz mit Umstieg in Miranda de Ebro (2 h, www.renfe.com). Linie 9 von Álava Bus benötigt für den Trip 1 h 20. www.alavabus.eus

❸ Vitoria-Gasteiz

Vitoria-Gasteiz mit dem hübschen Marktplatz ist die Hauptstadt des Baskenlandes. Hinter ihrer unauffälligen Fassade verbirgt sich eine Kunstszene, die mit der des benachbarten Bilbao locker mithalten kann. Auch die besten *pintxos* der Stadt stehen denen in San Sebastían in nichts nach. Weiteres Plus: Die Unterkünfte sind hier um einiges billiger als in der Küstenstadt.
Züge fahren von Vitoria-Gasteiz siebenmal täglich nach San Sebastián (1 h 40).

❹ Donostia-San Sebastián

San Sebastián ist ein Feinschmecker-Mekka von Weltklasse im Land der *pintxos*. Die Küstenlage an der Bahía de la Concha wird nur von den verführerischen *pintxo*-Bars der Altstadt Parte Vieja übertroffen. Trendige Lokale kommen und gehen, aber ein paar alte Favoriten bleiben: Borda Berri mit seinen Tintenfisch-Gerichten zum Beispiel, oder La Cuchara de San Telmo mit seinen Kalbsbäckchen in Rotwein.
Hoteltipp: Arima Hotel

Tagestrip

Biarritz

Obwohl Biarritz in Frankreich liegt, ist der Küstenort in vielerlei Hinsicht die Schwesterstadt von San Sebastián: Auch hier gibt's eine Uferpromenade mit Prachthotels aus dem 19. Jh. und eine eigenständige (typisch französische) Gastronomieszene. Der durch Letztere verursachte Kalorienüberschuss kann beim Surfen wettgemacht werden – Boards zum Ausleihen und Surfkurse gibt's in der ganzen Stadt.
Zwischen Biarritz und San Sebastián verkehren Busse (1 h).

So geht's zurück

Von San Sebastián zurück nach Bilbao fahren die Euskotren-Linie E 1 nach Matiko (2 h 40) oder der Bus (1 h 20). In Richtung Frankreich nimmt man am besten die Metrolinie E 2 (40 min.) oder den Bus (20min.) nach Hendaye, von wo aus der TGV nach Paris fährt. Achtung: Die 2 km lange grenzüberschreitende Bahnverbindung zwischen Irun und Hendaye wird derzeit ausgebaut.

Oben: innovative Kreationen; rechts: Biarritz

Gen Westen: Cork und Kerry erkunden

Cork • Kinsale • Killarney • Tralee

Das quirlige Cork ist Startpunkt einer Route zu Festungen, Pubs, Festivals, zwei Schiffswracks und atemberaubender Westküstenlandschaft.

So kommst du hin

Das praktischste Tor nach Cork ist London. Von London Euston fahren Züge nach Holyhead zur Fähre nach Dublin, von dort gibt's dann Direktzüge nach Cork. Die schnellste Überfahrt (2 h 15, bis zu 6-mal tgl.) bietet Irish Ferries; die Gesamtreisedauer liegt hier bei elf Stunden. Das lässt sich an einem Tag gut machen, doch bietet sich natürlich eine Übernachtung in Dublin an. Ab Amsterdam fährt der Eurostar nach London St. Pancras (4 h). Von Paris Montparnasse verkehren TGVs nach Morlaix (3 h 30): Von dort sind es 40 Minuten mit dem Bus nach Roscoff. Zweimal pro Woche starten dort Nachtfähren nach Cork. Der Hafen ist eine halbe Stunde per Bus oder Taxi vom Stadtzentrum entfernt.

Faktencheck

CO_2 (kg pro Pers.) 18
Entfernung (km) 200
Übernachtungen 7
Fahrtkosten (€) 60

❶ Cork

Die zweitgrößte Stadt Irlands ist eine Stadt zum Flanieren: Ein Gewirr aus Straßen und Kanälen im Zentrum lädt zum Schlendern ein. Das Herz der tollen kulinarischen Szene der Stadt ist der English Market. Die Galerie Glucksman bündelt die kulturelle Energie Corks, die sich auch in den Singalongs in den Pubs und in den zahllosen Festivals zeigt. Wehranlagen, Kirchen und ein uriges Buttermuseum zählen zu den

Der überdachte English Market in Cork

Titanic-Schilder in einem Pub in Cobh

historischen Highlights der Stadt, von der sich auch Tagesausflüge anbieten.

Busse von buseireann.ie fahren stündlich nach Kinsale (50 min).

Tagestrip

Cobh

Die Hafenstadt Cobh südöstlich von Cork blickt in die Vergangenheit. Hier lief die *Titanic* aus, die drei Tage später mit einem Eisberg kollidierte. Außerdem schifften sich hier 3 Mio. irische Männer, Frauen und Kinder nach Nordamerika ein und veränderten Irland und die USA damit entscheidend. Die Titanic Experience Cobh behandelt die berühmteste Schiffskatastrophe aller Zeiten, Queenstown Story erzählt die Geschichten irischer Auswanderer, und eine Fähre bringt Besucher zur früheren Gefängnisinsel Spike Island.

Zwischen Cork und Cobh (30 min) verkehren mindestens stündlich Züge (www.irishrail.ie)

2 Kinsale

Kinsale ist ein hübscher Küstenort mit Pubs, Restaurants und Kunstgalerien sowie ei-

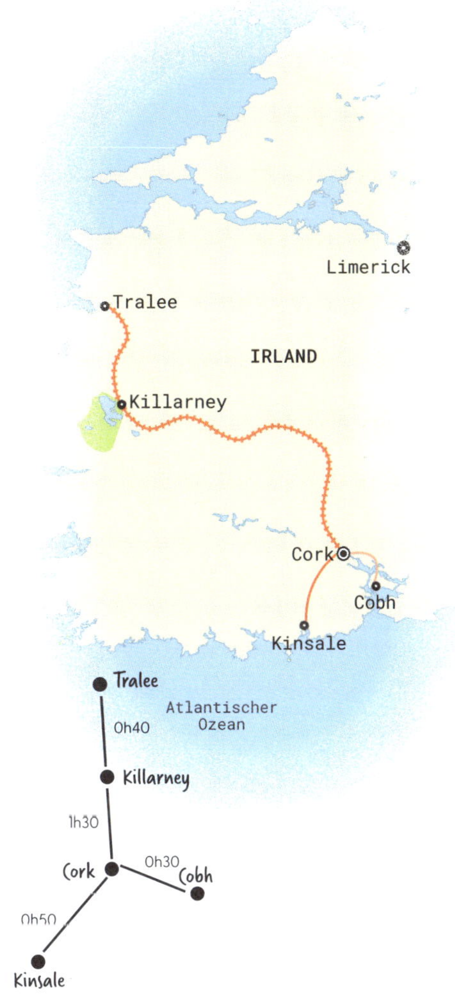

nem wunderschönen Naturhafen, in dem Jachten schaukeln. Von der Geschichte des Orts, in der Piraten, Invasionen und die *Lusitania*, die 1915 vor Kinsale von einem deutschen U-Boot versenkt wurde, eine Rolle spielen, erzählt ein Gang durch die Stadt oder hinaus zum Charles Fort. Beim Bummel zur sternförmigen Festung kommt man an zwei tollen Pubs vorbei.

Links: die Felder von Tralee;
unten: der River Lee in Cork;
rechts: Ross Castle im County Kerry

Nach Killarney geht's erst per Bus zurück nach Cork (50 min), dann weiter mit dem Zug (1 h 30). www.irishrail.ie

❸ Killarney

Das zu Recht beliebte Killarney – im Sommer wird's hier voll! – ist dank schöner Pubs und viel irischer Musik ein lohnendes Ziel. Als Basis für das County Kerry ist es unschlagbar: Vor der Tür liegen der idyllische Killarney National Park und das wilde Gap of Dunloe sowie Richtung Westen die Burgen und Strände des berühmten Ring of Kerry. Um den Reisegruppen aus dem Weg zu gehen, mietet man am besten ein Fahrrad oder schnürt die Wanderstiefel.

Zwischen Killarney und Tralee verkehren acht Züge am Tag (40 min). www.irishrail.ie

❹ Tralee

Die Ackerflächen des nördlichen Kerry sind nach dem Touristentrubel von Killarney ein Stück echtes Irland. Dazu kommen ein paar attraktive Sehenswürdigkeiten wie tolle Strände, das nette County Museum, ein Vogelreservat und eine 4 km lange Höhle. Bei der in vielen Liedern gefeierten Rose of Tralee handelt es sich um einen Schönheitswettbewerb im Rahmen eines fünftägigen Festivals im August.

So geht's zurück

Von Tralee fahren Züge nach Cork (2 h 15). Wer nach Holyhead und London zurück möchte, kann direkt nach Dublin fahren (4 h direkt oder 3 h 30 mit Umsteigen in Mallow).

Ins wilde Herz Schottlands wandern

London · Glasgow · Corrour & Loch Ericht · Dalwhinnie · Edinburgh

Mit spektakulären Eisenbahnen bricht man auf zu einer Wanderung durch Schottland samt Verkostung illustrer Whiskys. Am Ende erholen sich die müden Knochen in Edinburgh.

So kommst du hin

Ein schöner Zubringer zu dieser Route ist der Caledonian Sleeper, der von London über Nacht in die schottischen Highlands gondelt. Man kann auch auf dem europäischen Festland loslegen: Nach London gibt's Zugverbindungen ab Paris Gare du Nord (2 h 30), Brüssel Midi/Zuid (2 h) und Amsterdam Centraal (4 h). Die Züge kom-

Faktencheck

CO_2 (kg pro Pers.) 26

Entfernung (km) 1300

Übernachtungen 5

Fahrtkosten (£) 400

Loch Lomond und Ben Lomond

men jeweils in St. Pancras an; von dort ist es eine Viertelstunde zu Fuß zum Bahnhof Euston und den Zügen nach Schottland.

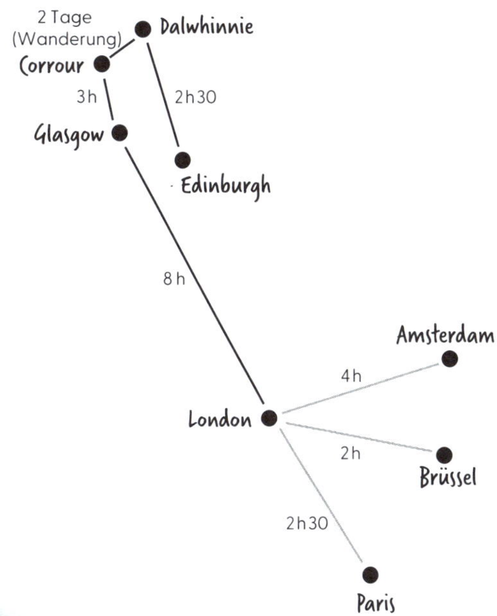

Man kann den Nachtzug auch weglassen und in Glasgow starten. Die Wanderausrüstung nicht vergessen!

❶ London

Der Caledonian Sleeper fährt in London an der Euston Station ab. Für die Fahrt stärkt man sich am besten mit einem Abendessen in einem der vegetarischen indischen Restaurants in der Drummond Street hinter dem Bahnhof.

Nachtzüge starten um 23.50 Uhr (Montag bis Freitag) oder um 23.30 Uhr (Sonntag, kein Samstagsverkehr) und kommen um 7.22 Uhr in Glasgow an. www.sleeper.scot

Hoteltipp: Zetter Townhouse Clerkenwell

Links: Rothirsch in den Highlands; unten: die Glengoyne Distillery in Killearn

❷ Glasgow

Schottlands größte Stadt steht zwar etwas im Schatten der schottischen Hauptstadt, doch wartet sie mit Kultur von Weltrang auf. Einen oder zwei Tage kann man hier locker füllen: im Kelvingrove Museum die Werke von Charles Rennie Macintosh bewundern oder am Clyde in Glasgow gebaute Schiffe besteigen. Vor der Fahrt mit der schönen West Highland Line ist dies auch die letzte Möglichkeit, für die Wanderung Proviant zu besorgen.

Ab der Glasgower Queen Street Station fährt die West Highland Line gen Norden Richtung Corrour (3 h). www.scotrail.co.uk

Tagestrip

Glengoyne Distillery

Schottische Whisky-Brennereien verstecken sich oft in entlegenen Ecken der Highlands – von Glasgow aus bestens zu erreichen ist jedoch Glengoyne in den sanften Hügeln nicht weit von den Ufern des schönen Loch Lomond.

Vom Busbahnhof Buchanan in Glasgow brauchen die Busse Nr. X10 und X10A 40 Minuten bis zur Brennerei. www.glengoyne.com

❸ Corrour & Loch Ericht

Eine der berühmtesten Szenen des Films *Trainspotting* wurde am einsamen Bahnhof Corrour gedreht. Von hier aus geht's zwei Tage lang zu Fuß durch das wilde Herz Schottlands Richtung Osten und Loch Ericht. Unterwegs besteigt man den Berg Ben Alder, nächtigt in einer Hütte oder zeltet am Seeufer. Man muss über Wandererfahrung verfügen und braucht Karten, Proviant und Kleidung für schlechtestes schottisches Wetter. Als Belohnung locken Ausblicke auf vom Wind zerzauste

Das Edinburgh Castle thront über dem Stadtzentrum

Heide, Kraxeleien auf Granithügel und das Gefühl der Einsamkeit auf einer sonst recht vollen Insel.

Die OS-Karte OL50 deckt die Route ab. Je nach Abstechern ist die Strecke nach Dalwhinnie rund 40 km lang.

4 Dalwhinnie

Das kleine Dorf Dalwhinnie bildet den Schlusspunkt der Wanderung – hier kann man in einigen B&Bs übernachten. Zur Feier des Tages schaut man sich im Dorf die erstklassige gleichnamige Brennerei an. Dalwhinnie liegt an der Highland Main Line, einer weiteren schönen Strecke. Durch die Glens verkehren Züge Richtung Süden zum Central Belt Schottlands.

Täglich fahren ein oder zwei Direktzüge von Dalwhinnie nach Edinburgh-Waverley (2 h 30), bei anderen Verbindungen muss man einmal umsteigen. Im Schlafwagen geht es von Dalwhinnie aber auch direkt zurück nach London-Euston. www.scotrail.co.uk

5 Edinburgh

Edinburgh ist die perfekte Stadt nach einem Abenteuer in der Wildnis. Hier kann man in der Old Town in Pubs einkehren, das runderneuerte National Museum erkunden oder für einen Blick Richtung Highlands, in denen man gerade herumgekraxelt ist, den Arthur's Seat erklimmen.

So geht's zurück

Von Edinburgh verkehren Nachtzüge zurück nach London-Euston, oder man fährt tagsüber zum Londoner Bahnhof King's Cross.

Von Lissabon bis an die Algarve

Lissabon • Faro • Tavira

Nach ein paar Tagen in Lissabon (mit der Straßenbahn), Sintra (zu Fuß) und Setúbal (per Boot oder Rad) locken die Strände der Algarve.

So kommst du hin

Lissabon ist von Madrid aus mit dem Zug in etwa 9 h–10 h (mit zweimaligem Umsteigen) zu erreichen. Von Paris aus fährt man am besten nach Madrid mit dem TGV über Barcelona. Tickets für Spanien gibt's über Renfe (www.renfe.com), für Frankreich über SNCF (www.oui.sncf).

❶ Lissabon

Voller Geschichte stecken die berühmten sieben Hügel Lissabons, die Wahrzeichen der Stadt. Ihre vielen Aussichtsterrassen geben spektakuläre Ausblicke frei, unter anderem auch auf die gelb-weißen *eléctricos*. Seit 1901 (vorher wurden sie von Pferden gezogen) schleichen die heute historischen Straßenbahnwagen wackelnd und rasselnd kreuz und quer durch die Metropole. Die interessanteste der fünf Linien ist die 28E. Sie schlängelt sich vom Campo de Ourique nach Martim Moniz und passiert dabei viele Sehenswürdigkeiten und berühmte Stadtviertel. Nicht zu verpassen sind die steilen Pflastergassen der Alfama, wo sich das wahre Leben Lissabons abspielt, und die Puddingtörtchen der Antiga Confeitaria de Belém, der besten Patisserie der Stadt.

Von Lissabon-Oriente aus gibt's täglich fünf Direktzüge (www.cp.pt) nach Faro (3 h).

Faktencheck

CO_2 (kg pro Pers.) 9.5
Entfernung (km) 472
Übernachtungen 5
Fahrtkosten (€) 70

Etwa eine Woche

Wahrzeichen Lissabons: eine Straßenbahn aus den 1930er-Jahren; das Viertel Alfama

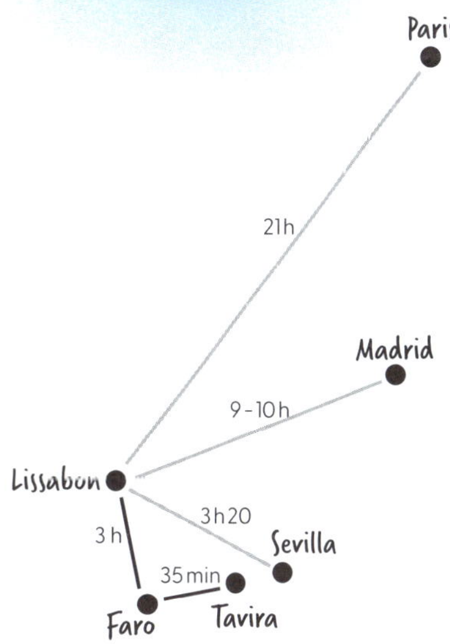

Tagestrip

Sintra

Ein Abstecher nach Sintra darf auf keiner Lissabon-Reise fehlen. Der Ort verzaubert mit seinen Bergen, Wäldern, Gärten und Palästen. Zu den extravagantesten Villen der Gegend zählen die von einem Bühnenbildner entworfene Quinta da Regaleira und der Palácio Nacional da Pena, eine exzentrische Kreation aus Zwiebeltürmen, maurischen Türen, steinernen Schlangen und Türmen. Wer sich für die Sehenswürdigkeiten außerhalb des Ortes Sintra-Vila interessiert, der kann sich bei Sight Sintra (www.facebook.com/SightSintra) kleine 2-Personen-Buggys mieten und drei verschiedene Routen im Umland erkunden.

Züge der portugiesischen Bahn Comboios de Portugal (www.cp.pt) fahren halbstündlich (am Wochenende stündlich) von Lisboa-Rossio sowie alle 20 Min (am Wochenende halbstündlich) vom etwas ungünstig gelegenen Lissaboner Bahnhof Oriente nach Sintra (40 min). Von der Endstation in Sintra ist es 1 km zu Fuß in den Ort.

Links: die Küste der Algarve; unten: der Palácio Nacional da Pena in Sintra

Tagestrip

Halbinsel Setúbal

Der Küstenort Setúbal ist eine tolle Basis für Erkundungstouren in die Natur der gleichnamigen Halbinsel. Zu den Highlights gehört ein Bootsausflug in die Feuchtgebiete des Sado-Deltas, wo Große Tümmler, Störche und überwinternde Flamingos zu Hause sind. An der kiefernbewachsenen Küste des Parque Natural da Arrábida kann man schön wandern und Rad fahren.

Von Lisboa-Sete Rios fahren täglich mindestens sechs Intercidade-Züge nach Setúbal (1 h) mit Umstieg in Pinhal Novo.

2 Faro

In der Hauptstadt der Algarve sieht es portugiesischer aus als in den meisten anderen Urlaubsorten der Region. Die Altstadt ist von mittelalterlichen Stadtmauern umgeben und viele der historischen Bauwerke wurden nach zwei großen Erdbeben wieder aufgebaut. Heute beherbergen sie Museen, Kirchen, Straßencafés und eine makabere Knochenkapelle. Außerhalb liegen die Lagunen des Parque Natural da Ria Formosa sowie viele Strände, u. a. die der Inseln Ilha de Faro südwestlich und Ilha da Barreta (alias Ilha Deserta) südlich der Stadt.

Züge fahren zwölfmal täglich nach Tavira (35 min).

3 Tavira

Tavira mit seiner Burgruine und der alten römischen Brücke liegt beiderseits des Rio Gilão und ist das malerischste Städtchen der Algarve. In dem steinernen Labyrinth aus Gassen verstecken sich Gärten und schattige Plätze. Der Ort liegt nur 3 km vom Meer und ist Ausgangspunkt für Touren zu den einsamen Stränden der Ilha de Tavira.

So geht's zurück

Ab Faro braucht der Zug 2 h 40 nach Sevilla, dann sind es noch 3 bis Madrid. Von dort fahren Schnellzüge nach Frankreich.

Kanufahren in den Welsh Marches

Cheltenham • Gloucester • Ross-on-Wye • Monmouth • Tintern

Auf dieser kurzen Route an der englisch-walisischen Grenze lässt sich eine der schönsten Kanustrecken Großbritanniens mit einigen hübschen kleinen Orten kombinieren.

So kommst du hin

Nach Cheltenham und Gloucester gibt's direkte Bahnverbindungen ab Bristol und London Paddington. Nach London St. Pancras gelangt man z. B. von Paris (2 h 30), Brüssel (2 h) und Amsterdam (4 h) aus. Die Route lässt sich außerdem leicht mit Zügen ab Cardiff, Hereford und Worcester erreichen. Nur leichtes Gepäck mitnehmen – es muss in ein Kanu passen!

❶ Cheltenham

Die adrette Stadt Cheltenham, im 18. Jh. als modischer Kurort bekannt, macht sich heute mit ihren Festivals einen Namen – am besten kommt man zu einem der illustren Jazz-, Wissenschafts-, Musik- oder Literaturfestivals (www.cheltenhamfestivals.com) hierher.

Von Cheltenham Spa sind es mit der Bahn zehn Minuten ins benachbarte Gloucester. Pro Stunde fahren etwa zwei Züge. www.gwr.com

❷ Gloucester

Gloucester ist zwar nicht so schön wie seine Nachbarstadt, trumpft aber mit einer normannischen Kathedrale auf, einer der schönsten in ganz England. Ihr Turm ragt hoch auf über dem Severn Estuary. Auch

Faktencheck

CO_2 (kg pro Pers.) 6

Entfernung (km) 130

Übernachtungen 4+

Fahrtkosten (€) 200

Rechts: der River Wye in Bigsweir bei Monmouth; vorherige Seite: Ross-on-Wye

das einfühlsam wiederbelebte Hafenviertel lohnt einen Besuch.

Vom Busbahnhof von Gloucester fährt der Bus Nr. 33 stündlich nach Ross-on-Wye (1h, www.stagecoachbus.com).

Tagestrip

Cardiff

Wie wär's mit einem Abstecher zur walisischen Hauptstadt? Sie ist ab Cheltenham, Gloucester und Chepstow direkt mit dem Zug erreichbar. Cardiff ist in letzter Zeit dank der Neuerschließung der Cardiff Bay und dem Umbau des tollen St. Fagans National Museum zu neuer Blüte gelangt. Außerdem bietet Cardiff mit die beste Ausgehszene ganz Großbritanniens – besonders ausgelassen ist die Stimmung nach einem gewonnenen internationalen Rugby-Match.

---

3 Ross-on-Wye

Die unscheinbare englische Marktgemeinde Ross-on-Wye liegt an einer Flussbiegung auf einem kleinen Hügel. Hier kann man wunderbar sein Abenteuer auf dem Wye starten: Zahlreiche Veranstalter bieten Leihkanus und holen diese in Monmouth oder anderswo flussabwärts wieder ab. Nach vier Stunden Paddeln ab Ross ist der Weiler Symonds Yat erreicht; hier erheben sich am Flussufer bewaldete Hänge und zur Mittagszeit taucht wie von Zauberhand am

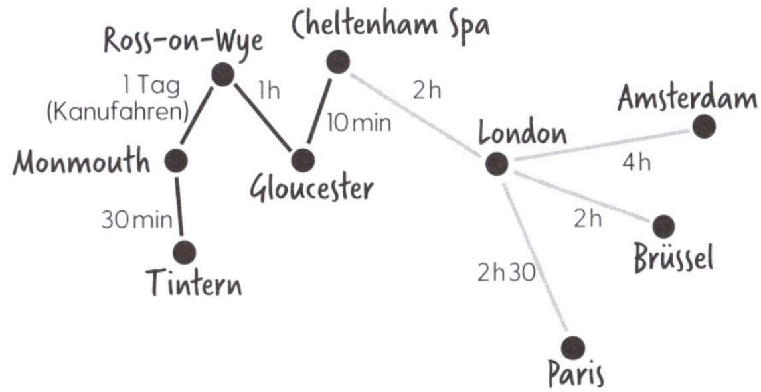

Wasser ein Pub auf. Von hier sind es noch einmal drei Stunden bis Monmouth.
Ross-on-Wye Canoe Hire ist einer der Verleiher von Kanus für die 28 km lange Strecke. www.thecanoehire.co.uk

❹ Monmouth (Trefynwy)

Monmouth hat lange zwischen England und Wales geschwankt. Paddlern kündigt es sich mit einer kleinen Burg, einer befestigten Brücke und einem Museum zu Ehren eines anderen Seemanns an: Lord Nelson kam hierher, um seine Mätresse zu treffen. In den schönen Sträßchen der Stadt kann man leicht einen Tag verbummeln.
Von Monmouth fährt Bus 69 ein Dutzend Mal täglich unter der Woche und am Samstag Richtung Süden nach Tintern (30 min). www.monmouthshire.gov.uk

❺ Tintern

Der Dichter William Wordsworth schwärmte in seinem bei der Tintern Abbey verfassten Gedicht vom idyllischen Flüsschen Wye. Auch heute noch sind die Ruinen des Klosters aus dem 12. Jh. wirklich ergreifend. Über die Brücke geht's nach England und den Schildern nach zur Devil's Pulpit, einem Felsen mit malerischem Blick auf die Ruine und die Wälder an der walisischen Grenze.

So geht's zurück

Von Tintern fährt der Bus 69 nach Chepstow; von dort gehen Direktzüge nach Cheltenham, Gloucester, Cardiff, Birmingham und Nottingham, allesamt mit direkten Anschlüssen nach London.

Die Ruinen des Klosters Tintern Abbey

Von Rom über Apulien in die Basilicata

Rom • Bari • Lecce • Rom

Von Rom geht's durch den Stiefel Italiens; für Reiseproviant sorgt dabei die leckere cucina povera *der Region.*

So kommst du hin

Roms Hauptbahnhof, die Stazione Termini, wird von vielen europäischen Städten aus angefahren, u. a. auch von Paris. Eine Alternative ist die Anreise mit dem Schiff: Fähren aus verschiedenen Mittelmeerhäfen legen in Civitavecchia an, 80 km nordwestlich der Hauptstadt. Mehr Infos gibt's auf www.traghettiweb.it

❶ Rom

La Dolce Vita und Kunst im Überfluss – das ist Rom. Als Besucher sollte man es den Einheimischen gleichtun und gemächlich durch die malerischen Straßen spazieren, stundenlang in Straßencafés entspannen und auf den hübschen Piazze Leute beobachten. Wer wenig Zeit hat, konzentriert sich auf ein oder zwei Viertel: Im Centro Storico und dem Vatikan gibt's viel Geschichte und Museen, in Trastevere gutes Essen und ein tolles Nachtleben. Unbedingt einzuplanen ist eine Radtour auf der Via Appia Antica, der alten römischen „Autobahn" nach Brindisi, sowie ein Besuch der 80 ha großen Villa Borghese, Roms schönstem Park.

Von der Stazione Termini fahren täglich vier Züge nach Bari (4 h).

Faktencheck

CO_2 (kg pro Pers.) 22

Entfernung (km) 1100

Übernachtungen 7+

Fahrtkosten (€) 145

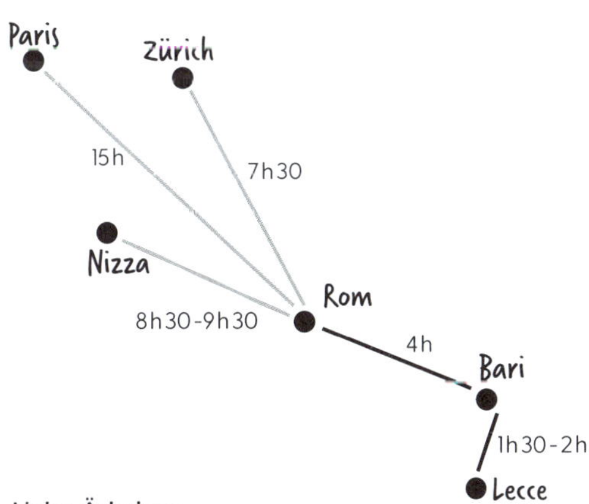

Links: Äskulaptempel in der Villa Borghese in Rom

Tagestrip

Ostia Antica

Der Hafen des antiken Rom liegt nur eine kurze Zugfahrt entfernt. Seine Ruinen sind unglaublich gut erhalten. Zu den Hauptattraktionen gehören die Terme di Nettuno (Neptunbäder), ein Amphitheater, wundervolle Mosaike sowie ein antikes Café nebst Spuren seiner Speisekarte.

Von Roms Stazione Porta San Paolo (neben der Metrostation Piramide) nimmt man die Bahnlinie Roma-Lido nach Ostia Antica (alle 15 min). Für die 25-minütige Fahrt gilt ein innerstädtisches Nahverkehrsticket.

❷ Bari

Die meisten Reisenden lassen Bari auf ihrem Weg nach Lecce links liegen, dabei hat die Stadt an Geschichte und Kultur einiges zu bieten. In der Basilica di San Nicola in der Altstadt ruhen die Gebeine des hl. Nikolaus, und in der historischen Bastei versteckt sich ein ausgezeichnetes archäologisches Museum. Ein besonderes Highlight sind die vielen Trattorien, wo die einfache lokale Küche serviert wird, die *cucina barese*. Dazu gehören z. B. *orecchiette con cime di rapa* (Pasta mit Brokkoli) und *fave e cicoria* (Mus aus dicken Bohnen mit wildem Chicorée). Auf Baris Fischmarkt kann superfrischer roher Fisch probiert werden.

Vom Hauptbahnhof Bari Centrale fahren Züge regelmäßig nach Lecce (1 h 30 bis 2 h, mind. stündlich)

Tagestrip

Matera

Schon vor 7000 Jahren kamen die ersten Bewohner nach Matera, was den Ort zur am drittlängsten bewohnten Siedlung der Welt macht. Damals hatte sich der Fluss Gravina seinen Weg durch den Tuffstein gebahnt, wodurch sich eine Schlucht gebildet hatte und natürliche Höhlen freigelegt wurden. Diese wurden nach und nach bebaut. Wer heute über die Klamm zu Materas Höhlenwohnungen – den sassi – schaut, der fühlt sich wie auf einer Zeitreise ins alte Heilige Land. Alt-Matera teilt sich in das Sasso Barisano und das Sasso Caveoso; die Grenze bildet dabei eine Erhöhung, auf welcher der anmutige Dom thront.

Von Bari fahren Züge der Ferrovie Appulo-Lucane (www.ferrovieappulolucane.it) nach Matera (1 h 45, 4 bis 6 täglich).

❸ Lecce

Lecce hat die wohl markanteste Skyline ganz Apuliens und rühmt sich sogar mit einem eigenen Architekturstil, dem barocco leccese. Der zeichnet sich durch wasserspeiende Fratzengesichter, verschnörkelte Säulen und tollende Kobolde aus. Die Basilica di Santa Croce ist der Inbegriff dieser Bauart: Ihre mit Schafen, Dodos, Engeln und verschiedenen Untieren verzierte Fassade scheint wie von halluzinierenden Steinmetzen ersonnen. Noch mehr Geschichte gibt's im Museo Faggiano, wo Bauarbeiten archäologische Schätze in Form von römischen Krypten, mittelalterlichen Mauern, jüdischen Insignien und Symbolen der Tempelritter hervorbrachten.

Der Hauptbahnhof von Lecce liegt 1 km südwestlich der Altstadt, von hier geht's regelmäßig zurück nach Rom (5 h 30).

Links: der Dom von Matera auf dem Hügel; unten: die Rosette der Basilica di Santa Croce in Lecce

Von Venedig an den Bleder See

Venedig · Triest · Ljubljana · Bleder See · Bohinjsko jezero und Triglav

Von der flachen Lagune von Venedig bis zu den Tiefen des Bohinjsko jezero, durch bezaubernde Städte und vorbei an mächtigen Bergen.

So kommst du hin

Frecciarossa-Züge fahren von Rom nach Venezia-Santa Lucia (3 h 30). Wer aus nördlicher Richtung anreist, nimmt den österreichischen Nachtzug Nightjet vom Münchner (9 h) oder Wiener Hauptbahnhof (11 h).

❶ Venedig

Venedig ist und bleibt eine Stadt der Superlative. Trotz des Massentourismus kann man „La Serenissima" auch in aller Ruhe erkunden. Dafür übernachtet man am besten im Zentrum, denn nach der Abreise der Tagesausflügler wird es in den Gassen überraschend still. Auch die anderen Inseln der Lagune, wie Burano, Torcello, Murano und der Lido, sind einen Besuch wert und weniger überlaufen.

Faktencheck

CO_2 (kg pro Pers.) 7

Entfernung (km) 350

Übernachtungen 7

Fahrtkosten (€) 200

Täglich fahren über 20 Züge von Venezia-Santa Lucia nach Trieste Centrale (2 h). www.trenitalia.com

Santa Maria della Salute in Venedig

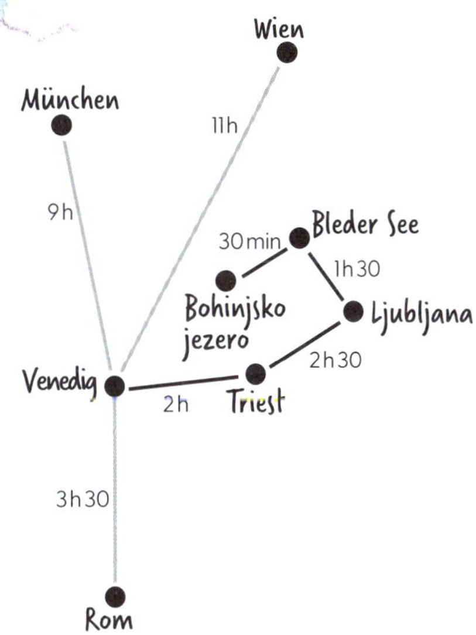

❷ Triest

Die ehemals österreichisch-ungarische Hafenstadt am Fuß des karstigen slowenischen Hochlandes war schon immer eine Schnittstelle der Kulturen. Heute gehört Triest zu Italien und zeigt seine kosmopolitische Geschichte vor allem in seinen Gotteshäusern: Die Kirche des hl. Spyridon mit der markanten Kuppel ist serbisch-orthodox, und die gewaltige Synagoge der Stadt zählt zu den größten Europas.

Bis zu drei Züge fahren täglich von Trieste Centrale nach Ljubljana (2 h 30); am besten vorab informieren. www.trenitalia.com

❸ Ljubljana

Die slowenische Hauptstadt ist eine der umweltfreundlichsten Metropolen Europas, was vor allem am autofreien Zentrum und den vielen Grünflächen zu erkennen ist. Einen besonders schönen Blick hat man von der Festungsmauer von Lubljanski grad, der stadteigenen Burg, die per Standseilbahn zu erreichen ist. Auch entspannend: der herrliche botanische Garten von 1810.

Bis zu 20 Züge fahren täglich von Ljubljana bis Lesce-Bled (1 h). Von dort sind es noch

Unten: die Burg Predjama; rechts: die Insel Burano bei Venedig

4 km bis ins Stadtzentrum, am schnellsten geht's per Bus. www.slo-zeleznice.si

Tagestrip

Postojna & Höhlenburg Predjama

Nirgends beeindruckt der slowenische Karst so wie in Postojna. Das riesige Höhlensystem kann im Rahmen einer Führung besucht werden und verfügt sogar über eine unterirdische Elektrobahn. Unweit der Grotte thront hoch oben auf einem Felsen die Burg Predjama. Die Renaissance-Festung wurde auf spektakuläre Weise in einen Höhleneingang gebaut.

Postojna liegt eine Stunde per Zug von Ljubljana. Wer beide Orte besuchen will, schließt sich am besten einer der geführten Tagestouren von Ljubljana aus an. www.slo-zeleznice.si

4 Bleder See

Der smaragdgrüne Bleder See mit seiner winzigen Insel und der über ihn wachenden Burg ist das perfekte Postkartenmotiv. Gute Schwimmer machen sich für eine etwas andere Perspektive auf zur Insel Blejski Otok; am leichtesten vom Westufer aus. (Tipp: Einen Trockensack mit Wechselsachen mitnehmen, um in die Kirche zu kommen.)

Vom Bahnhof Bled Jezero gibt's täglich sieben Züge nach Bohinjska Bistrica (30 min). www.slo-zeleznice.si

5 Bohinjsko jezero

Der Bohinj-See ist ruhiger und weniger erschlossen als der Bleder See. Er liegt am südlichen Ende des Nationalparks Triglav und wird von bewaldeten Hängen und Kalksteinfelsen überragt. An seinem östlichen Ufer befindet sich die kleine Kirche von Johannes dem Täufer. Am Savica-Wasserfall beginnt der Aufstieg zum höchsten Berg Sloweniens, dem Triglav (2863 m). Von Mai bis Oktober kann er bestiegen werden, am besten mit einem Bergführer.

Hoteltipp: Bohinj Eco Hotel

So geht's zurück

Entweder fährt man über Ljubljana und Triest nach Venedig zurück oder man macht einen Umweg über Österreich. Dafür nimmt man von Bohinjska Bistrica einen Zug bis zum Umsteigebahnhof Villach über Jesenice. Von Villach gibt's Direktverbindungen nach Venedig.

Der Bleder See und die
Marienkirche

Norwegisches Bahnabenteuer

Oslo • Geilo • Flåm • Aurlandsfjord & Nærøyfjord • Voss • Bergen

Die Bergenbahn und die Flåmbahn sind eine unschlagbare Kombi: Die Bahnstrecke von Küste zu Küste verbindet quirlige Städte, die Bergbahn führt hinunter zu den Fjorden.

So kommst du hin

Ausgangspunkt dieser Route ist Oslo, per Bahn direkt zu erreichen ab Göteborg (4 h), Stockholm (5 h) und Kopenhagen mit Umsteigen in Göteborg (7 h 30) oder per Direktfähre ab Kopenhagen (17 h). In weniger als 24 Stunden kommt man auch ab Hamburg über Kopenhagen mit dem Zug nach Oslo.

❶ Oslo

Oslos Lage an einem Fjord inmitten dichter Wälder lässt schon die prächtigen Landschaften erahnen, die Zugreisende auf dem Weg nach Bergen erwarten. Doch im weltgewandten Oslo kann man sich erst einmal kopfüber in allerlei Kunst und Kultur stürzen. Los geht's mit dem Opernhaus und dem Astrup Fearnley Museet für zeitgenössische Kunst, architektonisch mutigen Bauwerken am Wasser. Von Oslo aus fahren die Züge der Bergenbahn Richtung Westen durch grüne Täler nach Geilo.

Täglich verkehren etwa vier Züge von Oslo nach Bergen, auf halber Strecke halten sie in Geilo (3 h 30). www.vy.no

Hoteltipp: The Thief

Faktencheck

CO_2 (kg pro Pers.) 9

Entfernung (km) 450

Übernachtungen 7+

Fahrtkosten (€) 400

Die Bergenbahn am Ustevatn

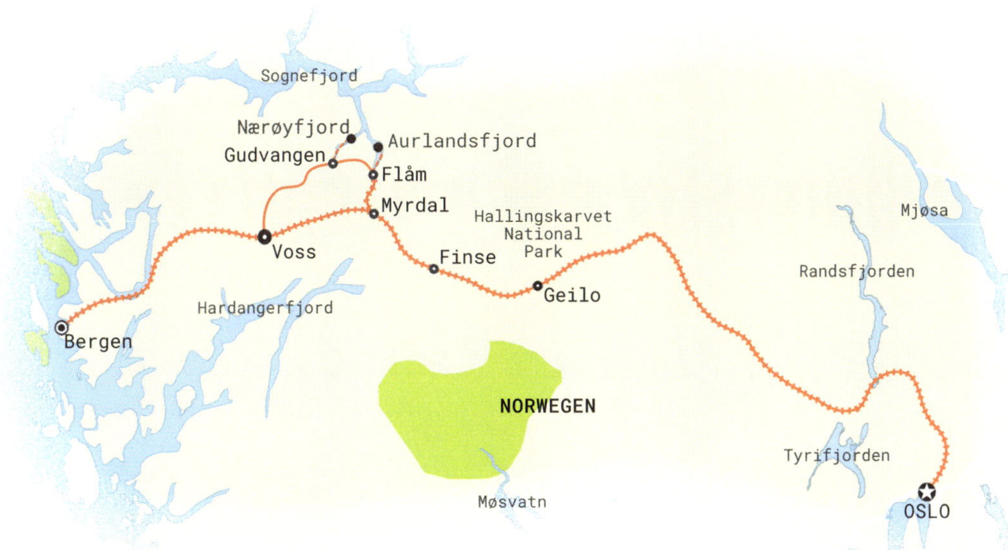

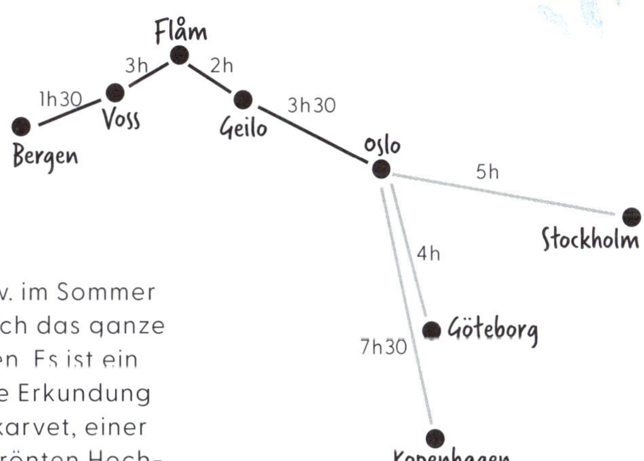

❷ Geilo & Finse

In Geilo, Wintersportort bzw. im Sommer Wandermekka, kann man sich das ganze Jahr über die Beine vertreten. Es ist ein toller Ausgangspunkt für die Erkundung des Nationalparks Hallingskarvet, einer kargen, von Gletschern gekrönten Hochebene nordwestlich des Orts. Hinter Geilo klettert die Bergenbahn hoch Richtung Finse: Der höchste Bahnhof des norwegischen Bahnnetzes hatte in *Star Wars: Episode V – Das Imperium schlägt zurück* einen Auftritt als Planet Hoth.

Von Geilo sind es 30 Minuten Bahnfahrt nach Finse und weitere 30 Minuten weiter nach Myrdal, wo man in die Flåmbahn umsteigt. www.vy.no

❸ Flåmbahn

Die Flåmbahn ist zwar nur 20 km lang, aber genauso atemberaubend wie eine Transkontinentalbahn. Die Bahnstrecke windet sich auf der Abfahrt über 850 Höhenmeter vom windgepeitschten Hochland durch 20 Tunnel hinunter zu den Wiesen am Aurlandsfjord. Auf dem Weg nach unten sitzt man am besten links und hält dabei Aus-

Die Aussichtsplattform Stegastein oberhalb des Aurlandsfjords

schau nach Radlern auf dem Rallarvegen, der parallel zur Bahnstrecke verläuft.

Die Fahrt vom Beginn der Strecke in Myrdal bis zum Endpunkt in Flåm dauert etwa eine Stunde. www.vy.no

❹ Aurlandsfjord & Nærøyfjord

Eine der schönsten Bahnstrecken der Welt geht über in eine der schönsten Schiffsreisen: In Flåm legen Hybrid- und Elektrofähren zur Fahrt über die beiden parallel verlaufenden Fjorde ab. Die Felswände erheben sich steil aus dem Wasser, mit Wasserfällen, Bauernhöfen und schneebedeckten Gipfeln hinter jeder Biegung

Von Flåm am Aurlandsfjord fahren täglich vier (im Winter zwei) Elektrofähren nach Gudvangen am Nærøyfjord (2 h einfach). Von Gudvangen fahren Busse nach Voss (1 h). www.norwaysbest.com

Links und unten: Bergen

❺ Voss

Norwegens selbsternannte Hauptstadt der Outdooraktivitäten ist Ausgangspunkt für Canyoning-, Rafting- und Skydiving-Abenteuer. Nach der Rückkehr von den Fjorden haben Reisende hier auch wieder Anschluss an die Bergenbahn.

Von Voss fahren regelmäßig Züge nach Bergen (1 h 30). www.vy.no

❻ Bergen

Der stattliche Bahnhof von Bergen bildet den Schlusspunkt der Reise. Aber eine Bahn gibt's auch hier: Die Fløibanen, eine Standseilbahn, erklimmt am Rand der Stadt einen 320 m hohen Berg. Von oben bietet sich ein grandioser Ausblick auf die alten hölzernen Lagerhäuser von Bergen sowie auf Schiffe, die in der Ferne den Fjord verlassen.

So geht's zurück

Von Bergen kann man mit der Bergenbahn nonstop in knapp sieben Stunden nach Oslo zurückkehren. Oder man schippert ab Bergen Richtung Norden an der norwegischen Küste entlang.

Schweizer Alpen und italienische Seen

Zürich · Chur · St. Moritz · Varenna · Mailand · Lugano

Kühle Alpenpässe und sonnige Seenlandschaften, schicke Schweizer Resorts und aufregende italienische Metropolen – all das und noch mehr auf einigen der spektakulärsten Zugstrecken.

So kommst du hin

Diese Tour überquert die Alpen an Bord gemütlicher Panoramabahnen und blitzschneller Intercity-Züge. Ihr Ausgangspunkt ist der gut erreichbare Züricher Hauptbahnhof mit verschiedenen Anreisemöglichkeiten: Mit dem TGV Lyria vom Pariser Gare de Lyon (4 h), dem ICE von den Hauptbahnhöfen in Hamburg (8 h) und Frankfurt/Main (4 h) sowie langsameren Nightjet-Nachtzügen aus Berlin oder Wien.

❶ Zürich

Die größte Stadt der Schweiz hat eine herrliche Lage am gleichnamigen See. Ein oder zwei Tage sind ideal zum Erkunden der verschlungenen Straßen der Altstadt oder für einen Besuch der Alten Meister im ausgezeichneten Kunsthaus. Es lohnt sich, schon etwas eher am Hauptbahnhof zu sein, um das schöne Gebäude zu bewundern. Der passende Startpunkt für eine Zugreise der Extraklasse.

Von Zürich nimmt man die Bahn nach Chur (1 h), sie fährt mehr oder weniger stündlich. www.sbb.ch

Faktencheck

CO_2 (kg pro Pers.) 14

Entfernung (km) 700

Übernachtungen 6+

Fahrtkosten (€) 500

Zürichs Altstadt am Seeufer

Über das Landwasserviadukt

❷ Chur – St. Moritz

Es gibt wohl kaum einen malerischeren Ort als Chur, um sich die Beine zu vertreten. Die Pflasterstraßen und Kirchtürme der Stadt liegen eingebettet zwischen hohen Bergen. Hier beginnt die großartige Albulabahn. Die Passagiere nach St. Moritz genießen tolle Aussichten hoch über Zwiebeltürmen und bunten Wiesen. Der Höhepunkt der Fahrt ist das Landwasserviadukt über einer tiefen Schlucht, nach deren Überquerung der Zug in einem Bergtunnel verschwindet.

Täglich gibt's ca. 15 Fahrten von Chur nach St. Moritz (2 h). www.rhb.ch

❸ St. Moritz – Tirano

St. Moritz mit seinen Skipisten im Winter und den glänzenden Seen im Sommer war

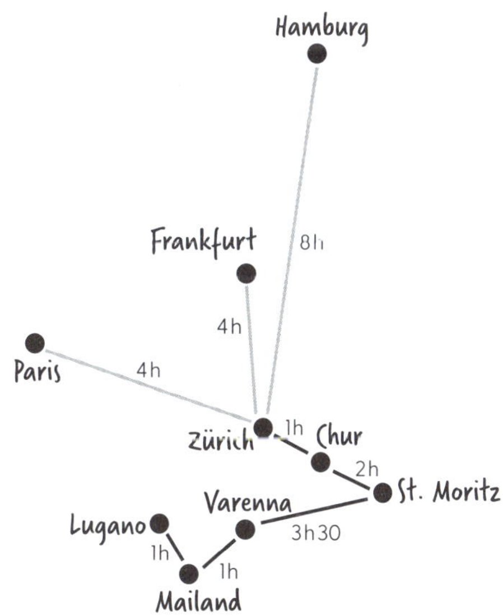

der erste echte alpine Erholungsort. Die Stadt ist auch der Startpunkt des Bernina Express, wohl die einzige Zugstrecke der Welt, neben der die Albulalinie wie ein Spaziergang aussieht. Hinter St. Moritz klettert die Bahn nämlich hoch ins Gebirge, passiert Gletscher und Bergkämme, donnert durch Tunnel und kämpft sich durch enge Serpentinen. Die Fahrt endet jenseits der italienischen Grenze in Tirano.
Der Bernina Express verkehrt zweimal täglich zwischen St. Moritz und Tirano (2 h). In Tirano steigt man nach Varenna-Esino (1 h 30) um.
www.rhb.ch, www.trenitalia.com

4 Varenna

Varenna hat alles, was die italienischen Seen so besonders macht: kleine Buchten mit Kieselstränden und senfgelbe Villen, Palmen und Jachthäfen. Nach einer aufregenden Zugfahrt lockt zur Entspannung ein Abendspaziergang am Comer See mit einem *gelato* in der Hand. Hier lässt man die nordeuropäische Welt hinter sich und taucht ein in die südländische.
Züge fahren stündlich von Varenna-Esino nach Milano Centrale (1 h).
www.trenitalia.com

5 Mailand

Milano Centrale hat etwas Triumphierendes. Kein Wunder, denn der Mailänder Hauptbahnhof ist halb Bahnhof, halb römischer Tempel. Er lässt schon etwas von der Pracht erahnen, die einen in der Stadt erwartet. Am besten bleibt man eine Nacht und bewundert den majestätischen Dom und die elegante Einkaufspassage aus dem 19. Jh., die Galleria Vittorio Emanuele II.
Milano Centrale – Lugano: Mit dem Schnellzug in 1 h. www.trenitalia.com
Hoteltipp: Eco-Hotel La Residenza

Tagestrip

Bergamo

Nur eine Zugstunde von Mailand entfernt liegt die Stadt, deren oberer Teil von dicken venezianischen Mauern umgeben ist. In ein paar Stunden lassen sich die Paläste und Kirchen erkunden und der Turm Torre del Campanone aus dem 12. Jh. besteigen. Bei klarer Sicht sieht man bis Mailand.
Ca. 20 Direktzüge fahren täglich von Milano Centrale nach Bergamo.

6 Lugano

Zurück in die Schweiz: Lugano am Luganersee ist die größte italienischsprachige Stadt des Landes. Ein besonders toller Blick eröffnet sich vom Gipfel des Monte Bre (900 m), der sich dank einer Standseilbahn leicht erklimmen lässt. In nördlicher Richtung ist das schneebedeckte Alpenpanorama zu sehen, im Süden die Po-Ebene.

So geht's zurück

Es gibt täglich elf Direktverbindungen von Lugano nach Zürich (3 h) mit Anschlussmöglichkeiten nach Nord- und Westeuropa.

Links: Shoppen in Mailand;
rechts: Angeln in St. Moritz

Donau-Rundfahrt

Prag · Bratislava · Wien · Prag

Drei europäische Hauptstädte voller kaiserlichem Pomp und Prunk glänzen auf dieser Tour, neben einer Schiffsfahrt auf der Donau, dem zweitlängsten Fluss Europas.

So kommst du hin

Die tschechische Bahn, České dráhy (ČD; www.cd.cz), schickt Schnellzüge von Prag nach Berlin (4 h 30), Dresden (2 h 30), sowie Wien (4 h), Bratislava (4 h) und Budapest (6 h 30). In Tschechien und der Slowakei verkehren auch noch raschere, private RegioJet-Bahnen (www.regiojet.cz), die im Fahrplan mit „RJ" ausgewiesen sind.

❶ Prag

Wer sich dem Massenandrang auf Prager Burg, Karlsbrücke, Veitsdom, Wenzelsplatz und Altstädter Ring gestellt hat, braucht wahrscheinlich eine Pause. Eine Wanderung auf den 318 m hohen Petřín offenbart die besten Ausblicke über die „Stadt der hundert Türme". Am Steilufer der Moldau, nördlich der Altstadt, erstreckt sich der Letná-Park. Die Aussicht von hier ist auch nicht zu verachten, außerdem gibt's einen Biergarten.

ČD-Züge gehen stündlich bis zweistündlich von Prag Hauptbahnhof nach Bratislava (4 h).

Tagestrip

Kutná Hora

Das Silbererz aus den Adern der umliegenden Berge veranlasste Wenzel II.

Faktencheck

CO_2 (kg pro Pers.) 10

Entfernung (km) 600

Übernachtungen 8+

Fahrtkosten (€) 100

Mit dem Fahrrad an der Donau entlang

1308 die königliche Münzprägeanstalt in Kutná Hora anzusiedeln. Produziert wurden Silbergroschen, das damalige Zahlungsmittel Mitteleuropas. 1996 erklärte die Unesco die Stadt zum Welterbe, nicht zuletzt wegen ihrer historischen Stätten, wie dem gotischen Dom zur Heiligen Barbara und dem bizarren Sedletz-Ossarium, wo Knochengirlanden wie gruselige Weihnachtsdekorationen herumhängen.
Alle zwei Stunden starten Züge von Prag Hauptbahnhof nach Kutná Hora (55 min). Von da sind es zehn Gehminuten zum Sedletz-Ossarium. Von Gleis 1 fährt ein gelb-grüner Schienenbus ins Stadtzentrum (Kutná Hora Město, 6 min).

---

❷ Bratislava

Bratislava ist seit 1993 die Hauptstadt der Slowakei und blickt auf eine facettenreiche Geschichte zurück. Davon zeugen eine mittelalterlich-gotische Altstadt, von ungarischen Adeligen errichtete barocke Paläste und eine Burg, die über der Stadt thront und im Renaissance-Stil neu herausgeputzt wurde. Aber auch die kommunistische Vergangenheit hat ihre Spuren hinterlassen, wie eine futuristische Brücke und zahlreiche große Wohnblöcke. Bratislava Bike Point (www.bratislavabikepoint.com) organisiert eine dreistündige Fahrradtour zum Thema „Eiserner Vorhang“ zu den Sehenswürdigkeiten aus dieser Ära, inkl. eines Betonbunkers. Erholung verspricht der Bratislava Waldpark nördlich der Stadt, mit Wander- und Radwegen. Er ist zu Fuß oder mit der Seilbahn erreichbar.
Von April bis Oktober fahren Schiffe auf der Donau nach Wien. Die Tragflügelboote von

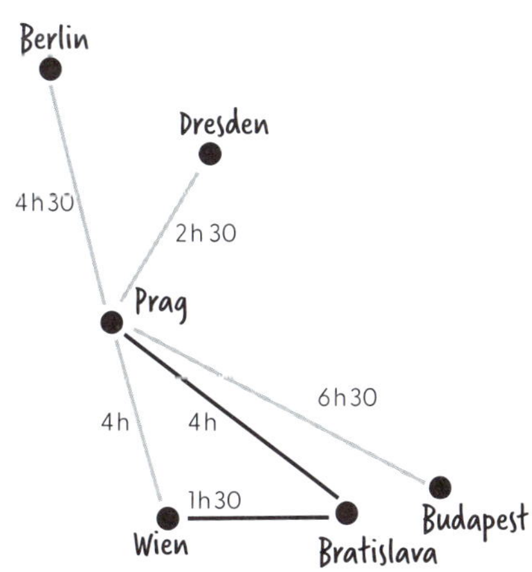

Der Veitsdom prägt Prags Stadtbild

LOD (www.lod.sk, 1 h 30) starten täglich an der Anlegestelle in Bratislava, während die Twin-City-Liner-Boote (www.twin cityliner.com, 1 h 30) vom HUMA-6-Terminal abfahren.

Tagestrip

Burg Theben

Ein beliebtes Ausflugsziel zwischen der Slowakei und Österreich ist die Burg Theben. Die Festungsmauern versprechen wunderbare Ausblicke über Flüsse und mit Ziegen beweidete Berge. Drinnen präsentiert eine archäologische Ausstellung Grabfunde aus dem Neolithikum und Skulpturen aus der Bronzezeit.

Der Bus 29 fährt (mind. stündlich) von Theben nach Bratislava Nový Most (6. Halt); dafür löst man ein 30-Minuten-Ticket.

3 Wien

Das Schloss Belvedere liegt ideal, um Wiens Stadtsilhouette zu bewundern. Es umfasst zwei herrliche Paläste, die der Crème de la Crème der österreichischen Kunst verschrieben sind (Gustav Klimts „Der Kuss" ist eine Glanznummer). An Grünflächen verwöhnen der Prater, die größte Parkanlage im Zentrum, sowie der Augarten, der älteste Barockgarten der Stadt. Auch der Zentralfriedhof ist einen Besuch wert, wo Koryphäen wie Beethoven, Brahms, Strauß und Schubert ihre letzte Ruhe fanden.

Zurück nach Prag geht's mit den Schnellzügen von RailJet (4 h), die auch München (4 h) und Zürich (7 h 50) anfahren, ein gemeinsamer Service der staatlichen Bahnen ČD & ÖBB. Tickets gibt's online unter www.oebb.at. Auch Regiojet bedient die Strecke Prag–Wien, oft zu günstigeren Preisen.

Gourmet-Tour durch Norditalien

Bologna · Modena · Parma · Mailand · Turin · Genua

Diese Route durch die Speisekammer Italiens führt zu faszinierenden Städten, denen die Welt Gaumenfreuden wie Parmesan, Pesto, ragù *und Balsamico-Essig zu verdanken hat.*

So kommst du hin

Bologna ist ein Knotenpunkt im italienischen Schienennetz. Milano Centrale liegt eine Zugstunde nördlich mit Direktverbindungen nach Paris Gare de Lyon (7 h) und Wien (10 h). Von Süden her kommen Frecciarossa-Züge aus Rom (2 h) und Neapel (3 h 30) an.

❶ Bologna

Die Hauptstadt der Emilia-Romagna trägt wegen ihrer Gastronomie den Beinamen „La Grassa" – die Dicke. Wer eine kulinarische Wallfahrt plant, fängt im Quadrilatero an. Das nach einem alten römischen Stadtplan angelegte Viertel mit vielen Gassen ist mit Feinkostläden und Marktständen gespickt. Unbedingt probieren: die *tagliatelle al ragù* in der schlichten Osteria dell'Orsa.

Über 50 Züge täglich zwischen Bologna und Modena (30 min). www.trenitalia.com

❷ Modena

Nicht nur Pavarotti und Enzo Ferrari wurden in Modena geboren, sondern auch so uritalienische Spezialitäten wie Balsamico-Essig und Tortellini. Nach einem Besuch der spektakulären romanischen Kathedrale lockt das Beste der emilianischen Küche in der Trattoria Aldina.

Faktencheck

CO_2 (kg pro Pers.) 12

Entfernung (km) 600

Übernachtungen 7

Fahrtkosten (€) 150

Die Via Pescherie Vecchie in Bolognas Quadrilatero

Die typischen roten Dächer Bolognas

Parma liegt an derselben Bahnstrecke und täglich verbinden über 50 Züge Modena mit Parma (30 min). www.trenitalia.com

❸ Parma

Parma ist der letzte Stopp in der Emilia-Romagna und ein Mekka für alle Fans italienischer Wurst- und Käsespezialitäten (wie Parmaschinken und Parmigiano Reggiano). Die schmecken am besten in den Osterien und Trattorien der Stadt mit einem roten Sangiovese. Der Dom aus dem 12. Jh. und das Baptisterium zählen zu den architektonischen Highlights Norditaliens.
Über 20 Züge täglich von Parma nach Milano Centrale (1h 30). www.trenitalia.com

❹ Mailand

Das wirtschaftliche Zentrum Italiens bietet eine innovative Gastronomieszene mit einigen Michelin-Sternen. Die kulinarischen Wurzeln der Stadt sind leicht zu erken-

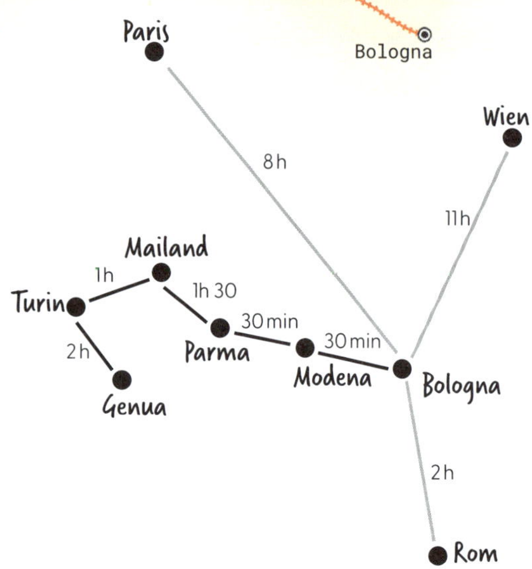

nen, besonders an Gerichten wie dem Kalbsschnitzel der Trattoria del Nuovo Macello oder dem Safran-Risotto der Trattoria Milanese dal 1933. Nach dem Essen macht man sich auf ins Kanalviertel Navigli und nippt an seinem Aperol Spritz, bis die Morgensonne die Alpen am Horizont anstrahlt.
Mehr als 30 Züge verbinden Milano Centrale täglich mit Torino-Porta Nuova (1h). www.trenitalia.com

Unten: Portofino nahe Genua; rechts: italienische Antipasti

5 Turin

Turin ist von den Weinbergen und Feldern des Piemont umgeben und bezeichnet sich zu Recht als kulinarisches Mekka. Besonders liebt man hier Kaffee; seine Cafés zählen zu den elegantesten Europas. Unbedingt probieren: einen Espresso im Jugendstil-Cafè Mulassano und einen Cappuccino inmitten der goldenen Pracht des Caffè San Carlo.

Jeden Tag fahren rund 20 Züge von Turin nach Genua (2 h). www.trenitalia.com

Hoteltipp: Bamboo Eco Hostel

6 Genua

Die Hafenstadt Genua erstreckt sich über mehrere steile Hügel am Mittelmeer und versprüht einen rauen Charme. Die Spezialität der Heimatstadt des Pesto sind – natürlich – Nudelgerichte mit der grünen Soße. Dazu gehören die *trofie al pesto* (Pasta mit Pesto) der Trattoria della Raibetta nahe dem schwarz-weißen Dom sowie die Pesto-Lasagne der Trattoria Da Maria.

Tagestrip

Portofino

Weit weg vom Lärm und Verkehr des benachbarten Genua liegt Portofino. Das ehemalige Fischerdorf sitzt auf einer kleinen Halbinsel mit bewaldeten Hügeln, die bis an eine kleine Bucht reichen, in der teure Jachten ankern. Ja, hier macht gern der Jetset Urlaub, aber jedermann kann den Ort besuchen. Dafür nimmt man einfach den Zug von Genua nach Rapallo und anschließend die nur in der Saison verkehrende Fähre an der ligurischen Küste entlang.

Zwischen Genua und Rapallo (30 min) pendeln Regionalzüge. Von Mai bis September gibt's täglich neun Überfahrten mit der Fähre nach Portofino (30 min). www.traghettiportofino.it

---

So geht's zurück

Die Rückfahrt von Genua nach Bologna mit Umstieg in Mailand ist unkompliziert und dauert ungefähr drei Stunden.

Verschnaufen auf den Scilly-Inseln

London • Bristol • Exeter • Penzance • Scilly-Inseln
Auf den Spuren von Brunels Great Western Railway geht's von London bis nach Cornwall und dann auf die Scilly-Inseln. Unbedingt das Fahrrad mitnehmen!

So kommst du hin

Mit dem Zug nach Brüssel (aus den Niederlanden und Deutschland) oder Paris (aus Frankreich, Italien und Spanien) und weiter nach London mit dem Eurostar.

❶ London

Brunels zukunftsweisende Bahnstrecke in den Südwesten Englands gilt als Glanzstück viktorianischer Baukunst; ihre Entstehung wird im Science Museum und im London Transport Museum näher erklärt. Am Themseufer flussabwärts liegt Greenwich und das National Maritime Museum, wo sich alles um den Schiffsbau dreht.

Züge der Great Western Railway (GWR, www.gwr.com, 1h 45) fahren stündlich ab London-Paddington in den Südwesten. Die meisten Züge haben einen Bereich für Fahrräder, aber am besten reserviert man schon beim Buchen einen Stellplatz.

❷ Bristol

In der größten Stadt Südwest-Englands gibt's zwei große Brunel-Meisterwerke: die Clifton Suspension Bridge (1864) und die SS *Great Britain* (1846), ein riesiger Passagierdampfer. Dieser wurde vor dem Verfall gerettet und kann teilweise besichtigt werden. Bristol ist eine sehr fahrradfreundliche Stadt. Zweirad-Fans werden sich beim Mittagessen im Mud Dock (www.mud-dock.co.uk)

Faktencheck

CO_2 (kg pro Pers.) 14,5

Entfernung (km) 585

Übernachtungen 8+

Fahrtkosten (£) 220

Die Clifton Suspension Bridge in Bristol

nahe dem Hafen wie zu Hause fühlen– es ist halb Fahrradwerkstatt, halb Café.

Die GWR fährt von Bristol nach Exeter-St. Davids (max. 1 h 50).

Tagestrip

Bristol-Bath Railway Path

Ein Radweg (www.bristolbathrailwaypath.org.uk) verbindet Bristol mit der georgianischen Prachtstadt Bath. Er ist 20 km lang und führt auf einer alten Bahnstrecke durch die herrliche Landschaft Somersets.

In beiden Städten gibt's Fahrradverleihe – oder man nimmt den Zug (GWR, 10 min).

3 Exeter

Das Highlight Exeters ist die riesige gotische Kathedrale aus dem 12. bis 13. Jh. mit

der schönen Fassade und dem Kreuzrippengewölbe. Auch sehr sehenswert sind die alten römischen Stadtmauern und die Untergrundtunnel. Außerdem gibt's einen Kanal zum Paddeln, auf dessen Uferweg man entspannt Rad fahren kann.

Die Züge von Exeter-St. David's nach Penzance (3 h) fahren durch Plymouth, wo sie die Brunels Royal Albert Bridge aus dem Jahr 1854 überqueren.

❹ Penzance

Penzance, die Endstation der Bahnstrecke, sitzt am westlichsten Ende Cornwalls. In der hübschen Stadt sind besonders auf der Chapel Street ein paar schöne georgianische und edwardianische Bauten zu sehen. Auch die Penlee Art Gallery ist einen Besuch wert.

Von März bis Oktober setzt die Fähre Scillonian III einmal täglich (außer an den meisten Sonntagen) von Penzance nach St. Mary's

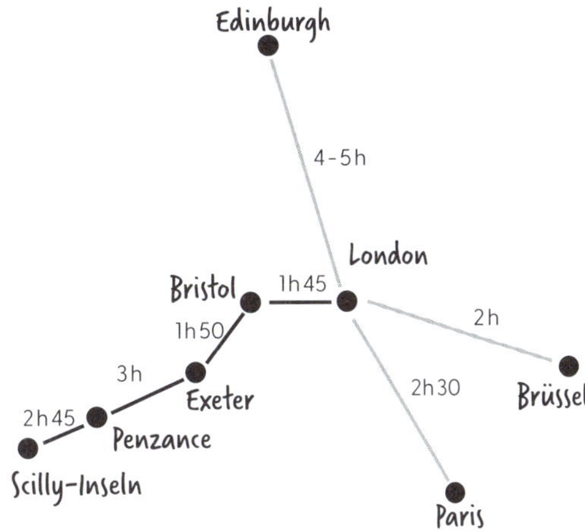

Porthminster Beach in St. Ives

auf den Scilly-Inseln über. Die Überfahrt (2 h 45) kann stürmisch sein, daher besser Reisetabletten nehmen. Fahrradmitnahme im Voraus buchen! www.islesofscilly-travel.co.uk

Tagestrip

St. Ives

St. Ives verzaubert auf den ersten Blick: Häuschen mit glänzenden Schieferdächern, Fischerkaten und Kirchtürme drängen sich dicht an türkisfarbene Buchten. Schon seit den 1930er-Jahren ist das Städtchen ein Künstlermagnet. Die fantastische Galerie Tate St. Ives und der wunderbare Barbara Hepworth Sculpture Garden sind die Inbegriffe der hiesigen Kunstszene.

Von Penzance nimmt man den Zug nach St. Erth (halbstündlich, 10 min) und steigt dort auf die landschaftlich reizvolle Nebenstrecke nach St. Ives (stündlich, 10 min) um.

5 Scilly-Inseln

Die Scilly-Inseln liegen zwar nur gute 45 km westlich des Festlandes, sind aber eine Welt für sich. In den letzten Jahrzehnten scheint sich das Leben hier nämlich kaum verändert zu haben. Die kleine Inselgruppe besteht aus über hundert Eilanden, von denen fünf bewohnt sind. Die Fähre legt auf der Hauptinsel St. Mary's an, wo es schöne Strände und nur wenige Autos gibt, was sie ideal zum Radfahren macht. Auch elektrische Golf-Buggys kann man hier mieten. Die anderen vier größeren Inseln (Tresco, Bryher, St. Agnes, St. Martin's) sind mit den Booten der St. Mary's Boatmen's Association (www.scillyboating.co.uk) zu erreichen.

So geht's zurück

Mit dem Zug fährt man zurück nach London, dort gibt's Anbindung an den Eurostar und die Fähren der Küste.

Links: unter Segeln rund um die Scilly-Inseln; unten rechts: der Tower of London

Englische & schottische Burgen & Kathedralen

London • York • Durham • Edinburgh

Diese Reise führt tief in die Annalen der britischen Geschichte: von den Parks und Palästen Londons bis zu den Burgen von Edinburgh, mit einigen alten Städten dazwischen.

So kommst du hin

Diese Route macht sich die East Coast Mainline (ECML) zunutze, eine Kernstrecke des britischen Bahnnetzes: Vom Londoner Bahnhof King's Cross ist Edinburgh in rund vier Stunden zu erreichen, mit Stopps in York, Durham und anderen interessanten Städten wie Peterborough und Newcastle. Die Reise lässt sich auch mit Eurostar-Zügen ab Lille Europe (1 h 30), Brüssel Midi/Zuid (2 h) und Amsterdam (4 h) nach London St. Pancras einläuten.

Faktencheck

CO_2 (kg pro Pers.) 12

Entfernung (km) 600

Übernachtungen 5+

Fahrtkosten (£) 450

❶ London

London birgt Wahrzeichen aus allen Epochen der Geschichte: Die normannische Eroberung spiegelt sich im Tower, für den Neuanfang nach dem Großen Feuer steht die St. Paul's Cathedral, der Geist des viktorianischen Zeitalters manifestiert

sich in Bahnhöfen wie King's Cross und St. Pancras. Außerdem ist London eine grüne Stadt: z. B. mit dem Regent's Park oder dem Primrose Hill, von dem man auf die Spitzen und Türme der Stadt blickt.

Vom Londoner Bahnhof King's Cross fahren rund 40 Züge am Tag nach York (2 h). www.lner.co.uk

❷ York

York, nordenglische Hauptstadt unter den Römern und Wikingern, beherbergt mächtige Bauten, vom gotischen Kirchenschiff des York Minster bis zu den längsten mittelalterlichen Stadtmauern des Landes. Außerdem soll es einst für jeden Tag des Jahres einen Pub gehabt haben: Wer nur 24 Stunden Zeit hat, steuert am besten direkt den ältesten von ihnen an, Ye Olde Starre mit seinem Labyrinth an Räumen und Innenhöfen.

Von York fahren mehrmals pro Stunde Züge nach Durham (1 h). www.lner.co.uk

❸ Durham

Durham wartet mit einer altehrwürdigen Universität, einer normannischen Burg und einer sehr eindrucksvollen anglo-romanischen Kathedrale auf, die stolz über einer Biegung des River Wear thront. Es lohnt sich also, die Stadt einen Nachmittag lang zu erkunden. Jenseits von Durham beginnt Richtung Norden dann der interessanteste Teil der Bahnreise. Man erspäht den *Angel of the North*, überquert in Newcastle in luftiger Höhe den River Tyne und fährt hinter Berwick-upon-Tweed ganz nah an der Nordsee über windgepeitschte Kliffs.

Rund 30 Züge am Tag verbinden Durham mit Edinburgh Waverley (1 h 30). www.lner.co.uk

Alle Straßen führen zum York Minster

❹ Edinburgh

Bei der Anfahrt zur Waverley Station lassen sich zahlreiche der Sehenswürdigkeiten Edinburghs blicken: Die Skyline beherrscht der Stadtberg Arthur's Seat, wobei er mit der auf steilen Felsen thronenden Burg konkurriert. Die verworrenen Gassen und Höfe der Old Town laden ebenso zur Erkundung ein wie die Pubs und Restaurants der New Town – von Nahem ist Edinburgh noch reizvoller als vom Zug aus!

Tagestrip

Lindisfarne

Lindisfarne (Holy Island) ist eine winzige Pilgerinsel, die nur bei Ebbe über einen Damm zu erreichen ist. Die Klosterruine zeugt von den Tagen, an denen die Insel oft von Wikingern überfallen wurde. Die Burg aus dem 16. Jh. wiederum wurde von Sir Edward Lutyens in ein privates Ferienhaus umgebaut.

Um hierherzukommen, verlässt man in Berwick-upon-Tweed (rund 30 min vor Edinburgh) die East Coast Mainline und nimmt Bus 477 Richtung Süden (der Fahrplan ist auf die Gezeiten abgestimmt).

So geht's zurück

Von Edinburgh fahren 30 Züge am Tag nach London King's Cross. Von dort sind es fünf Minuten zu Fuß nach London St. Pancras International zu den Zügen nach Paris, Lille, Brüssel, Rotterdam und Amsterdam.

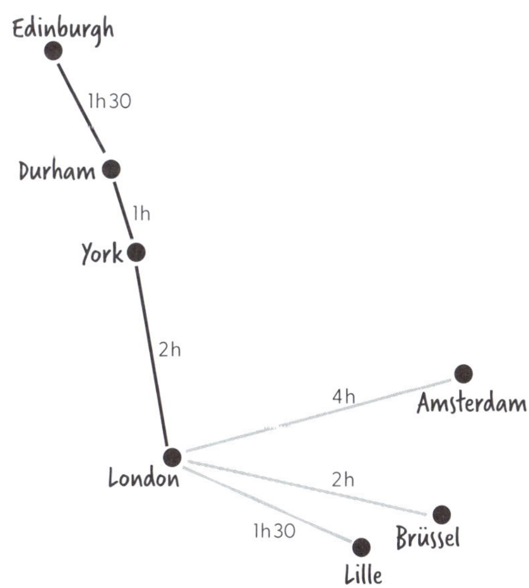

Ein baltisches Abenteuer

Klaipėda • Vilnius • Riga • Pärnu • Tallinn

In ein paar Jahren sollen zwischen den drei baltischen Hauptstädten Hochgeschwindigkeitszüge fahren. Jetzt mag diese Reise anstrengender sein – aber es lohnt sich!

So kommst du hin

Klaipėda wird von deutschen und schwedischen Häfen wie Kiel (20 h), Trelleborg (17 h) und Karlshamn (13 h) mit Nachtfähren (www.dfds.com, www.ttline.com) bedient. Es gibt auch einen täglichen Zug von Warschau nach Vilnius (9 h; www.ltglink.lt).

❶ Klaipėda

Im kompakten Altstadtkern von Litauens wichtigstem Hafen erinnert vieles an die Zeit, als die Stadt auf Deutsch Memel genannt wurde. Im Süden liegt die Kurische Nehrung, eine zum Welterbe gehörende Sanddüne, die sich über fast 100 km zwischen dem Haff und der Ostsee erstreckt. Manchmal wird hier Bernstein an die Strände gespült – wer keinen findet, kann aufs bernsteinfarbene Bier der Brauerei Švyturys von 1784 zurückgreifen.

Mindestens zweimal täglich fahren Züge von Klaipeda nach Vilnius (4 h 20; www.ltglink.lt), doch Busse sind oft pünktlicher.

❷ Vilnius

Obwohl Vilnius trotz seiner schönen Barockaltstadt heute vielleicht die am wenigsten bekannte der drei baltischen Hauptstädte ist, war sie historisch gesehen die mächtigste. Außerhalb des Stadt-

Faktencheck

CO_2 (kg pro Pers.) 32

Entfernung (km) 870

Übernachtungen 8+

Fahrtkosten (€) 55 bzw. 120–200 mit der Fähre von Tallinn nach St. Petersburg

Blick auf die Altstadt von Rīga

zentrums liegen nicht nur die Überreste der Burg Vilnius mit dem symbolträchtigen Gediminas Turm, sondern auch die Barockkirche St. Peter und Paul mit ihrem fast komplett weißen Stuckinneren. Bohemehaft wird's im Viertel Užupis, das sich 1997 zur „unabhängigen Republik" erklärte.
Züge von Vilnius nach Rīga fahren derzeit keine, aber täglich mindestens acht Busse (4 h). www.luxexpress.eu, www.ecolines.net.

❸ Riga

Die Extravaganz des Jugendstils prägt diese quirlige weltgewandte Stadt. Wie viele andere Städte im Norden wirkt sie äußerlich still und reserviert, doch die

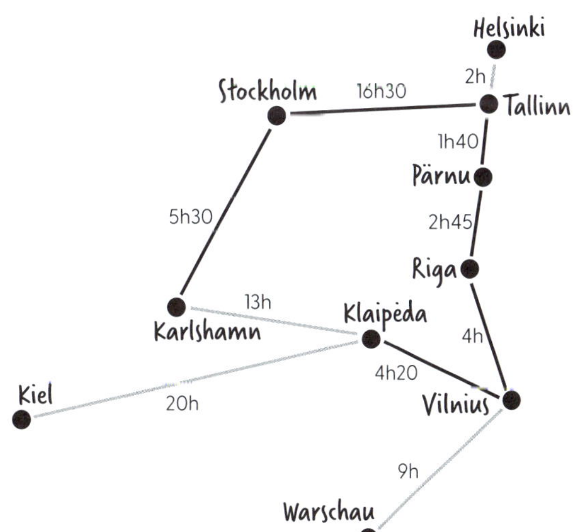

Die Türme und Turmspitzen der Tallinner Altstadt

hippen Bars, modernen Kulturzentren und experimentellen Restaurants strotzen vor Energie. Los geht's mit der Erkundung in der Unesco-geschützten Altstadt, gefolgt vom Dom, dem Museum für Stadtgeschichte und dem Kunstmuseum Rigaer Börse.
Busse starten am internationalen Busbahnhof von Riga. Ecolines (www.ecolines.net) und Eurolines Lux Express (www.luxexpress.eu) fahren über die estnische Grenze nach Pärnu (2 h 45, stündl.).

Tagestrip

Ordensburg Cesis

Die Ordensburg Cēsis besteht aus zwei Burgen: Die wendische wurde 1214 von Rittern des Livländischen Ordens gegründet und 1577 vom russischen Zaren Iwan dem Schrecklichen eingenommen. Das Schloss aus dem 18. Jh., war einst Residenz der deutschen Grafen von Sievers.
Bis zu fünf Züge verbinden täglich Cesis und Riga (2 h).

4 Pärnu

Hier in der Region steht Pärnu für Badespaß: Mit seinen Stränden, schattigen Straßen, noblen Villen und weiten Parks ist es die „Sommerhauptstadt" Estlands. Oft kommen ältere Besucher aus Finnland und der ehemaligen Sowjetunion hierher, um sich zu erholen und die berühmten Schlammbäder von Pärnu zu genießen.
Der Zugverkehr nach Pärnu wurde 2018 eingestellt, also fährt man mit dem Bus (1 h 40, stündl.) nach Tallinn weiter: Der Fahrkartenschalter befindet sich 100 m von der Ecke Pikk/Ringi entfernt (Schild: „bussijaam").

5 Tallinn

Estlands kopfsteingepflastertes Zentrum bietet sich für geruhsame Erkundungsspaziergänge an. Alle Wege führen zum Raekoja Plats, dem pulsierenden Herzen der Stadt: Hier werden schon seit dem 11. Jh. Märkte abgehalten. Auf einer Seite steht das gotische Rathaus, ansonsten ist der Platz von pastellfarbenen Häusern aus dem 15. bis 17. Jh. gesäumt. City Bike (www.citybike.ee) bietet „Welcome to Tallinn"-Touren in verschiedene Teile der Stadt und verleiht auch Fahrräder.

So geht's zurück

Wer nicht nach Litauen zurückfährt, kann die Reise mit Fähren von Tallinn nach Helsinki (2 h) und Stockholm (16 h 30; www.tallink.com) über die Ostsee fortsetzen.

Das Beste der Toskana

Mailand • Florenz • Pisa • Lucca • Florenz

Diese Tour durch „la bella Toscana" verzaubert mit betörenden Aromen, Spitzenweinen und postkartenreifen Bergstädtchen.

So kommst du hin

Mailands imposante Stazione Centrale ist per Hochgeschwindigkeitszug von Frankreich, der Schweiz, Österreich und Deutschland aus zu erreichen.

❶ Mailand

In der temporeichen Metropole regiert das Geld, die Kreativität ist ein Millionengeschäft und gut Aussehen wurde zur Kunstform erhoben. Die zukunftsweisendste Stadt Italiens hat aber auch Historisches zu bieten: Zu ihren Wahrzeichen gehören der Dom aus dem 14. Jh. und das Castello Sforzesco. Die Show stiehlt hier allerdings Leonardo da Vincis Abendmahl. Das berühmte Gemälde ziert eine Wand des Refektoriums an der Basilica die Santa Maria delle Grazie.

Faktencheck

CO_2 (kg pro Pers.) 16

Entfernung (km) 505

Übernachtungen 9+

Fahrtkosten (€) 90

Trenitalia-Züge fahren mindestens stündlich nach Florenz (2 h). www.trenitalia.com

Hoteltipp: Das Starhotels E.c.ho. (www.starhotels.com) besteht aus nachhaltigen Baumaterialien und ist das umweltfreundlichste Hotel der Stadt.

❷ Florenz

Nur wenige Städte können so viele Kunstschätze aufweisen wie Florenz. Das Wesen der recht kleinen Stadt hat sich seit der

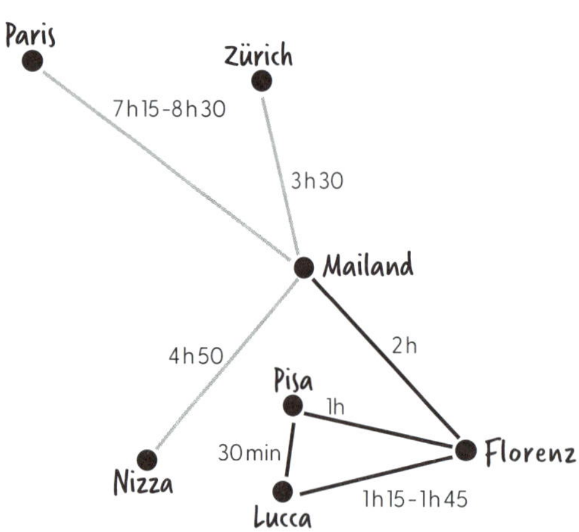

Renaissance kaum verändert: Unzählige Kapellen, Palazzi, Kirchen, Basiliken und Museen laden zu einer Traumwanderung ein. Zu den besten Galerien zählen die Galleria dell'Accademia (www.galleriaacca demiafirenze.beniculturali.it) mit Michelangelos David und die Uffizien (www.uffizi.it) mit Werken von Botticelli, Michelangelo, da Vinci, Raffael, Tizian u. a. Es überrascht also kaum, dass die gesamte Stadt zum Weltkulturerbe der Unesco gehört.

Florenz lässt sich leicht zu Fuß erkunden. Fahrräder können an der Stazione di Santa Maria Novella und anderen Orten ausgeliehen werden; das Bus- und Straßenbahnnetz ist sehr gut ausgebaut. Züge von Trenitalia fahren alle 15 min nach Pisa (1 h).

Hoteltipp: Eco Urban B&B (www.ecour banbb.com) mit sechs stilvollen Zimmern, die mit Recyclingmaterialien und ökologischen Naturstoffen dekoriert sind.

Tagestrip

San Gimignano

Wie in einem mittelalterlichen Manhattan ragen die 14 Türme der ummauerten Stadt San Gimignano in die Höhe. Der Bergort ist einer der malerischsten (und beliebtesten) der Toskana und ideal für einen Tagesausflug von Florenz aus. Juli und August sollte man meiden, es sei denn, man liebt riesige Menschenmassen.

Von Florenz nimmt man einen Bus nach Poggibonsi (1 h 15 bis 2 h, 14 Verbindungen täglich) und steigt dort nach San Gimignano (50 min) um. Dieselbe Prozedur gilt auch für den Rückweg.

---

3 Pisa

Wann wird er wohl umfallen? So schnell nicht. Der Torre Pendente (Schiefe Turm)

Diese Seite: Florenz, die Boboli-Gärten und Giottos *campanile;* vorherige Seite: die Piazza del Duomo in Mailand

Unten: der Schiefe Turm von Pisa; rechts: Luccas mittelalterliche Piazza dell'Anfiteatro

hatte schon bei seiner Einweihung im Jahr 1372 leichte Schlagseite. In den 1990er-Jahren wurde er stabilisiert und hat seitdem seinen Neigungswinkel von 4 Grad beibehalten. Fast 200 Jahre hatte der Bau des offiziellen campanile (Glockenturm) des hiesigen Doms gedauert. Er ist das Herzstück einer der schönsten öffentlichen Plätze Italiens, der Piazza dei Miracoli.

Regionalzüge verkehren zwischen Pisa Centrale und Lucca (30 min, halbstündlich).

❹ Lucca

Nur wenige der unzähligen Bergstädtchen Italiens können mit Lucca mithalten: Das zauberhafte Ensemble aus Gassen, Piazze und Promenaden hinter der imposanten Renaissance-Stadtmauer scheint einem Märchenbuch entsprungen zu sein. Am Abend laden Cafés und Trattorien zu einem Glas Lucchesi-Wein und einer Vielzahl von deftigen Gerichten aus der Küche der Region Garfagnana ein. Buon appetito!

Mit der Bahn geht's zurück nach Florenz (1 h 15 bis 1 h 45, stündlich).

❺ Florenz

In Florenz lässt es sich gut und gerne noch zwei, drei Tage länger aushalten. Hier kann man die toskanische Küche ausgiebig genießen, den herrlichen Dom erkunden und den 85 m hohen *campanile* besteigen.

So geht's zurück

Ab Florenz gibt's Direktverbindungen nach Turin und Mailand mit Anschluss nach Frankreich, Österreich und in die Schweiz.

Der Glacier Express

Zermatt • Brig • Andermatt • Chur • St. Moritz

Die Schweizer „Achterbahnfahrt" quer durch die Alpen beginnt in Zermatt, mit unvergleichlichem Blick aufs Matterhorn, und endet im schillernden Skigebiet St. Moritz.

So kommst du hin

Nach Zermatt kommt man mit Umstieg in Visp per Hochgeschwindigkeitszügen aus vielen Richtungen, wie Genf (3 h 45), Bern (2 h) und Zürich (3 h 15). Die Route (www.glacierexpress.ch) umfasst 290 km und ist an einem Tag machbar (7 h 45). Da die Tickets 15 Tage gültig sind, kann man die Reise jederzeit unterbrechen und fortsetzen (nur zwischen Zermatt und Chur ist eine Reservierung nötig). Der Glacier Express ist teuer. Regionale SBB-Expressbahnen (www.sbb.ch) auf der Route sind günstiger, fahren häufiger und man muss nicht reservieren.

❶ Zermatt

Mitte des 19. Jhs. hat sich Zermatt als Alpinresort einen Namen gemacht, besonders sein mächtiges Matterhorn. Der Brite Edward Whymper bestieg den zahnförmigen 4478 m hohen Berg erstmals 1865. Das hochmoderne Matterhorn Museum zeigt die Geschichte des Bergs, und mit der Matterhorn Glacier Paradise (der höchsten Seilbahn der Welt auf 3883 m) lernt man ihn in natura kennen – sowie 14 Gletscher und 38 Gipfel über 4000 m.

Faktencheck

CO_2 (kg pro Pers.) 6

Entfernung (km) 290

Übernachtungen 5

Fahrtkosten (€) 120

Rechts: der Aletschgletscher; vorherige Seite: das Matterhorn

Pro Tag fahren zwei Glacier-Express-Züge von Zermatt nach St. Moritz; im Sommer sind auf Teilen der Route zwei weitere Züge unterwegs. Sie halten alle an den Zwischenstationen, inkl. Brig. Auch SBB-Züge verkehren stündlich nach Brig (1 h 30).

❷ Brig

Durch seine Nähe zur italienischen Grenze ist Brig seit der Römerzeit ein wichtiger Knotenpunkt. Glanzlichter sind der mit Pflastersteinen bedeckte Stadtplatz umgeben von Terrassencafés und bonbonfarbenen Häusern, sowie das imposante Stockalperschloss, das der Händler Kaspar von Stockalper im 17. Jh. aufzog.

Nach Andermatt gehen stündlich SBB- und vier Glacier-Express-Züge pro Tag (1 h 30 bis 2 h).

Tagestrip

Fiesch

Fieschs Wahrzeichen ist der spektakuläre 23 km lange Aletschgletscher, umringt von den Gipfeln der Jungfrau (4158 m), des Mönchs (4107 m), des Eigers (3970 m) und des Finsteraarhorns (4274 m). Zwei Seilbahnen gondeln zum Eggishorn auf 2927 m (www.aletscharena.ch/bergbahn).

Stündlich verkehren Züge zwischen Fiesch und Brig (40 min) und Andermatt (1 h 30).

❸ Andermatt

Andermatt verbindet entspannten Dorfcharakter mit rauer Wildnis. Ganz in der Nahe tretten mehrere große Gebirgspässe aufeinander, wie der Gotthard- (2106 m), Furka- (2431 m) und der Oberalppass (2044 m). Ab in die Gondel der Seilbahn und rauf auf den 2691 m hohen Gemsstock (www.skiarena.ch), zum Rodeln, Wandern und Schlittenfahren.

Wer mit den SBB-Zügen von Andermatt nach Chur reist, muss in Disentis/Mustér umsteigen; der Glacier Express fährt direkt. Zeitlich ist es kein großer Unterschied (2 h 20 bis 2 h 30, halbstündlich).

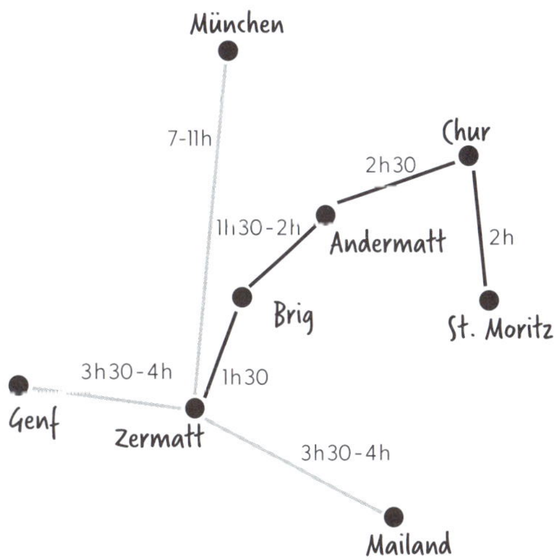

Fliegenfischen mit Aussicht am St. Moritzersee

Tagestrip

Trekking zum Lai da Tuma

Diese beliebte Wanderung führt vom Oberalppass (2044 m) zum glitzernden Lai da Tuma (2344 m; Tomasee), der Quelle des Rheins. Der 11 km-Rundweg dauert drei bis vier Stunden.

Im Stundentakt klettert ein Zug den Pass hinauf (20 min).

4 Chur

Chur ist die größte Stadt im größten Kanton der Schweiz. Besonders ihre hübsche Altstadt lohnt einen Besuch. Chur selbst ist wie ein leuchtendes Sammelsurium aus ausgefallenen Boutiquen, gemütlichen Restaurants und coolen Bars. Über der Stadt ragt der Uhrturm der Martinskirche auf, die 1491 im spätgotischen Stil erbaut wurde. Die Weiterreise nach St. Moritz führt am famosen sechsbogigen und 65 m hohen Landwasserviadukt vorbei, das man oft auf Werbematerial für den Glacier Express sieht.

Nach St. Moritz (2 h) starten stündlich SBB-Expresszüge und drei Glacier-Express-Bahnen.

5 St. Moritz

Als Wiege des alpinen Tourismus zieht St. Moritz mit seinem aquamarinblauen See und smaragdgrünen Wäldern seit 1864 Royals, Berühmtheiten und betuchte Möchtegerns an. Neben Skifahren und Wandern stehen noch viele Outdooraktivitäten auf dem Programm. Mit Bergbahnen und Leihrädern kommt man problemlos herum und Busse verkehren zwischen St. Moritz-Bad und St. Moritz-Dorf. Zwischen 2000 und 2004 wurde hier der von Norman Foster designte, klimafreundliche Wohnkomplex Chesa Futura („Haus der Zukunft") errichtet. Die Clean Energy Tour (www.clean-energy.ch) zeigt lokale Projekte zu erneuerbarer Energie in atemberaubender Alpenkulisse.

So geht's zurück

Mindestens stündlich gehen Züge von St. Moritz nach Zürich (3 h 20), mit Anschluss nach München, Innsbruck und zu anderen internationale Zielorten.

Italien von oben bis unten

Bozen · Mailand · Palermo · Taormina

Kontraste an beiden Enden des italienischen Stiefels (und auf der Insel, die er "tritt"), von Alpengipfeln bis zu den Stränden des südlichen Mittelmeers, von Knödel bis cannoli.

So kommst du hin

Bozen liegt an der vielbefahrenen Strecke über den Brenner-Pass, mit Direktverbindungen nach München (4 h) und Wien (7 h). Auch von Mailand aus - einem der wichtigsten Bahnknotenpunkte Europas mit Verbindungen nach Paris (7 h) - geht es nach Bozen.

❶ Bozen

Bozen und die umgebende Provinz Südtirol sind alpin und mediterran zugleich: In dieser besonderen Region Italiens findet man Knödel und Strudel ebenso auf der Speisekarte wie *gnocchi* und *tiramisu*. Die Stadt mit ihren barocken Häusern ist umgeben von Weinbergen und Alpengipfeln, ihr berühmtester Einwohner heißt Ötzi. Der Mann aus dem Eis, der über 5000 Jahre unter einem Gletscher begraben lag, ist im Südtiroler Archäologiemuseum zu sehen.

Täglich fährt ein Frecciarossa-Zug direkt nach Mailand (8.45 Uhr, 3 h). Wer über Verona fährt, muss umsteigen. www.trenitalia.com

Tagestrip

Val Gardena

Der größte Teil der Dolomiten liegt östlich von Bozen, und besonders schön sind die Felstürme im Grödnertal. Hier wird (auch)

Faktencheck

CO_2 (kg pro Pers.) 83

Entfernung (km) 2005

Übernachtungen 7+

Fahrtkosten (€) 80

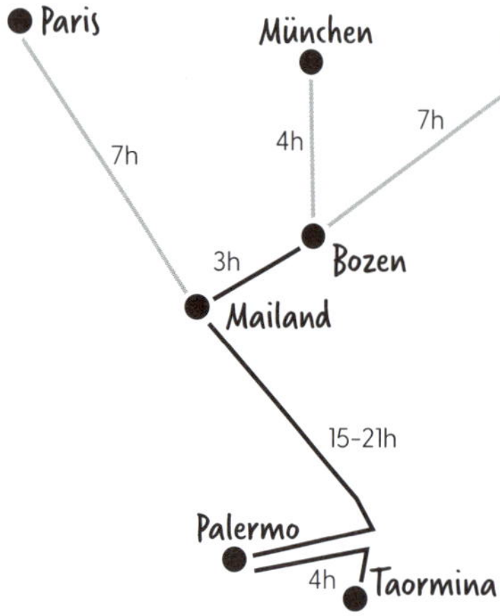

Ladinisch gesprochen, weshalb der Hauptort den Dreifachnamen Ortisei-Sankt Ulrich-Urtijëi trägt. Von hier aus geht es mit der Gondel hinauf zur Seiser Alm, einem Hochplateau vor der Kulisse mächtiger Kalkgipfel. Im Sommer eine blumengeschmückte Bergoase, macht die verschneite Seiser Alm im Spätwinter Lust auf sizilianische Wärme am Ende dieses Trips. **Der Bus 350 fährt stündlich von Bozen zu den Grödner Dörfern und braucht eine Stunde nach St. Ulrich. www.valgardena.it**

❷ Mailand

Die Zugverbindungen zwischen Nord und Süd lassen immer Zeit für ein Mittagessen und einen Nachmittag in der Geschäftshauptstadt des Landes. Nachdem das Gepäck am palastartigen Bahnhof Milano Centrale deponiert ist, erreicht man nach vier Metro-Stationen den Domplatz. Hier warten nicht nur der gotische Dom und die elegante Einkaufspassage Galleria Vittorio Emanuele II, sondern auch das Museo del Novecento, das italienische Künstler des 20. Jahrhunderts zeigt – in einem Land, in dem sonst die Renaissance die Hauptrolle spielt. Wer über Nacht bleibt, sollte versuchen, Karten für eine Opernaufführung in der Scala zu bekommen oder zumindest ein köstliches Ossobuco probieren. **Eine Alternative zu den Zügen, die tagsüber mit einmaligem Umsteigen etwa 15 Stunden von Mailand nach Palermo brauchen, sind die kürzlich erweiterten Nachtzugverbindungen. Täglich verlässt ein Zug nach 20 Uhr**

Links: Mailands großartige Galleria Vittorio Emanuele II; unten: Taormina auf Sizilien

Mailand und erreicht am nächsten Morgen die Stiefelspitze Italiens. Mit einer der letzten europäischen Eisenbahnfähren geht es über die Straße von Messina, Sizilien wird zur Mittagszeit erreicht. Hier wird der Zug geteilt: Palermo erreicht man via Nordküste der Insel um 17 Uhr. www.italiarail.com

❸ Palermo

Die Dattelpalmen rund um die sizilianische Hauptstadt erzählen vom Süden, und von der barocken Kreuzung Quattro Canti geht ein Gewirr von Altstadtgassen voll von Palästen und Lebensmittelmärkten aus. Sie sind Spuren der unterschiedlichen Herrscher in der langen Geschichte der Insel. Der arabische Einfluss zeigt sich in Gerichten wie Couscous, aber auch in der sizilianischen Vorliebe für Zitrusfrüchte, Gewürze und alles Süße.

Bei Zügen nach Taormina-Giardini muss man in Messina (Küstenstrecke, 4 h) oder in Catania (im Landesinneren, 4 h 30) umsteigen.

❹ Taormina

Der immer gleiche, Jahrtausende alte Zauber zieht Besucher in diese Stadt an der Ostküste. Die alten Griechen hinterließen ein Theater (das heute noch für Kunstfestivals genutzt wird), Schriftsteller und Künstler des 19. und 20. Jahrhunderts ließen sich hier inspirieren, und in jüngster Zeit diente Taormina als Kulisse für die zweite Staffel der TV-Serie *Der weiße Lotus*. Grandios ist die Aussicht auf die Insel Isola Bella, die mit Sizilien nur durch eine dünne Sandbank verbunden ist.

So geht's zurück

Für den Rückweg nach Rom halten fünf Züge pro Tag in Taormina-Giardini. Drei davon sind Nachtzüge mit Schlafwagen, von denen der erste (Abfahrt in Taormina nach 15 Uhr) über Rom hinaus nach Florenz, Bologna und schließlich bis nach Mailand (Ankunft nach 10 Uhr) fährt.

Von Stockholm zum Polarkreis

Stockholm • Uppsala • Mora • Östersund • Jokkmokk • Gällivare

Diese Sommerroute führt hoch zum nördlichen Polarkreis: Kleine Bahnen rattern an Seen und Wäldern vorbei und halten unter der Mitternachtssonne bei entlegenen Siedlungen.

So kommst du hin

Ausgangspunkt dieses Abenteuers ist Stockholm, leicht zu erreichen per Bahn von Kopenhagen (5 h 30) und Göteborg (5 h) oder per Fähre (17 h) ab Helsinki.

❶ Stockholm

Stockholm gilt zwar als eine der gelassensten Hauptstädte Europas, doch im Vergleich zu anderen Orten an dieser Route ist es eine pulsierende Metropole. Für jede Stimmung gibt's hier eine Insel: In Gamla Stan kann man ins 18. Jh. eintauchen, auf Södermalm Craft-Biere verkosten oder auf Djurgården in einer sanft hügeligen Parklandschaft zwischen altehrwürdigen Museen herumspazieren.

Faktencheck

CO_2 (kg pro Pers.) 44

Entfernung (km) 2200

Übernachtungen 8+

Fahrtkosten (€) 400

Von Stockholm fahren bis zu sechs Züge pro Stunde nach Uppsala (1 h). www.sj.se

Tagestrip

Stockholmer Schären

Östlich der Hauptstadt liegen unzählige Inselchen und Schären, ein Paradies für Segler und ein beliebtes Sommerausflugsziel der Städter. Das Tor zu den Schären bildet die Insel Vaxholm: Hier kann man an Boutiquen und Holzhäuschen entlang-

Gamla Stan, die Stockholmer Altstadt

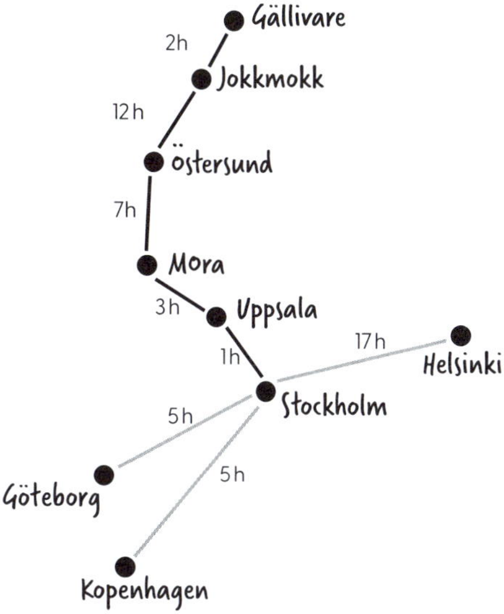

schlendern und eine Festung des 16. Jhs. erkunden, die Stockholm einst vor Angriffen vom Meer aus schützte.

Waxholmsbolaget betreibt Fähren ab der Innenstadt von Stockholm (1 h). www.waxholmsbolaget.se

---

❷ Uppsala

Was Oxford für England und Heidelberg für Deutschland ist, ist Uppsala für Schweden: die geschichtsträchtigste Universitätsstadt des Landes. Sie drängt sich um die hohen Türme der Domkyrka, des größten Doms Skandinaviens. Im tropischen Gewächshaus des Linnégartens kann man sich noch aufwärmen, bevor die Reise an den nördlichen Polarkreis beginnt.

Von Uppsala nimmt man den Zug nach Borlänge und steigt dort nach Mora (3 h) um. www.sj.se

❸ Mora

Das unscheinbare Mora liegt am Nordufer des Siljan-Sees. Hier lebte im frühen 20. Jh der Maler Anders Zorn: Sein tolles Zuhause, Zorngården, ist zusammen mit einer Ausstellung seiner Werke öffentlich zugänglich. Außerdem ist Mora als Ausgangspunkt der Inlandsbanan (Inlandsbahn) bekannt –

Links: die Inlandsbahn; rechts: ein eisiger See bei Jokkmokk

die eingleisige Strecke führt im Sommer durch einsame Kiefernwälder, und manchmal legen die Lokführer auch einen Halt ein, damit die Fahrgäste Beeren pflücken können. Interessanterweise hält der Nachmittagszug nach Östersund unterwegs an einem kleinen Restaurant, damit die Zuggäste dort zu Abend essen können.

Die Inlandsbahn verlässt Mora um 13.30 Uhr Richtung Östersund (7 h, Ende Juni bis August). www.inlandsbanan.se

❹ Östersund

Die Stadt Östersund inmitten der Wälder des schwedischen Binnenlandes markiert die Mitte der Strecke der Inlandsbahn. Um weiter nach Norden zu fahren, muss man hier übernachten. Kein Problem, denn zur Überbrückung der Wartezeit hat die Stadt einiges zu bieten: eine florierende Gastroszene, rund um die Stadt schöne Mountainbike-Trails und Jamtli, ein Freilichtmuseum zum Alltag der Schweden in der Vergangenheit. Nördlich der Stadt wird die Landschaft in den Stammlanden der Samen, der Ureinwohner der Arktis, immer dramatischer – und vom Zugfenster aus sind vielleicht Rentiere zu erspähen.

In Östersund bricht die Inlandsbahn um 7.55 Uhr zur langen Tagesfahrt nach Gällivare auf – in Jokkmokk (12 h) aussteigen!

❺ Jokkmokk

Jokkmokk ist die Hauptstadt der samischen Kultur im schwedischen Lappland: Im tollen Ájtte Museum kann man sich ein Bild des von der Rentierhaltung geprägten Lebensstils der Samen machen. Außerdem ist der Ort ein praktischer Startpunkt für Wanderungen in die Berge im Westen: Von Jokkmokk fahren die Busse 47 und 94 zum Kungsleden (Königsweg), dem berühmtesten Fernwanderweg Schwedens.

Um 19.50 Uhr fährt die Inlandsbahn weiter nach Gällivare (2 h).

❻ Gällivare

Das industrielle Gällivare markiert den nördlichen Endpunkt der Inlandsbahn. Einen Monat im Jahr heißt es die Mitternachtssonne willkommen – vom Hügel Dundret am Ortsrand ist im Juni und Anfang Juli am Horizont die Sonne zu sehen.

So geht's zurück

Von Gällivare geht's per Nachtzug zurück nach Stockholm (14 h).

Von Paris nach Glasgow

Paris · London · Birmingham · Manchester · Windermere · Glasgow

Einmal quer durch Großbritannien hoch in den Norden, vorbei an bedeutenden alten Industriestädten mit viel Kultur bis in die Ausläufer der schottischen Highlands.

So kommst du hin

Das Rückgrat dieser Route bildet die britische West Coast Mainline (WCML), eine wichtige Bahnstrecke von London Euston Richtung Norden am Westrand der Pennines entlang. London St. Pancras gleich bei Euston ist leicht von der Pariser Gare du Nord (2 h 30) zu erreichen. Nach Paris gelangt man wiederum problemlos z. B. ab Barcelona Sants (6 h 30), Marseille Saint-Charles (3 h 30) oder Hamburg (8 h).

❶ Paris

Paris ist ein guter Startpunkt. Wer an der Gare du Nord noch Zeit totschlagen muss, kann die Brasserie Terminus Nord ansteuern – Art-déco-Stil mit Lederbänken und fein gedeckten Tischen gegenüber.

Faktencheck

CO_2 (kg pro Pers.) 23

Entfernung (km) 1150

Übernachtungen 9+

Fahrtkosten (€) 450

14 Züge fahren am Tag von Paris nach London (2 h 30). www.eurostar.com

❷ London

Früher stiegen die Zuggäste am Bahnhof St. Pancras aus und steuerten schnurstracks das Zentrum an – das ist heute nicht mehr so. Im Viertel King's Cross residieren jetzt neue Restaurants, Pubs und Streetfoodläden in einst heruntergekommenen viktorianischen Lagerhäusern. Ein schöner

Der Londoner Regent's Canal führt durch Little Venice

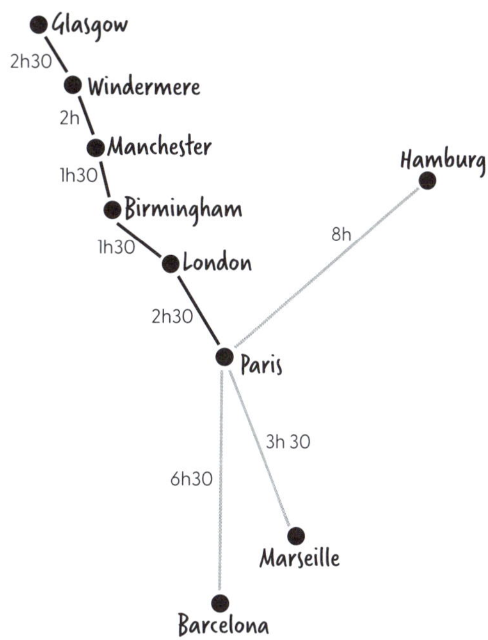

Nachmittagsspaziergang führt am Regent's Canal entlang zum Camden Market.

Mehrmals in der Stunde fahren von den Londoner Bahnhöfen Euston und Marylebone Züge nach Birmingham; die schnellen WCML-Verbindungen verkehren ab Euston (1 h 30). www.virgintrains.co.uk

❸ Birmingham

Viele Reisende lassen die zweitgrößte Stadt Englands links liegen, doch damit ignoriert man eine Stadt, die das Industriezeitalter prägte. Ein Bummel an den wiederbelebten Kanälen des Gas Street Basin gewährt einen Einblick in diese Zeit, oder man schaut sich im Electric, dem ältesten Filmtheater Großbritanniens, einem Art-déco-Meisterwerk von 1909, einen Film an. Gleich gegenüber befindet sich die New Street Station, die nach einer Renovierung wieder in altem Glanz erstrahlt.

Von Birmingham New Street fahren mehr als 30 Züge am Tag nach Manchester Piccadilly (1 h 30). www.virgintrains.co.uk

❹ Manchester

Im 19. Jh. erblühte Manchester als globales Zentrum des Baumwollhandels. Heute ist es eher für seine Fußballvereine – United und City – und für Bands wie The Smiths, Joy Division und Oasis bekannt. Im hervorragenden Science and Industry Museum auf dem Gelände des ersten Pas-

Links: das Windermere; rechts: das Riverside Museum in Glasgow

sagierbahnhofs der Welt (von 1830) kann man die Wurzeln der Stadt erforschen. Interessant ist auch das Lowry: Es huldigt dem britischen Künstler L. S. Lowry, der in seinen einzigartigen Werken die Stadtlandschaften Nordenglands verewigte.
Ab Manchester Piccadilly bestehen pro Tag fünf Direktverbindungen nach Windermere (2 h). www.northernrailway.co.uk

5 Windermere

Aus Grau wird Grün – in einem Zug Richtung Lake District. Das Windermere ist Englands größter Natursee, mit einem Ferienort am Ostufer und heidebewachsenen Bergen im Westen, deren Spiegelungen im Seewasser zittern. Mit seinem Nationalpark ist der Ort Windermere ein Mekka für Wanderer und Kajakfahrer sowie für andere Naturfreunde.
Von Windermere steigt man am Bahnhof Oxenholme Lake District nach Glasgow Central (2 h 30) um. www.virgintrains.co.uk

6 Glasgow

Glasgow ist aus jedem Blickwinkel reizend, ob man die Pracht des George Square bewundert oder die Museen des West End abklappert. Gänzlich umgekrempelt wurden die Viertel am Clyde, an dem früher Schiffe gebaut wurden, die dann die entlegensten Ecken des Globus ansteuerten. Man kann das Riverside Museum von Zaha Hadid erkunden oder das Museumsschiff *Glenlee* besteigen, eine alte spanische Bark, die einst um die Welt segelte – zusammengebaut in Glasgow.

Tagestrip

Loch Lomond

Von Glasgow aus ist man schnell in den südlichen Highlands. Am Südufer des Loch Lomond liegt das malerische Dorf Balmaha – nach dem Lunch im Pub kann man hinter dem Dorf den Connick Hill mit tollem Ausblick auf die bewaldeten Ufer des Sees erklimmen.
Von Glasgow Queen Street geht's mit dem Zug nach Balloch und von dort mit dem Bus 309 weiter nach Balmaha. www.scotrail.co.uk

So geht's zurück

Von Glasgow Central verkehren Direktzüge nach London (4 h 30) mit Anschluss an Züge nach Kontinentaleuropa.

Städte & Schlösser in Tschechien

Prag · Brünn · Olmütz · Prag
Vom Ausgangspunkt Prag geht's durchs tschechische Hinterland nach Mähren, vorbei an Weingärten, Mittelalterstädten und Höhenburgen.

So kommst du hin

Prag ist gut mit dem europäischen Bahnnetz verknüpft, mit Berlin und Dresden im Norden und Wien, Krakau, Bratislava und Budapest im Osten und Süden. Alle internationalen Züge kommen am Praha hlavní nádraží, dem Hauptbahnhof, an. Die tschechische Bahngesellschaft České dráhy (www.cd.cz) bedient die meisten Strecken.

❶ Prag

Wenn es eine Stadt mit Paris in Sachen Ästhetik aufnehmen kann, dann Prag. Die gepflasterten Gässchen und versteckten Hinterhöfe laden zum Flanieren ein. Nur ein paar Blocks vom Altstädter Ring und Sehenswürdigkeiten wie der Karlsbrücke entfernt stößt man auf Kapellen, geheime Gärten, entzückende Cafés und urige Bars, wo sich kaum noch Touristen verirren. Eine witzige Erkundungstour verspricht die Nostalgie-Tram Nr. 91 mit Waggons aus den Jahren 1908 bis 1924. Die Bahn knattert am Verkehrsmuseum, der Prager Burg, dem Wenzelsplatz und am náměstí Republiky (Platz der Republik) vorbei, mit Endhaltestelle Výstaviště (Ausstellungsgelände). Man kann an jeder Haltestelle zu- und aussteigen. Tickets sind in der Tram erhältlich.

Von Praha hlavní nádraží fahren Expresszüge nach Brünn (3 h, alle zwei Std.).

Faktencheck

CO_2 (kg pro Pers.) 20
Entfernung (km) 595
Übernachtungen 8+
Fahrtkosten (€) 35

Prags Karlsbrücke aus dem 14. Jh.

Tagestrip

Burg Karlštejn

Die Burg Karlštejn, 30 km südwestlich von Prag, wurde 1348 errichtet, um die Kronjuwelen von Kaiser Karl IV. zu verstecken. Nach ihrem Verfall wurde die Burg zu einem Märchenschloss restauriert, dessen Fassade allein einen Besuch lohnt.

Die Züge vom Prager Hauptbahnhof mit Ziel Beroun (via Praha-Smíchov) halten in Karlštejn (45 min, halbstündlich).

Von da sind es 20-30 Minuten Fußmarsch zur Burg hinauf.

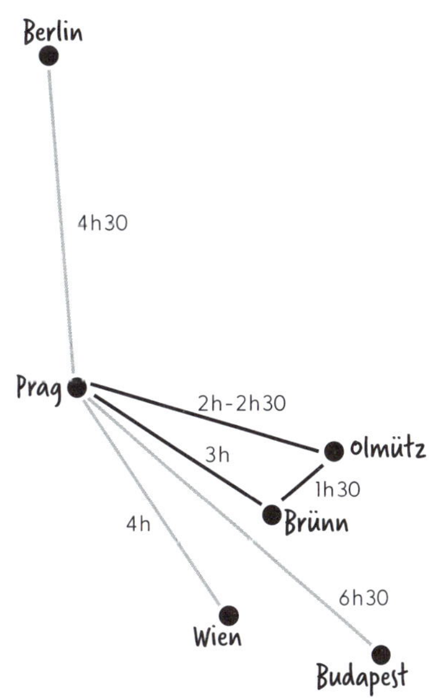

2 Brünn

Östlich von Prag erstreckt sich die Provinz Mähren, Heimat der bekanntesten Weingärten Tschechiens. Hauptstadt ist Brünn, das mit seinen Cafés, Cocktailbars, Res-

Links: Bauhausstil in der Vila Tugendhat in Brünn; rechts: St.-Nikolaus-Kirche in Prag

taurants und Studenten nach Prag die geschäftigste Stadt im Land ist. Sein mittelalterliches Rathaus quillt über vor architektonischen Spielereien. Doch es verblasst im Vergleich zur Villa Tugendhat, die der modernistische Meister Mies van der Rohe 1930 für Greta und Fritz Tugendhat im Bauhaus-Stil entwarf. Anreise ist mit der Tram von Moravské náměstí, die Milady Horákové entlang zur Haltestelle Dětská nemocnice, und von da 300 m zu Fuß gen Norden.
Ca. zwei Züge verkehren pro Std. zwischen Brünn und Olmütz (1h 30). Der Bahnhof liegt 2 km östlich vom Zentrum und wird von mehreren Straßenbahnen angefahren.

Tagestrip

Weinpfad Mikulov

Mikulov liegt im Herzen der tschechischen Weinregion. Ein 82 km langer Weinpfad verbindet kleine Weingärten inmitten einer betörenden Landschaft. Wer nicht die ganze Route machen will, bekommt in der Touristeninformation in Mikulov (www.mikulov.cz) Infos zu Tagesausflügen, etwa zu den Schlössern in Valtice und Lednice. RentBike (www.rentbike.cz) stattet mit fahrbaren Untersätzen aus.
Von Brünn erreicht man Mikulov am besten mit dem Bus (1h 30); Abfahrt stündlich.

3 Olmütz

Olmütz ist außerhalb Tschechiens kaum bekannt. Doch es ist eine echt schöne Stadt mit einem von historischen Gebäuden umzingelten Hauptplatz und der Dreifaltigkeitssäule, die zum Welterbe der Unesco zählt. Das Erzdiözesanmuseum ist ein Muss für alle Besucher und legt die Grundlagen der alten Festung Olmütz dar. Im Anschluss mischt man sich am besten unter die Tausende von Studenten, die sich in den unzähligen Pubs und Mikrobrauereien scharen. Und wie wär's mit einer Kostprobe vom Olomoucký sýr oder tvarůžky, angeblich der meiststinkende Käse Tschechiens?
Den Rückweg in die Hauptstadt bestreiten gewöhnliche ČD-Züge (2 h 20, zwei pro Std.) und private Luxuszüge von RegioJet (2 h 20, alle zwei Std., www.regiojet.cz) oder LEO Express (2 h, alle zwei Std., www.le.cz).

Von Bayern nach Berlin

München · Nürnberg · Weimar · Leipzig · Dresden · Berlin
Die spannende Tour bringt mit Palästen und Parks, Dichtern und Malern die Kulturgiganten Deutschlands zusammen, ergänzt durch schöne Landschaften an den Stadträndern.

So kommst du hin

München ist von West- und Osteuropa aus leicht zu erreichen, u. a. mit Direktzügen ab der Pariser Gare de L'Est (6 h), Wien (4 h) und Budapest Keleti (7 h).

❶ München

Nicht den Berlinern sagen, aber München hat mit seinen opulenten Palästen, stolzen Kirchen und Museen von Weltrang sowie den Alpen in der Ferne durchaus das Flair einer Hauptstadt. Los geht die Kulturtour mit einer Aufführung im Nationaltheater, in dem einige der wichtigsten Werke Wagners Premiere feierten. Eine weitere Säule bayerischer Kultur erkundet man mit einem Besuch in der Allianz Arena, dem Heimstadion des vielfachen deutschen Meisters FC Bayern München – entweder bei einer Tour oder gleich bei einem Spiel.

Vom Münchner Hauptbahnhof gibt's rund 50 Züge am Tag zum Hauptbahnhof von Nürnberg (1 h). www.bahn.de

Faktencheck

CO_2 (kg pro Pers.) 16
Entfernung (km) 800
Übernachtungen 10+
Fahrtkosten (€) 250

❷ Nürnberg

Die Kaiserstadt und spätere Nazihochburg mit ihren Reichsparteitagen hat den Stürmen der deutschen Geschichte getrotzt und ist daraus gestärkt hervorgegangen.

Die Pegnitz in Nürnberg

Goethes Haus in Weimar

Hier war auch der Alte Meister Albrecht Dürer zu Hause – sein Haus im Schatten der mittelalterlichen Burg steht Besuchern offen. Oder man lässt sich im DB Museum im Nürnberger Verkehrsmuseum die Geschichte der Eisenbahn in Deutschland erzählen.
Um von Nürnberg nach Weimar (2 h) zu gelangen, muss man in Erfurt umsteigen. www.bahn.de

❸ Weimar

Weimar ist zwar eine kleine Stadt mit kopfsteingepflasterten Plätzen, doch gleichzeitig ein Kulturgigant: Hier waren Dichter wie Goethe und Schiller, Komponisten wie Bach und Liszt und Künstler wie Kandinsky und Klee zu Hause. Im neuen Bauhaus-Museum kann man nachverfolgen, wie die kleine Stadt Design und Architektur in aller Welt prägte.
Von Weimar fahren rund 40 Züge am Tag nach Leipzig (1 h). www.bahn.de

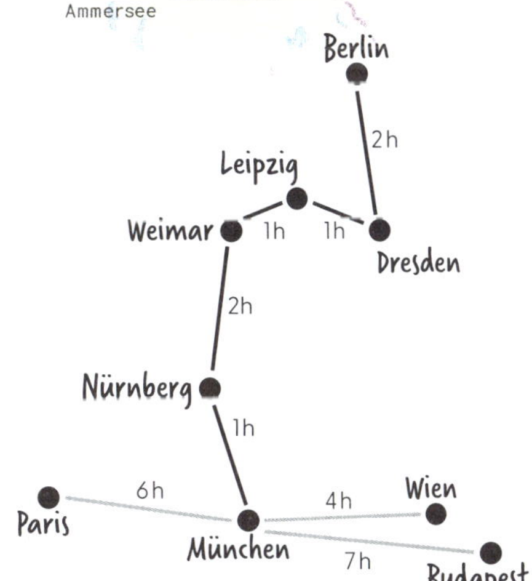

Gegenüber: die grünen Kanäle im Spreewald; links: Dresden

❹ Leipzig

Die Kulturhauptstadt des Ostens verdiente sich ihren Beinamen „Heldenstadt" durch ihre Rolle beim Fall der Berliner Mauer. Im Stasimuseum im ehemaligen Hauptquartier der berüchtigten Geheimpolizei können Besucher etwas über den Alltag der Überwachung in der DDR erfahren.

Es gibt über 30 Zugverbindungen täglich zwischen Leipzig und Dresden (1 h). www.bahn.de

❺ Dresden

Nur wenige Städte sind so wiederauferstanden wie Dresden: Das ehemalige Elbflorenz wurde im Zweiten Weltkrieg durch alliierte Bombenangriffe großflächig zerstört. In den letzten Jahrzehnten wurde Dresden seine alte Pracht wiedergegeben, u. a. mit der Frauenkirche aus dem 18. Jh., komplett zerstört und schließlich 2005 neu geweiht, mit einem aus rund 2000 Fragmenten zusammengesetzten Altar.

Vom Dresdener Hauptbahnhof fahren rund 30 Züge am Tag zum Berliner Hauptbahnhof (2 h). www.bahn.de

❻ Berlin

Die Stadt, die die Geschichte des 20. Jhs. prägte, ist im 21. Jh. ein Zentrum der Kultur. Mit der Erkundung der Museen und Stätten des Kalten Kriegs kann man locker eine ganze Woche füllen, dazu den schattigen Tiergarten erkunden und sich ins wilde Berliner Nachtleben stürzen.

Hoteltipp: Landmark Eco Hotel

Tagestrip

Spreewald

Der Spreewald, ein Unesco-Biosphärenreservat, ist ein beliebtes Ausflugsziel der Berliner: mit dichten von Wegen durchzogenen Wäldern und einem Labyrinth aus Wasserwegen, die eigens für Kajaktouren angelegt worden zu sein scheinen.

Eines der besten Tore zum Spreewald ist Lübben – vom Berliner Hauptbahnhof (ca. 50 Züge am Tag) ist man in knapp einer Stunde dort. www.bahn.de

So geht's zurück

Vom Berliner Hauptbahnhof bestehen direkte ICE-Verbindungen nach München (4 h). Oder man macht einen Umweg über Tschechien, indem man von Berlin einen Zug nach Prag nimmt und von dort nach München zurückkehrt.

Große Schweizrunde

Zürich • Luzern • Bern • Neuenburg • Lausanne • Genf

Die Schweiz kurz zusammengefasst: Gletscher, Gebirgspässe, Burgen und Seen, verknüpft durch ein Netz aus Ladestationen für E-Fahrzeuge.

So kommst du hin

Die E-Grand Tour ist eine 1600 km lange Route im weltweit ersten Langstreckennetz aus Ladestationen für Elektrofahrzeuge. Der 783 km lange Abschnitt von Zürich nach Genf verschafft einen super Überblick. Mit dem Hochgeschwindigkeitszug geht's zuerst von Paris Gare de Lyon (4 h), Frankfurt (4 h) oder Mailand (3 h 40) nach Zürich, wo man ein E-Auto mieten kann. Unter https://grandtour.myswitzerland.com gibt's Infos und Detailpläne zu den 300 Ladestationen.

❶ Zürich

Vor der langen Fahrt kann man in Zürich ein, zwei Tage die verwinkelte Altstadt erforschen. Hier trifft man auf herausragende Schätze (Alte Meister im Kunsthaus), postindustrielle Coolness (Indie-Bars und Boutiquen in Züri-West) und Parks am Seeufer, Terrassencafés und Badepavillons. Nicht vergessen sollte man die Aussichtspunkte auf den Bergen ringsum, wie dem Uetliberg (871 m), Zürichs Hausberg, der mit dem Zug vom Hauptbahnhof in 30 Minuten zu erreichen ist.

Fahrt Richtung Süden am Vierwaldstättersee vorbei (2 h). Zwischenstopps: Es geht ins historische Herzstück der Schweiz: Schwyz, Geburtsort der Föderation von 1291;

Faktencheck

CO_2 (kg pro Tour.) 39

Entfernung (km) 863

Übernachtungen 7

Fahrtkosten (€) 1400

Zürich bei Sonnenuntergang

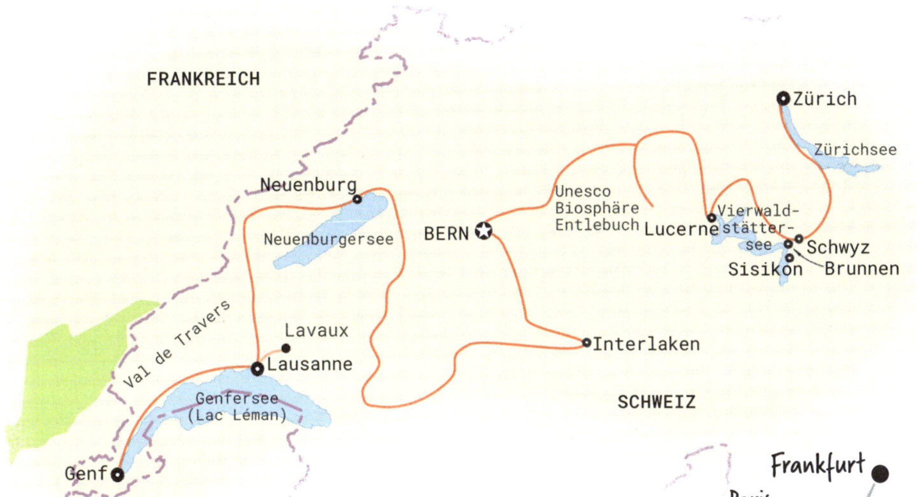

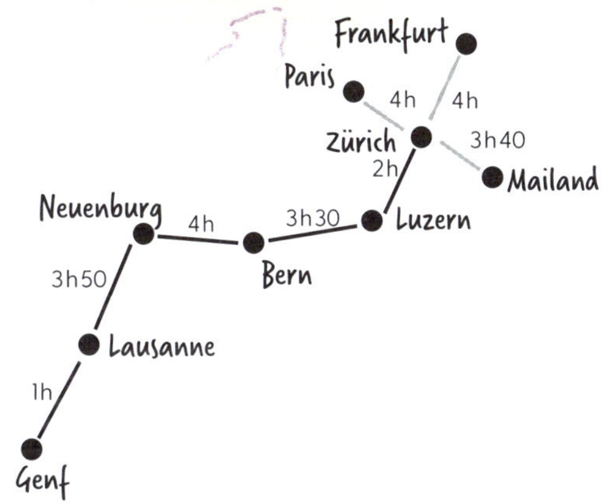

Brunnen, ein Lieblingsort des Malers Turner mit dem fjordartigen Urnersee; Sisikon, aus der Wilhelm-Tell-Sage.

❷ Luzern

Umgeben von mystischen Bergen versprüht die Seestadt Luzern Postkartenidylle. Über die überdachte hölzerne Kapellbrücke schlendert man ins mittelalterliche Zentrum. Ausstellungen locken im postmodernen KKL Kulturzentrum oder in der Sammlung Rosengart mit einer gefeierten Auswahl an Picassos. Die Promenade ist perfekt zum Picknicken, Radfahren und Spazierengehen.

Weiter geht's über die malerische Westroute nach Bern (3 h 30).

Zwischenstopp: Im Entlebuch-Biosphärenreservat kann man sich zwischen Karstformationen, Moorlandschaften und wilden Gebirgsbächen die Füße vertreten.

❸ Bern

Die Schweizer Hauptstadt blickt mit Stolz auf ihren Kern. Das Labyrinth aus Gassen, Arkaden, verschnörkelten Uhrtürmen, Geschäften in Kellergewölben und Bars hat es zum Welterbe gebracht. Ein weiteres Glanzstück ist das von Renzo Piano entworfene, wellenförmige Zentrum Paul Klee, das die Werke des Schweizer Expressionisten ausstellt. Daneben gibt's Bademöglichkeiten im Fluss und ein brodelndes Nachtleben.

Die 252 km lange Strecke Bern–Neuenburg sollte man in aller Ruhe genießen.

Links: die Schweizer Alpen; unten: Genf; rechts: ein Zug in den Weingärten von Lavaux

Tagestrip

Wandern

Das Berner Oberland hält ein sagenhaftes Naturschauspiel bereit, wo die Gletscher von Eiger, Mönch und Jungfrau über Thuner- und Brienzersee ragen. Von Interlaken rollen halbstündlich Züge (30 min) nach Grindelwald, wo man zu großartigen Halb- und Ganztagestouren aufbrechen kann.

Fahrt nach Interlaken (1h), der perfekte Ausgangspunkt für Erkundungen.

4 Neuenburg

Auf dem Weg ins französischsprachige Neuenburg weicht eine fesselnde Gebirgskulisse hügeligem Weideland. Neuenburg erstreckt sich vom Fuß des Jura-Höhenzuges hinab zum See. Ein Château überragt das Märchendorf mit dem größten archäologischen Museum der Schweiz, dem Laténium. Mit der Seilbahn geht's auf den 1160 m hohen Mt. Chaumont.

Eine 170 km lange Fahrt führt durch das Herz der Schweizer Uhrenindustrie nach Lausanne.

Tagestrip

Fahrrad

Eine Trekking- oder Radtour ins verborgene Val-de-Travers bringt friedvolle Wälder, Bäche und die gewaltige Felsenarena Creux du Van zum Vorschein.

Das Val-de-Travers liegt 40 Minuten mit dem Auto von Neuenburg entfernt.

5 Lausanne

Lausanne zieht Besucher sofort in seinen Bann, mit terrassenförmigen Weingärten, seiner Lage am See und dem Alpenpanorama. Attraktionen sind eine imposante gotische Kathedrale, das Olympische Museum und der kulturelle Knotenpunkt Plateforme10, wo zeitgenössische Kunst, Design und Fotografie zusammentreffen. Studenten beleben hier die Partyszene.

Am Seeufer entlang geht's nach Genf (1h).

Tagestrip

Weinverkostung

Am besten hängt man einen Tag dran und läuft einen Teil des 30 km langen Schweizer Weinwanderwegs von Saint-Saphorin nach Lutry. Er führt durch die unendlichen Weinterrassen in der Welterbe-Region Lavaux.

Lutry liegt 10 Fahrminuten von Lausanne.

6 Genf

Den Trip rundet ein Besuch in Genf ab, einer weiteren Seeufer-Stadt. Mit ihren Sehenswürdigkeiten, der Bergszenerie und den feinen Bistros und Bars lässt es sich ein, zwei Tage hier aushalten. Die verwinkelten Gassen der Vieille Ville werden von der gotischen Kathedrale St. Peter und dem Jet-d'Eau-Brunnen überragt. Es gibt jede Menge Museen – Kunst, Geschichte, Reformation, Ethnografie, Uhrenbau und das Rote Kreuz

So geht's zurück

Bei Redaktionsschluss konnte man in Genf keine E-Autos zurückgeben und musste zurück nach Zürich (3 h 30).

Cornwall erkunden

Truro • Falmouth • St. Ives

Hier trifft Großbritannien auf schäumende Wellen, viel Seefahrtsgeschichte und keltische Anklänge. Diese kurze Route führt zu einigen Highlights.

So kommst du hin

Nach Cornwall nimmt man von London aus die Great Western Railway nach Truro. Vom europäischen Festland kommend, reist man zunächst mit dem Eurostar von Amsterdam, Brüssel oder Paris nach London und fährt dort mit der U-Bahn zum Bahnhof Paddington. Von dort brauchen die Züge tagsüber rund 4 h 30 nach Penzance. Auf derselben Strecke verkehrt sechsmal die Woche der Nachtzug Cornish Riviera. Aus Richtung Nordspanien oder Westfrankreich kann man auch mit einer Fähre von Brittany Ferries – von Roscoff in der Bretagne oder Santander in Spanien – nach Plymouth in Devon reisen.

Faktencheck

CO_2 (kg pro Pers.) 5.5kg

Entfernung (km) 280

Übernachtungen 7+

Fahrtkosten (£) 118

❶ Truro

Truro, Hauptstadt der Grafschaft Cornwall, beeindruckt mit einer großen Kathedrale. Das Royal Cornwall Museum bietet mit schöner Kunst und feinen Antiquitäten eine gute Einführung in die Geschichte der Grafschaft.

Von hier geht's auf einer Nebenstrecke der Great Western Railway jede halbe Stunde nach Falmouth (25 min).

An Tagen mit besonders hoher Flut verkehren Fähren so weit stromaufwärts wie bis Truro nach Falmouth und bieten eine Alternative zum Zug (1 h 15). www.falriver.co.uk/ferries

Der Trebarwith Strand bei Tintagel

❷ Falmouth

Der Fischerort mit dem dritttiefsten Naturhafen Europas hat mit dem National Maritime Museum und guten Geschäften und Restaurants einiges zur Einstimmung auf Cornwall zu bieten. Außerdem tuckern nette Fähren über das Mündungsgebiet des Fal zum hübschen Dorf Flushing und zum angesagten St. Mawes auf der Roseland Peninsula. Nach Flushing (10 min) fahren die Fähren halbstündlich, nach St. Mawes (20 min) alle 20 Minuten.

Von Falmouth fahren von 6.30 bis 19.30 Uhr mindestens stündlich Züge Richtung St. Ives; man muss in Truro und St. Erth umsteigen und die Fahrt dauert 1 h 45.

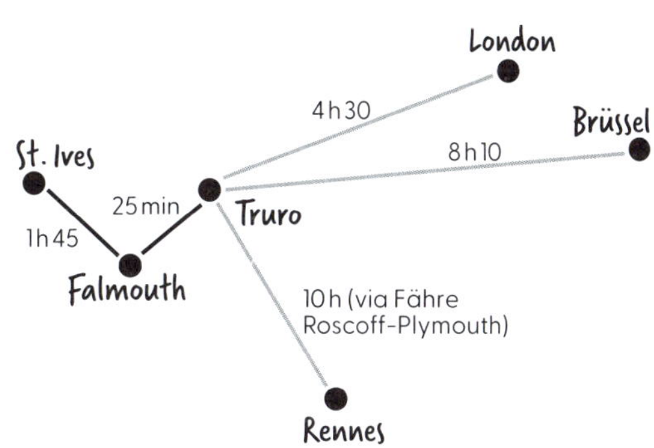

© Helen Hotson / Shutterstock

Unten: frische Meeresfrüchte in Falmouth; rechts: der Strand von Pendower

Tagestrip

Bodmin Moor & Tintagel

Um die Geheimnisse Cornwalls zu erkunden, mietet man im nahen Penryn (www.enterprise.co.uk) ein Auto und fährt Richtung Norden übers Bodmin Moor. Diese uralte Landschaft ist mit merkwürdigen Felsformationen, Menhiren und Gräbern aus der Jungsteinzeit gespickt. In Tintagel ist die berühmte Burgruine mit der benachbarten Landspitze durch eine spektakuläre Brücke verbunden. Achtung: Vielleicht fängt man sich eine Leidenschaft für König Arthur ein!

Penryn ist von Falmouth per Zug (halbstündl.) oder per Bus (häufiger) weniger als 10 Minuten entfernt. Von Penryn nach Tintagel sind es über das Bodmin Moor rund 100 km (1 h 30), jedoch sollte man Zeit für Stopps einplanen.

3 St. Ives

Wer von Falmouth den Zug nach St. Ives nimmt, fährt auf zwei der schönsten Nebenstrecken Cornwalls und landet am Ende mitten in der Kunstszene der Grafschaft. Neben einem Ableger der Tate gibt's hier das Barbara Hepworth Museum und die Leach Pottery – beide befassen sich mit bekannten hiesigen Künstlern. Für Kinder sind die Bootsfahrten und schönen Strände interessanter. In St. Ives übernachten.

So geht's zurück

Wer tagsüber mit dem Zug aus London angereist ist, könnte für die Rückfahrt den Nachtzug nehmen, eins der modernsten fahrenden Hotels der Welt. Ansonsten geht's auf demselben Weg zurück wie hin.

Österreichischer Höhenflug

Innsbruck • Kitzbühel • Zell am See • Salzburg • Linz • Wien

Wenn der Zug von den berauschenden Tiroler Alpen ins majestätische Wien flitzt, drücken sich garantiert alle Passagiere die Nasen an den Fensterscheiben platt.

So kommst du hin

Diese Route nutzt das effiziente ÖBB-Bahnnetz. Abfahrt ist in Innsbruck, das mit Hochgeschwindigkeitszügen aus München (1 h 45), Mailand (6 h) und Venedig (5 h 20) gut zu erreichen ist. Der TGV braucht vom Pariser Gare de Lyon 8 h 15.

❶ Innsbruck

Los geht's in der charismatischen Hauptstadt Tirols, mit der Nordkette der Alpen wie einem Theatervorhang im Hintergrund. Eine nagelneuevon Zaha Hadid designte Bergbahn saust zum höchsten Punkt hinauf, dem Hafelekar (2334 m), und die Laubengänge und mittelalterlichen Gassen der Altstadt laden zum Ausspannen ein. Daneben gibt's opulente Habsburgerresidenzen, gotische Kirchen, Cafés, Bars und Restaurants.

Eurocity- und Railjet-Schnellzüge starten mindestens zweimal pro Std. nach Kitzbühel (1 h 10), mit Umstieg in Wörgl.

Tagestrip

Zillertal

Das nahegelegene Zillertal lockt mit 1a-Wanderwegen, Mountainbiketouren und Raftingabenteuern im rauschenden Ziller.

Faktencheck

CO_2 (kg pro Pers.) 11

Entfernung (km) 552

Übernachtungen 8+

Fahrtkosten (€) 115

Innsbruck und die Nordkette der Alpen

Winter in Salzburg

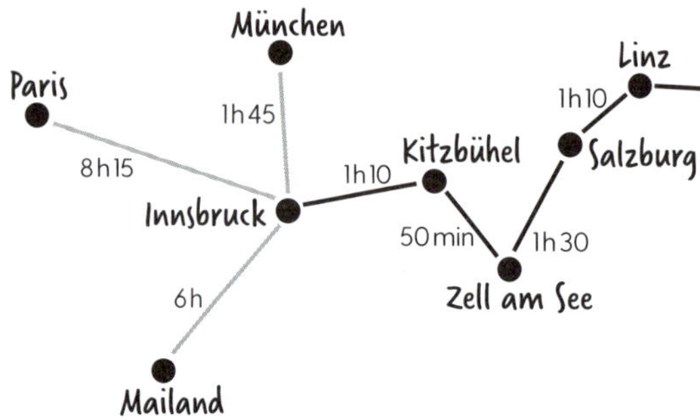

Pro Std. fahren drei Züge von Innsbruck nach Jenbach (20 min), von wo man ins Tal kommt. Eurocity ist am schnellsten.

❷ Kitzbühel

Seine Skipisten haben olympische Geschichte geschrieben, aber das noble Kitzbühel hat mehr vorzuweisen. Im Sommer tummeln sich Wanderfreunde auf den Hängen, und eine Gondel führt zum alpinen Blumengarten am Kitzbüheler Horn. Paragliding, Mountain- und E-Bike-Touren komplettieren das actiongeladene Angebot.
Stündlich starten Direktzüge nach Zell am See (50 min) – eine besonders malerische Fahrt durch die Alpen.

❸ Zell am See

Zell am See ist eine alpine Traumwelt: ein tiefblauer See und mit Gletschern überzogene Gipfel, samt des Großglockners, Österreichs höchstem Berg (3798 m). V. a. die Outdoormöglichkeiten locken Viele: Radtouren, Windsurfen, Paragliding, Rafting, Klettern oder per Seilbahn auf die Schmittenhöhe, Startpunkt für den Pinzgauer Spaziergang, eine fordernde Tagestour mit Aussicht auf den Nationalpark Hohe Tauern.
Jede Stunde gehen Züge nach Salzburg (1 h 30).

Tagestrip

Wandern

Lust auf Skifahren oder Wandern auf 3000 m? Dann nichts wie rauf auf den Gletscher des Kitzsteinhorns, eine halbe Stunde mit dem Bus vom Zentrum Zell am See.
Zweimal pro Std. verkehren Busse; für Gäste mit Sommercard gratis (www.zellamsee-kaprun.com).

❹ Salzburg

In Salzburg verliebt man sich auf den ersten Blick: Bergkulisse, ein barockes Zentrum mit Unesco-Welterbe-Status, mittendrin die Salzach und eine Mittelal-

Links: Torten im Café Aida, Wien; unten: das Schloss Belvedere in Wien

terfestung als Krönung. Die Geburtsstadt Mozarts hat Musik im Blut. Vielleicht lassen sich ja Tickets für eine der Vorstellungen in den Schlössern, Kirchen oder Konzertsälen ergattern.

Zwei Schnellzüge fahren pro Std. nach Linz (1 h 10).

Tagestrip

Wandern

Werfen verheißt eine frostige Wanderung durch eine Narnia-artige Eisriesenwelt in den größten zugänglichen Eishöhlen.

Schnellzüge schaffen stündlich Anbindung nach Werfen (40 min).

5 Linz

Diese erfrischend dynamische Stadt an der Donau erfindet sich gerade neu, mit einer Reihe brandaktueller Museen. Zu den Hauptattraktionen zählen die Glas-und-Stahl-Konstruktion Lentos mit moderner Kunst von Warhol, Schiele und Klimt sowie das interaktive Ars Electronica Center mit Fokus auf Technologie, Wissenschaft und digitale Medien.

Schnellzüge nach Wien rollen zweimal pro Std. (1 h 15).

6 Wien

Wien, nur du allein! Keine andere Stadt kann es mit Wien in Sachen imperialistischem Prunk, Rokokoschlössern, Kaffeehäusern, Konzertsälen und Kunstschätzen aufnehmen. Das Schloss Belvedere präsentiert Klimts Meisterwerke, von den Habsburgern gesammelte Schätze sind in der Hofburg zu sehen und eigenwillige Kreationen im MuseumsQuartier. Im Anschluss warten die hipperen Bezirke, wie der 2., 7. und 9., auf einen Streifzug.

So geht's zurück

Wien hat Schnellzuganbindung nach München (4 h), mit Anschlüssen gen Norden und Westen, einschließlich Paris (5 h 40).

Nord- und West-Sizilien

Palermo • Trapani • Ägadische Inseln • Selinunte • Palermo

Eine Tour durch die sizilianische Hauptstadt und den Westen der Insel, wo versteckte Grabungsstätten, mosaikverzierte Kathedralen und wilde Sandstrände auf Entdecker warten.

So kommst du hin

Vom italienischen Festland aus ist Palermo mit dem Tag- oder Nachtzug zu erreichen; Direktzüge aus Rom und Mailand überqueren die Straße von Messina per Fähre. Weitere Fährverbindungen gibt's von Genua, Civitavecchia und Neapel nach Palermo. Wer aus Paris kommt, nimmt den Nachtzug Thello via Mailand bis nach Sizilien.

1 Palermo

Für Palermo sollte man sich mindestens einen Tag Zeit nehmen. Nicht zu verpassen sind die Straßenmärkte, die normannische Kathedrale und die spektakuläre Palastkapelle. Mit dem Taxi gelangt man zum Bergörtchen Monreale (30 min), dessen Dom mit bunten Mosaiken verziert ist. Für Abendessen und Drinks geht's ins Viertel Vucciria.

Faktencheck

CO_2 (kg pro Pers.) 51,5

Entfernung (km) 461

Übernachtungen 9+

Fahrtkosten (€) 400

Der Strand von Cefalù östlich von Palermo

Für die Fahrt Richtung Westen mietet man sich ein Auto in Palermo, umweltfreundlicher ist ein elektrisches (Ladestationen sind auf der Route vorhanden). Für die 160 km lange Strecke inklusive Stopps sollte man einen Tag einplanen, denn es geht auch über langsamere Straßen.

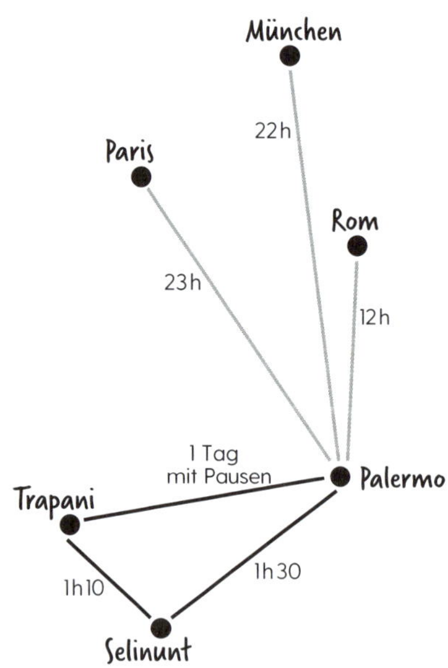

Tagestrip

Cefalù

Eine Zugstunde von Palermo entfernt liegt die legendäre Domstadt Cefalù. Mit ihrem Sandstrand, dem pittoresken Hafen und den Pflasterstraßen der Altstadt ist sie ein Paradies für Fußgänger und lädt zu gemächlichen Spaziergängen ein.

Täglich fahren 12 Züge von Palermo nach Cefalù (1 h 10) und zurück.

Castello di Punta Troia auf Marettimo, Ägadische Inseln

Die Piazza Bellini in Palermo

❷ Trapani

Außerhalb von Palermo wird es auf den Straßen ruhiger. Vom hübschen Strand in Tonnarella dell'Uzzo ist es noch eine halbe Stunde bis zur rauen Küstenlandschaft von San Vito Lo Capo. Eine Stunde später kommt man am Fuß der Bergstadt Erice an. Zu erreichen ist diese u. a. über eine Seilbahn mit herrlicher Aussicht.

Selinunte liegt 95 km von Trapani entfernt.

Tagestrip

Ägadische Inseln

Die Ägadischen Inseln liegen vor der Westküste Siziliens und sind ein tolles Ziel für einen entspannten Ausflug. Das Motto: Immer mit der Ruhe. Gerade die Gelassenheit macht den Reiz von Favignana, Levanzo und Marettimo aus. Favignana ist die größte Insel und ein guter Ausgangspunkt. Die meisten Besucher genießen das Mittagessen, schwimmen oder gehen wandern.

Zwischen Trapani und den Inseln verkehren Tragflächenboote (20 min nach Favignana und Levanzo, bis zu 15 täglich) und Fähren (1 h, dreimal täglich).

Selinunte

Eine spektakuläre Fahrt an der Küste entlang und durch das hügelige Binnenland Siziliens führt zur archäologischen Stätte Selinunte. Zwischen Feldern und Tempelruinen lässt es sich wunderbar herumwandeln. In der Nähe gibt's ein paar tolle Strände.

Von hier aus sind es 103 km nach Palermo.

So geht's zurück

Von Palermo aus nimmt man wie hinwärts den Zug und/oder die Fähre aufs Festland.

Drei-Länder-Trip durch Mitteleuropa

Straßburg · Colmar · Basel · Freiburg

Diese Zugreise hakt gleich drei Länder ab: Von den Kanälen im französischen Straßburg geht's zum kunstverrückten Basel und in Deutschlands märchenhaften Schwarzwald.

So kommst du hin

Die 3-Länder-Tour startet in Straßburg, das mit dem Eurostar und dem TGV von Paris Gare du Nord (2 h 15) und London St. Pancras (5 h, einmal umsteigen) gut erreichbar ist. Straßburg ist auch mit Hochgeschwindigkeitszügen an größere Städte Europas gebunden, u. a. Zürich (2 h 20, TGV).

❶ Straßburg

Mindestens ein, zwei Tage sollte man für die Elsässer Hauptstadt mit ihrer geteilten deutsch-französischen Seele einplanen. Das Unesco-gelistete Herzstück, die Grande Île, ist ein mittelalterliches Labyrinth aus Kopfsteinpflaster und Fachwerkhäusern. Im Zentrum steht das gotische Münster mit hochstrebenden Pfeilern, einer Fensterrosette und einer astronomischen Uhr. Die Stadt schwingt zwischen rustikal und cool, mit einem Mix aus Kanälen und zeitgenössischer Kunst. Studenten heizen das Nachtleben an.

Alle halbe Stunde fahren Züge nach Colmar (30 min).

Faktencheck

CO_2 (kg pro Pers.) 3,5

Entfernung (km) 175

Übernachtungen 7

Fahrtkosten (€) 60

Tagestrip

Weinverkostung

Mit lokalen Bussen, Leihrädern oder -E-Bikes kann man ein Stück der Route des

Gemächlich Straßburg erkunden

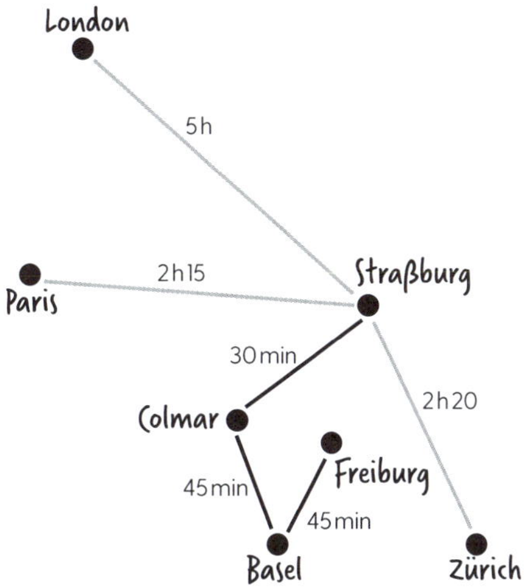

Vins d'Alsace (Elsässer Weinstraße, www.vinsalsace.com) zurücklegen, wo familienbetriebene Weinkeller Pinots und Rieslinge ausschenken.
Die Route erreicht man über Marlenheim, ca. 20 Minuten westlich von Straßburg.

❷ Colmar

Ein Fensterplatz zahlt sich auf der kurzen Fahrt in den Süden aus, wo sich bewaldete Hügel und Weingärten auftun. Colmar ist der Geburtsort des Bildhauers Bartholdi (Erschaffer der Freiheitsstatue). Es scheint aus einem Märchen der Gebrüder Grimm entsprungen, mit unbeschreiblich farbenprächtigen Fachwerkhäusern, Brücken und Kanälen. Wer das volle Romantikprogramm erleben will, bleibt über Nacht und bewundert laternenbeleuchtete Wege und heimelige Weinstuben.
Regionale TER-Züge rattern stündlich nach Basel SBB (45 min).

Tagestrip

Neuf-Brisach
Das befestigte Neuf-Briesach ist eine Zitadelle in Form eines Achtecks mit Welterbe-Status. Es liegt 17 km südöstlich von Colmar und wurde 1697 vom französischen Militäringenieur Vauban angelegt.
Anreise mit dem Bus Nr. 1076 (40 min) von Colmar.

Unten: Freiburg; rechts: Neuf-Brisach; gegenüber: Colmar

❸ Basel

Die Schweizer Stadt am Rhein liegt an der Grenze zu Frankreich und Deutschland und übertrifft sich selbst mit ihrem Angebot an Kunst und Architektur. Sage und schreibe 40 Museen und Galerien laden zum Besuch, wie das Kunstmuseum Basel mit einer phänomenalen Gemäldesammlung. Spiralförmig windet sich die Altstadt um den Marktplatz, in Kontrast zur avantgardistischen Architektur der Stadt, die den Stempel von Pritzker-Preisträgern wie Frank Gehry, Pierre de Meuron und Zaha Hadid trägt.

ICE-Züge gehen zweimal pro Std. direkt von Basel SBB-Bahnhof über die deutsche Grenze nach Freiburg im Breisgau (45 min).

❹ Freiburg

Freiburg ist vom Schwarzwald mit seinen mit Tannen bedeckten Bergen eingekesselt. Es ist eine aufgeweckte Stadt mit gut erhaltenem mittelalterlichem Kern, einem repräsentativen Münster aus dem 12. Jh. mit unzähligen spitzen Türmchen und Wasserspeiern sowie einer beachtlichen Zahl an Studenten, die die Barszene unterstützen. Offiziell Deutschlands sonnigste Stadt und ein Leuchtturmprojekt für Ökostrom.

Tagestrip

Titisee

Der blaugrüne Gletschersee mitten im Wald regt zu einem Sprung ins kühle Nass oder einer Wanderung an. Die Uferpromenade ist perfekt für Picknicks, und es gibt einen Bootsverleih.

Zweimal pro Std. geht's mit dem Zug von Freiburg zum See (40 min).

So geht's zurück

Von Freiburg fahren regelmäßig Züge nach Straßburg (1 h 10, mit Umsteigen in Offenburg), wo Eurostar Anschlüsse zurück in den Norden, wie Paris oder London, bietet.

Schwendi
Bier-u.
Wistub

Die schottischen Äußeren Hebriden

Barra · Berneray · Harris · Lewis

Diese Inselgruppe mit goldenen Stränden vor windgepeitschten Seen und einsamen Dörfern ist durch Fähren, Dämme und ein überraschend gutes Regionalbusnetz erschlossen.

So kommst du hin

Eine flugfreie Anreise zu den Western Isles (Na h-Eileanan Siar im schottischen Gälisch) beginnt gewöhnlich auf dem schottischen Festland mit einer Fähre von Caledonian Macbrayne (www.calmac.co.uk) von Oban nach Castlebay auf Barra (4 h 45) oder von Ullapool nach Stornoway auf Lewis. Oban ist per Zug drei Stunden von Glasgow entfernt, Glasgow wiederum vier Stunden von London. Dank der einfachen Eurostar-Verbindungen ab Paris, Brüssel und Amsterdam nach London kann man morgens auf dem Kontinent aufbrechen und am folgenden Tag mit Stopp in Glasgow oder Oban auf Barra sein. Auf den meisten Inseln fahren übrigens sonntags keine Busse, und im Winter verkehren weniger Busse. Näheres und Fahrpläne s. www.cne-siar.gov.uk/roads-travel-and-parking/public-transport

Faktencheck

CO_2 (kg pro Pers.) 9

Entfernung (km) 288

Übernachtungen 7+

Fahrtkosten (€) 35

❶ Barra

Es gibt gute Gründe, auf dem kleinen, aber perfekt geformten Barra zu verweilen. Vom höchsten Punkt der Insel, dem Heaval, genießt man wunderbare Ausblicke. Schön ist auch eine Bootstour zum Kismuil Castle in der Bucht, dem Castlebay sei-

Die Mangersta-Felsnadeln vor der Isle of Lewis

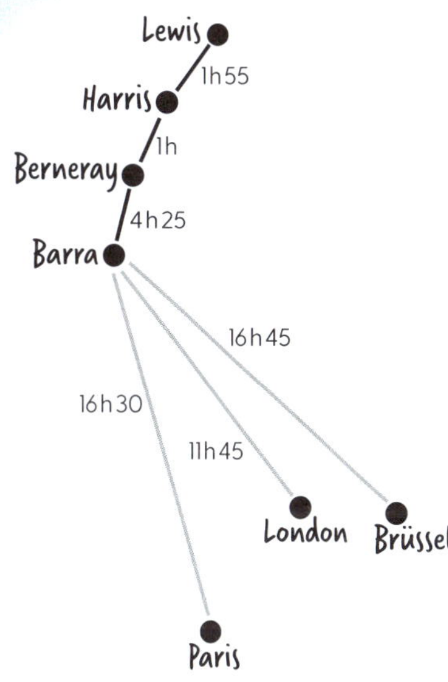

nen Namen verdankt. Man kann Seekajak fahren oder einfach nur den geruhsamen Inselrhythmus genießen. Die Weiterreise nach Berneray führt über South Uist, Benbecula und North Uist – jede dieser wilden Inseln lohnt eine Erkundung.

Im Sommer fahren täglich fünf Busse (20 min) von Castlebay zu den Fähren nach Eriskay (40 min, 5-mal tgl.). Von hier fahren zweimal am Tag Busse (Umsteigen in Balivanich) nach Berneray (3 h 30). Die ganze Reise von Barra nach Berneray ist innerhalb eines Tages zu schaffen, wenn man den Bus um 8.45 Uhr in Castlebay nimmt – sonst sind die Verbindungen schlechter.

Tagestrip

Vatersay

Vatersay hat besonders schöne Strände. Mit einem Picknick kann man an dieser sehr ursprünglichen Küste einen Tag wie ein – leicht frierender – Schiffbrüchiger verbringen. Oder man begibt sich raus zu einer Runde Walhaisuchen – in den Sommermonaten sind diese sanften Riesen vor der Küste zu sehen.

Rechts: der Callanish-Steinkreis; gegenüber: Küste von South Harris

Vatersay ist von Barra aus über einen Damm zu erreichen. Zweimal täglich fahren Busse (30 min), oder man leiht in Castlebay ein Rad.

---

2 Berneray

Das winzige Berneray, wo man vielleicht Otter und Seeadler sieht, bietet sich für eine Übernachtung an, z. B. im Gatliff Hostel oder in kleinen B&Bs.

Von Berneray fahren drei oder vier Fähren am Tag nach Leverburgh auf Harris (1 h) – www.calmac.co.uk bietet Infos über die Gezeiten.

3 Harris

Die zweigeteilte und mit einer dritten verbundene Insel ist am meisten für das gleichnamige Tweedgewebe bekannt, doch sie wartet auch mit einigen der schönsten Strände Europas und wilden Bergen auf. Bei der Fahrt mit dem Bus von Leverburgh aus blickt man über South Harris auf die Luskentyre und andere Buchten. Nach dem Umsteigen in Tarbert klettert der Bus auf North Harris durchs atemberaubende Hochland, bevor es hinab nach Lewis geht.

Die Busse nach Tarbert (1 h) haben Anschluss an die Fähren von Leverburgh (3- bis 4-mal tgl.). Von Tarbert gibt's ebenso häufig Direktverbindungen nach Stornoway (1 h).

4 Lewis

Die Landschaft von Lewis ähnelt mehr der auf den südlich gelegenen Inseln als der von Harris – hier befinden sich einige Highlights der Inselgruppe. Die uralte Landschaft ist mit Zeugnissen einer fernen Vergangenheit gespickt wie dem Steinkreis von Callanish, dem eisenzeitlichen Carloway-Broch und dem Arnol Blackhouse. Per Bus (1 h, 8-mal tgl.) zu erreichen ist der Butt of Lewis, die Nordspitze der Hebriden. Stornoway, der größte Ort der Hebriden, ist für viele Besucher die letzte Station auf dem Archipel und ermöglicht einen sanften Abschied vom Inselleben.

Ab Stornoway bedienen Busse (mind. 2-mal tgl. in jede Richtung) die Westseite der Insel (Callanish). Zweimal am Tag fahren von Stornoway Fähren nach Ullapool (2 h 45).

So geht's zurück

Von Ullapool fahren im Anschluss an die Fähren Busse von Scottish Citylink (www.citylink.co.uk) nach Inverness. Von Inverness verkehren Züge Richtung Süden nach Edinburgh, Glasgow und London.

Mit dem Rad den Rhein entlang

Mainz • Bingen • Koblenz • Bonn • Köln

Mit dem Rad geht's flussabwärts von Mainz nach Köln über eine herrliche Landstraße. Unterwegs warten charmante Dörfer, Burgen sowie leckeres Essen und Trinken.

So kommst du hin

Frankfurt bietet bequeme Anbindungen nach Brüssel und Amsterdam im Westen sowie Straßburg und Basel im Süden und ist somit die ideale Startmetropole für diesen Trip. Es liegt nur 35 Minuten mit dem Zug von Mainz entfernt, wo die Radtour beginnt. ICEs eignen sich kaum fürs Reisen mit dem Fahrrad. Mit langsameren Regionalzügen ist man außerdem flexibler.

❶ Mainz

In Mainz trifft der Rhein den Main. Und man sieht hier gleich, was einen in der Region erwartet – erlesener Wein, Fachwerkhäuser und ein entspanntes Ambiente. Also ruhig etwas mehr Zeit einplanen für diese zauberhafte Landschaft aus Weinbergen, Burgen und Dörfern.

Faktencheck

CO_2 (kg pro Pers.) 0 wer nur radelt

Entfernung (km) 180

Übernachtungen 8+

Fahrtkosten (€) 30

In Mainz startet der EuroVelo 15 Rheinradweg. Bis Bingen sind es 28 km.

❷ Bingen

Nachdem man ein Stück des urtümlichen Rheinwegs zurückgelegt hat, wirkt Bingen mehr wie eine Industriestadt im Vergleich zu ihren Nachbarn, die sich ganz dem Tourismus verschrieben haben. Trotzdem zieht die Burg Klopp und die Verbindung der Stadt zu Hildegard von Bingen, einer der großen Visionärinnen im Europa des Mittel-

Links: das Schloss Stolzenfels; gegenüber: Weingärten an der Mosel

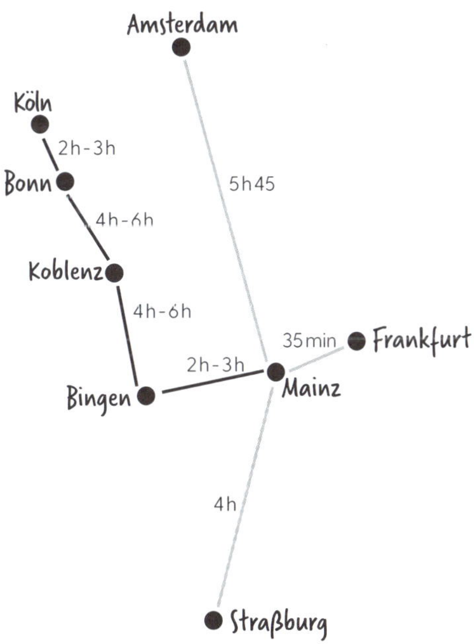

alters, viele Besucher an. Von Bingen quert eine Fähre zum pittoresken Rüdesheim.
62 km weiter liegt Koblenz.

Tagestrip

Boppard
Das reizvolle Boppard ist perfekt für eine Rast auf dem Weg nach Koblenz. Es ist eins von mehreren Städtchen am Flussufer.
Boppard ist 43 km von Bingen entfernt.

---

3 Koblenz

Der nächste Abschnitt führt am sagenumwobenen Felsvorsprung der Loreley vorbei. Am Zusammenfluss von Rhein und Mosel liegt das stattliche Koblenz, über dem eine kolossale Statue wacht. Hier lässt es sich fein übernachten und Kraft tanken.
Nach Koblenz endet die Welterberegion Oberes Mittelrheintal. Wenn das Bike langsam ungemütlich wird, nimmt man am besten einen der Regionalzüge (1h 30, mindestens stündlich). Alternativ kann man auch weiter bis Bonn (63 km) in die Pedale treten.

Rechts: Weihnachtsmarkt in Mainz; unten: der Kölner Dom auf der Domplatte

Tagestrip

Flusskreuzfahrt auf der Mosel
Bei einer Tagesfahrt auf der Mosel kommt dieser ruhigere, idyllischere Nebenfluss so richtig zur Geltung. Abfahrt ist in Koblenz.
Die Kreuzfahrten stehen nur zur Hochsaison und auch da nicht tgl. auf dem Programm. Am besten im Voraus buchen.

4 Bonn

Die hippe ehemalige Hauptstadt von Westdeutschland weiß ihren berühmtesten Sohn, den Komponisten Beethoven, mit fantastischen Museen zu feiern. Das nostalgische Regierungsviertel hat für Fans der Architektur aus dem 20. Jh. einiges zu bieten.
Weiter geht's durch urbanere Gefilde nach Köln (28 km), wer will, auch mit dem Intercity (20 oder 30 min, zweimal pro Std.).

5 Köln

Köln ist der krönende Abschluss der Rhein-Tour und führt ins Großstadtleben zurück. Gebührend verabschieden kann man sich mit einer Überquerung des Rheins per Seilbahn. Und dann wird auf eine gelungene Reise in einem der Bierkeller der Altstadt angestoßen. Kölns Hauptbahnhof liegt neben dem unübersehbaren Dom.

So geht's zurück

Jetzt heißt es entspannt im Zug zurücklehnen und von Köln die Rückreise antreten, entweder flussabwärts in den Norden oder Osten oder gen Süden und Westen Richtung Belgien und Paris.

Vom Lago Maggiore an den Genfer See

Mailand · Stresa · Borromäische Inseln · Brig · Genf

Eine entspannte Zugfahrt über die Alpen von einem der großen italienischen zu einem der großen Schweizer Seen.

So kommst du hin

Mailand ist ein wichtiger Knotenpunkt mit Verbindungen in viele europäische Städte, v. a. in Deutschland, Österreich und der Schweiz. Fahrkarten unter www.sncf.com, www.sbb.ch und www.bahn.de.

❶ Mailand

Mailand ist die Designerstadt schlechthin und das Zentrum der italienischen Modebranche. Die berühmteste Sehenswürdigkeit ist natürlich Leonardo da Vincis *Abendmahl*. Allerdings zeigt das Museo Nazionale della Scienza e della Tecnologia (Wissenschafts- und Technikmuseum) eine andere Seite des genialen Künstlers, nämlich unzählige Modelle ausgefallener Erfindungen. Weitere Ausstellungen sind der Astronomie, der Raumfahrt, dem Buchdruck, der Akustik und dem Uhrenbau gewidmet. In den Außenhallen des Museums können Dampflokomotiven, Flugzeuge, Schiffe und sogar ein ausrangiertes U-Boot bewundert werden.

Stresa liegt am Westufer des Lago Maggiore und 1 h 15 von Mailand entfernt auf der Bahnstrecke nach Domodossola. Züge fahren alle 30 bis 90 Minuten.

Leonardo da Vincis Flugapparat

Faktencheck

CO_2 (kg pro Pers.) 6

Entfernung (km) 290

Übernachtungen 8+

Fahrtkosten (€) 105

Die Borromäischen Inseln im Lago Maggiore

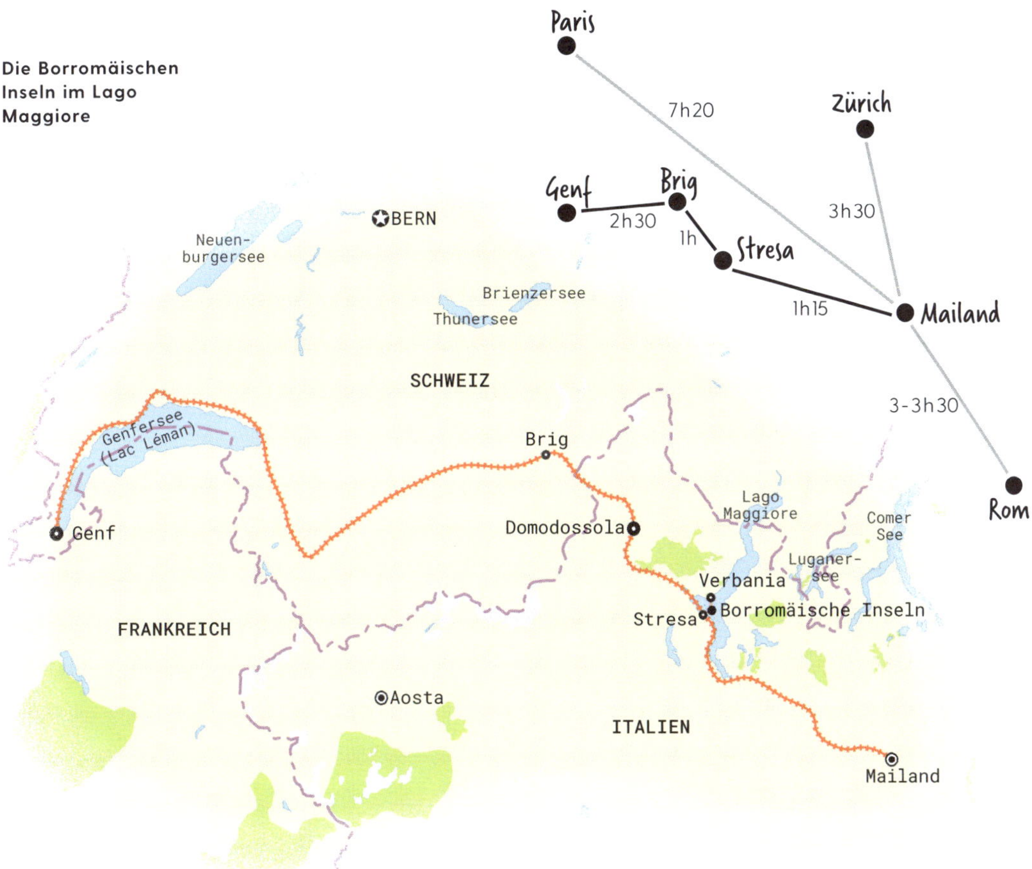

❷ Lago Maggiore & Stresa

Der Lago Maggiore kommt ganz ohne den Glamour des Comer und die Vergnügungsparks des Gardasees aus. Die Ufer des ruhigsten der großen norditalienischen Seen sind etwas weniger überfüllt und das Hinterland viel wilder. Im Städtchen Stresa mit seinem tollen Blick auf den Sonnenaufgang ist die anhaltende Eleganz und einstige Dekadenz des Sees noch gut zu erkennen. Am besten spaziert man den lungolago (Promenade) entlang und erkundet die vielen Pflastersträßchen der Altstadt.

Züge fahren in nordwestliche Richtung nach Domodossola (30 min) an der Schweizer Grenze, von wo aus es täglich sieben Verbindungen nach Brig (30 min) gibt.

Tagestrip

Borromäische Inseln & Verbania

Die Borromäischen Inseln am Eingang zum Golf von Borromeo sind das Prachtstück des Lago Maggiore. Seit dem 17. Jh. gehören sie der mailändischen Adelsfamilie Borromeo. Drei der vier Inseln – Bella, Madre und Superiore (alias Isola dei Pescatori) – können besucht werden; die

Links: der Genfer See; rechts: die Basilica von St. Sernin, Toulouse

kleine San Giovanni ist privat. Das Highlight ist der noble Palazzo Borromeo auf der Isola Bella mit seinem zehnstufigen Terrassengarten.

Fähren legen halbstündlich in Stresa ab: Ein Tagesticket umfasst alle drei Inseln sowie einen Zwischenhalt in Verbania. Schneller geht's mit dem Wassertaxi.

❸ Brig

Brig hat eine internationale Atmosphäre – kein Wunder, denn schließlich liegt die Stadt nahe der italienisch-schweizerischen Grenze. Wer hier die Alpen überqueren will, muss über den Simplonpass (2005 m): Um 1800 wurde eine Straße gebaut und 1906 der 19 km lange Eisenbahntunnel eröffnet, zu seiner Zeit der längste der Welt. Auch der Ort selbst ist einen Besuch wert: Den gepflasterten Stadtplatz umgeben Straßencafés und pastellfarbene Stadthäuser. Der Briger Kaufmann Kaspar von Stockalper (1609–1691) machte mit dem Salzhandel über den Simplonpass ein Vermögen und ließ das prachtvolle Stockalperschloss bauen. Der Ehrenhof und die Barockgärten können kostenlos besichtigt werden.

Brig liegt auf der Hauptstrecke nach Genf (2 h 30, stündlich).

❹ Genf

Die zweitgrößte Stadt der Schweiz am gleichnamigen Alpensee (größter Europas) ist weltoffen und kultiviert. Die Rhône teilt sie in rive gauche (linkes Flussufer) mit der malerischen Altstadt (Vieille Ville) und rive droite (rechtes Flussufer) mit den lebendigen Kneipen des bodenständigen Viertels Pâquis, wo sich das wahre Genfer Leben abspielt. Nicht zu verpassen: die 140 m hohe, 7 t Wasser speiende Fontäne Jet d'Eau und eine Schiffsfahrt auf dem See an Bord eines hübschen Belle-Époque-Dampfers von CGN (www.cgn.ch).

So geht's zurück

Es gibt verschiedene Alternativen: Nach Frankreich per Fähre bzw. mit dem flotten TGV zur Pariser Gare de Lyon oder mit dem Zug nach Zürich mit Anschlussmöglichkeiten nach Stuttgart, München, Innsbruck und Wien.

Südwest-Frankreich

Toulouse • Carcassonne • Narbonne • Perpignan

Am Canal du Midi entlang geht's ins südwestliche Frankreich, durch die Städte Toulouse, Carcassonne und Narbonne.

So kommst du hin

Toulouse wird von schnellen TGVs aus Bordeaux (2 h 10), Montpellier (2 h bis 2 h 15) und Marseille (3 h 40) angefahren. Außerdem gibt's alle zwei Stunden Direktverbindungen mit Paris-Montparnasse (4 h 30) und einmal täglich mit Barcelona (3 h 15).

❶ Toulouse

Die „rosarote Stadt" Toulouse hat ihren Beinamen den altrosafarbenen Ziegelsteinen ihrer Bauwerke zu verdanken. Neben der größten Universität der Region und dem Sitz von Airbus gibt's hier auch mit Michelin-Sternen ausgezeichnete Restaurants sowie eine wunderbare Markthalle. Auf dem Marché Victor Hugo können regionale Spezialitäten wie Entenconfit und saucisse de Toulouse (Toulouser Wurst) probiert werden. Die Stadt eignet sich als Ausgangspunkt für Ausflüge auf dem Canal du Midi.

Die Gare Matabiau ist der Hauptbahnhof von Toulouse und liegt 1 km nordöstlich des Zentrums. Ein paar Mal die Stunde fahren Züge nach Carcassonne (1 h).

Faktencheck

CO_2 (kg pro Pers.) 4

Entfernung (km) 200

Übernachtungen 9+

Fahrtkosten (€) 50 mit dem Zug, mehr mit Leihboot

Weinberg in Carcassonne

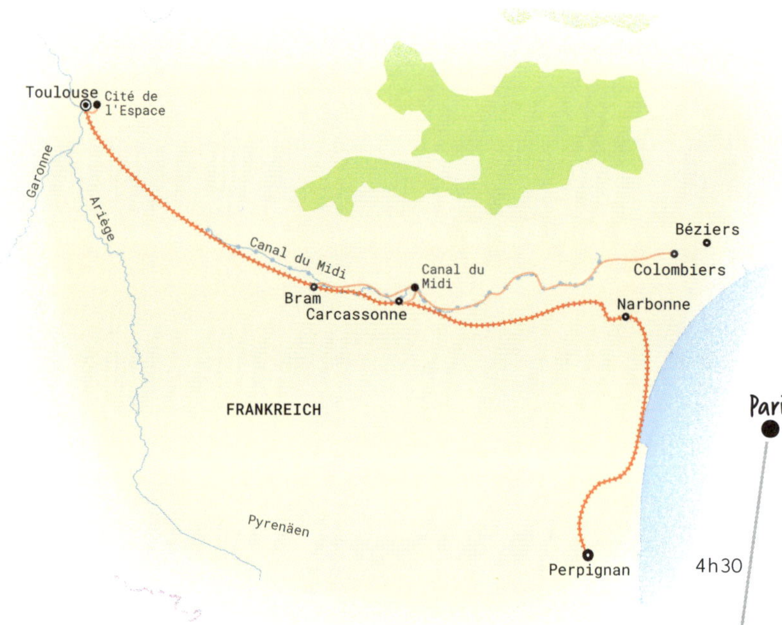

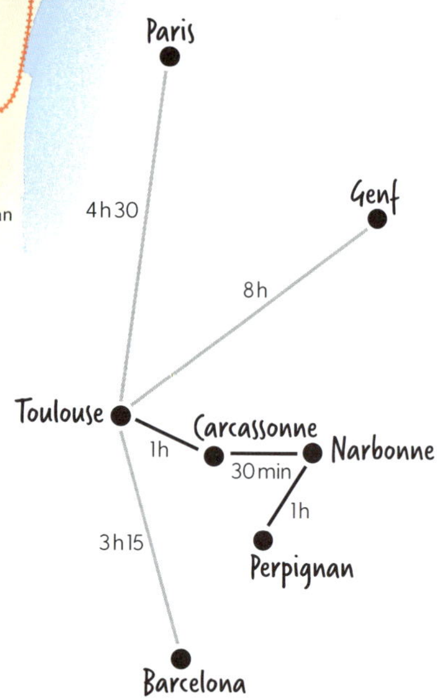

Tagestrip

Cité de l'Espace

Das Raumfahrtmuseum ist der Luftfahrtgeschichte von Toulouse gewidmet und bietet Besuchern einen Mondspaziergangs-Simulator, eine Kapsel zum Austesten der eigenen Weltraumtauglichkeit, ein Planetarium und eine Sternwarte. Zu den Highlights gehören originalgroße Nachbildungen der Raumstation Mir und einer Ariane-5-Rakete.

Man nimmt die Buslinie 15 von der Allée Jean Jaurès bis zur Endstation. Von hier sind es 500 m bis zum Museum.

❷ Carcassonne

Von Weitem sieht Carcassonne aus wie einem Märchenbuch entsprungen: Unzählige Zinnen, dicke Mauern und spitze Türme drängen sich auf einem Hügel dicht aneinander und bilden die perfekte Burg. Mehr als zwei Jahrtausende hat sie schon auf dem Buckel und gehört seit 1997 zum Weltkulturerbe. Die Festungsstadt ist von zwei Verteidigungsmauern umgeben, die es auf 52 Steintürme bringen. Besonders markant sind die Dächer der Türme.

Stündlich Züge nach Narbonne (30 min).

Links: der Canal du Midi;
unten: Cafékultur in Perpignan

Tagestrip

Canal du Midi

Der 214 km lange Canal du Midi verbindet den Atlantik mit dem Mittelmeer und stammt aus der Zeit von Louis XIV. Entweder macht man eine Kanalfahrt mit einem der vielen Anbieter in Toulouse und Carcassonne oder mietet sich sein eigenes Boot. Ein beliebter Wochenendausflug von Carcassonne ist die Fahrt nach Bram (48 km, 9 h); Colombiers (95 km, 17 h) und Agde (126 km, 25 h) eignen sich eher für längere Touren. Wer keine Lust aufs Bootfahren hat, der kann das Kanalufer per Fahrrad erkunden.
Locaboat (www.locaboat.com), Minervois Cruisers (www.minervoiscruisers.com) und Les Canalous (www.canalous-canaldumidi.com) sind Bootsverleihe. Evadeo Cycles (www.evadeocycles.com) verleiht Fahrräder und organisiert Touren ab Carcassonne.

3 Narbonne

Vor 2000 Jahren war Narbonne die Hauptstadt der römischen Provinz Gallia Narbonensis. Zu ihren Sehenswürdigkeiten gehören die Kathedrale sowie der Bischofspalast. Heute ist die Stadt ein beliebter Zwischenstopp für Bootsfahrer: Der Canal de la Robine im Zentrum verbindet den Étang de Bages-Sigean mit dem Canal du Midi.
Es gibt stündliche Zugverbindungen nach Perpignan (1 h).

4 Perpignan

Die Altstadt von Perpignan am Fuß der Pyrenäen ist ein Wirrwarr aus Gassen, palmengesäumten Plätzen und etwas heruntergekommenen Mietshäusern. Früher war Perpignan (Perpinyà auf Katalanisch) die Hauptstadt des Königreichs Mallorca. Deshalb steht auch heute noch der Palast der Könige von Mallorca im Süden der Altstadt.

So geht's zurück

Perpignan liegt 13 km westlich der Küste und 38 km nördlich der Grenze zu Spanien. Mit dem Zug ist man in 1 h 30 in Barcelona, in 2 h in Bordeaux und in 5 h 30 in der Pariser Gare de Lyon.

Irlands atlantischer Norden

Dublin · Sligo · Derry/Londonderry · Küste von Causeway · Belfast
Eine Rundreise mit Zug und Bus, die beiderseits der Grenze durch die nördliche Hälfte Irlands führt, in ein Land, in dem die Gischt des Meeres nie weit weg ist.

So kommst du hin

Von Großbritannien aus fahren mehrmals täglich Fähren von Holyhead in Wales (4 h mit dem Zug von London-Euston) nach Dublin (3 h 30; www.irishferries.com, www.stenaline.co.uk). Vom französischen Cherbourg (3 h 20 mit der Bahn von Paris) aus bietet Irish Ferries Nachtfahrten (18 h 30) an.

❶ Dublin

Mit dem Schiff an Howth Head vorbei in die Bucht von Dublin einzulaufen ist der beste Einstieg in die irische Hauptstadt. Neben ihren grandiosen georgianischen Plätzen und Säulengängen strahlen Dublins literarische Schätze am hellsten, vom Book of Kells aus dem 9. Jahrhundert im Trinity College bis hin zu den Orten, die in den Werken von James Joyce erwähnt werden. Auf der Suche nach einem typisch irischen Pub? Lieber woanders als im überfüllten Temple Bar anfangen!

Rund acht Direktzüge pro Tag verbinden Dublin und Sligo (3 h 20). www.irishrail.ie

❷ Sligo

Nach der Durchquerung von Irlands tiefgrüner Mitte bietet Sligo den ersten Hauch Atlantikluft. In der Stadt und der gleichnamigen Grafschaft verbrachte der große Dichter W. B. Yeats seine Kindheit. Weithin

Faktencheck

CO_2 (kg pro Pers.) 20
Entfernung (km) 555
Übernachtungen 7
Fahrtkosten (€) 88

Pubs in Hülle und Fülle in Dublins Bezirk Temple Bar

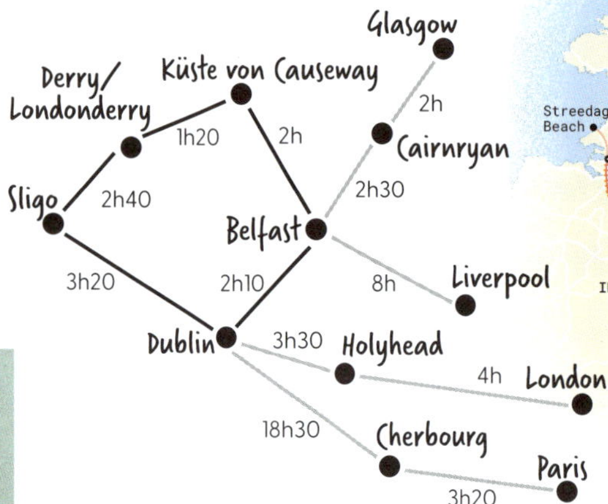

sichtbar ist der Berg von Benbulbin, den er in einem seiner letzten Gedichte verewigt hat. Nicht verpassen: Sessions traditioneller Musik in Pubs und an anderen Orten.
Mindestens sechs Busse pro Tag (Linie 64 und 480) fahren von Sligo über Donegal nach Derry (2 h 40). www.buseireann.ie

Tagestrip

Streedagh Beach

Der 3 km lange, herrlich unberührte Streedagh Beach macht vor der Silhouette von Benbulbin einen Bogen zwischen Meer und Lagune. An der Zufahrtsstraße liegt ein Denkmal für drei Schiffe der spanischen Armada, die hier 1588 sanken. Entlang der Küste trifft man auf den Mullaghmore Beach und den kleinen Badeort Bundoran.
Fünfmal täglich (sonntags dreimal) hält der Bus 982 aus Sligo 3 km vom Streedagh Beach entfernt (40 min). Er fährt weiter nach Mullaghmore, Bundoran und Ballyshannon (www.locallinkdsl.ie). Taxis fahren näher an den Strand (www.dkcabs.ie/sligo-taxi).

❸ Derry/Londonderry

Mal Derry, mal Londonderry: Die alte Festungsstadt am Ufer des Foyle thematisiert in ihren Museen und Denkmälern die politische Spaltung der Vergangenheit. Ein Spaziergang über die Friedensbrücke zur Walled City Brewery zeigt, dass auch eine Neuerfindung möglich ist.
Züge fahren stündlich (sonntags zweistündlich) von Derry nach Coleraine (40 min). Von dort aus fahren die Busse 172 und 402 mindestens 18 Mal am Tag zum Besucherzentrum des Giant's Causeway (40 min) und entlang der Küste. www.translink.co.uk

❹ Causeway Coast

Am Giant's Causeway fällt es fast leichter, den Legenden über seine Entstehung zu

Giant's Causeway, die Hauptattraktion an der Causeway Coast

glauben als den wissenschaftlichen Erkenntnissen. Die dunklen Basaltsäulen im Ozean sind zwar der Star an der Nordküste Nordirlands, aber es gibt noch viel mehr zu sehen: Bei einer Tour auf dem 51 km langen Küstenwanderweg etwa oder einem Abstecher zur Hängebrücke von Carrick-a-Rede, dem Hafen von Ballintoy oder den Ruinen von Dunluce Castle.

Zurück geht es mit dem Bus nach Coleraine und dem Zug nach Belfast (1 h 30) oder mit den Bussen 131 oder 217 von Ballycastle nach Ballymena (1h) und weiter mit dem Zug (40 min). www.translink.co.uk

❺ Belfast

Samson und Goliath, die riesigen gelben Kräne der Harland & Wolff-Werft, überragen die Skyline von Belfast und erinnern an das Erbe des Schiffbaus. Die Geschichte des berühmtesten Schiffs, das diese Docks je verlassen hat, wird in der Ausstellung der Titanic Experience lebendig. Längst produziert der Nordirlandkonflikt in Belfast keine Schlagzeilen mehr, aber bei Touren mit dem Taxi kann man sich neutral über diesen Teil der nordirischen Geschichte informieren lassen. An den Ständen im 130 Jahre alten überdachten St. George's Market überzeugt man sich von der Qualität lokal produzierter Lebensmittel.

So geht's zurück

Züge von Belfast nach Dublin (mindestens fünf täglich) brauchen 2 h 10 (www.irishrail.ie). Alternativen für die Rückreise mit der Fähre von Irland nach Großbritannien sind Verbindungen von Belfast nach Liverpool (8 h) und nach Cairnryan (2 h 30) mit Anschluss nach Glasgow und Edinburgh.

Auf Schienen zum Dach Europas

Basel · Bern · Lauterbrunnen · Wengen · Kleine Scheidegg · Jungfraujoch · Grindelwald

Die Tour inszeniert atemberaubend die Schweizer Gebirgslandschaft, samt bahntechnischer Meisterleistung. Alles, was man braucht, sind ein Bahnticket und Wanderschuhe.

So kommst du hin

Basel ist europaweit gut vernetzt und wird regelmäßig vom beliebten TGV aus Paris bedient. Der Hauptbahnhof Basel SBB ist unterteilt: in Gleise mit Verbindungen innerhalb der Schweiz und Bahnsteige für Züge nach Frankreich. Dort verkehren Regionalbahnen von und nach Straßburg. Einige lokale Züge aus Deutschland enden in Basel Badischer Bahnhof, der via Straßenbahn an den größten Schweizer Zugbahnhof angebunden ist. Fernverkehrszüge rattern hier aber durch. Manche Linien aus Mailand und anderen Destinationen im Süden passieren Bern auf dem Weg nach Basel.

Faktencheck

CO_2 (kg pro Pers.) 6

Entfernung (km) 312

Übernachtungen 4-6

Fahrtkosten (€) 392 (Swiss Travel Pass für 4 Tage (257 €) plus Good Morning Ticket Jungfraujoch (135 €)

❶ Basel

Edle Kunstwerke und moderne Architektur konkurrieren mit Basels bildhübscher Altstadt und den größten römischen Ruinen der Schweiz. Wer einen Blick aus dem

Die Jungfraubahn

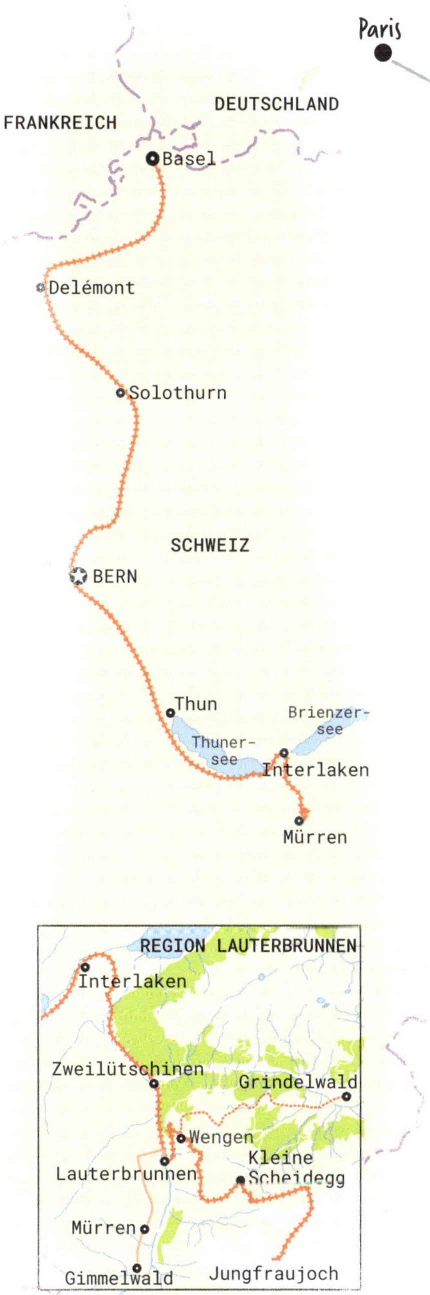

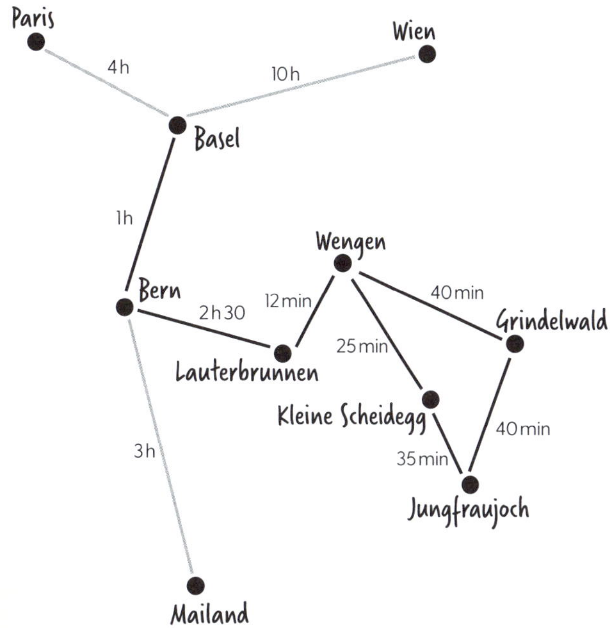

historischen Zentrum heraus wagt, schaut vielleicht in der Fondation Beyeler vorbei, einer netten Galerie in einem von Renzo Piano entworfenen Gebäude. Sicherlich ein Erlebnis ist die Fahrt mit der (emissionsfreien) Stadtfähre, die mithilfe der Strömung und eines Lotsen den Rhein quert. **Nicht mal eine Stunde dauert die Fahrt von Basel nach Bern; mindestens ein Direktzug geht pro Std.**

❷ Bern

Die saubere, grüne Hauptstadt der Schweiz kann man zu Fuß entdecken. Eine Seilbahn schwebt hinab zum Aareufer. Im Sommer sucht man sich am besten ein sonniges Plätzchen im Freibad Marzili und tut es den Einheimischen gleich, die flussaufwärts marschieren, um danach mit der rasanten Strömung wieder flussabwärts zu gleiten. Die Europapromenade stellt ein

fabelhaftes Panorama der nächsten Destination zur Schau: die hohen Gipfel des Berner Oberlands.

Mit dem Zug geht's von Bern nach Interlaken Ost (2 h, halbstündlich), und von da mit der Schmalspurbahn nach Lauterbrunnen (30 min, auch halbstündlich von 6–22 Uhr).

❸ Lauterbrunnen

Lauterbrunnen liegt in einem eindrucksvollen Talkessel mit rauschenden Wasserfällen, ein beliebter Ort bei Paraglidern und Base-Jumpern. Im Dorf serviert das Airtime Café weit und breit den besten Kaffee. Mit einem meist vollen Bus – oder über einen traumhaften, weitaus friedvolleren Spazierweg – gelangt man zu den tosenden Trümmelbachfällen.

Nach Wengen startet alle halbe Stunde ein Zug (12 min).

❹ Wengen

Das schmucke, autofreie Dorf eignet sich prima zum Übernachten.

Tagestrip

Jungfraujoch

Von Wengen tuckert eine Zahnradbahn zur Station am Jungfraujoch. Bei einem Zwischenstopp auf der Passhöhe Kleine Scheidegg (25 min von Wengen, zwei Fahrten pro Std.) sollte man genug Zeit für eine kleine Wanderung einplanen, um die Bergkulisse zu bestaunen. Weiter geht's mit der Jungfraubahn – eine einmalige Reise zu entsprechendem Preis. Auf 3500 m rollt dieses Wunderwerk der Technik so hoch hinauf wie kein anderer Zug in Europa und gewährt umwerfende Ausblicke auf die Gipfel von Mönch, Jungfrau und Eiger. An der Station Jungfraujoch steht der Top-of-Europe-Komplex mit Aussichtsplattform und Restaurants und ist Ausgangpunkt für Wanderungen.

Wer sich entschlossen hat, wieder auf die Erde zurückzukehren, lässt den Tag in Grindelwald (30 min von der Kleinen Scheidegg entfernt) mit einem Aperol und toller Aussicht ausklingen, bevor die Heimreise nach Wengen ansteht, mit Umsteigen in Zweilutschinen.

Die Jungfraubahn ist das ganze Jahr tgl. von 8 Uhr morgens bis nachmittags in Betrieb. Am günstigsten sind die Fahrten frühmorgens. Weitere Informationen unter www.jungfrau.ch.

Das eisige Lauterbrunnental

Tagestrip

Mürren

Von Wengen fährt die Allmendhubelbahn und dann ein Zug weiter ins winzige Mürren, am Rand des Lauterbrunnentals. Mit der Seilbahn oder zu Fuß gelangst du ins noch kleinere Dörfchen Gimmelwald.

Mürren liegt 20 Minuten mit der Seil- und Schmalspurbahn von Lauterbrunnen entfernt. Abfahrt ist im Halbstundentakt.

So geht's zurück

Die Rückreise führt über denselben Weg nach Basel, das gut nach Norden und Westen angebunden ist, oder weiter nach Zürich und von da nach Österreich oder zu anderen Destinationen in Mitteleuropa. Es gibt auch unzählige Anschlüsse nach Südeuropa. Tickets und Infos unter www.sbb.ch.

In Flandern

Paris • Brüssel • Lille

Diese Route umspannt die Hauptstädte Frankreichs und Belgiens sowie das verkannte Lille, inkl. einiger Gedenkminuten an den Schlachtfeldern der Somme.

So kommst du hin

Paris hat Hochgeschwindigkeitsverbindungen nach Spanien, Italien, Deutschland, Belgien und in die Niederlande sowie via Eurostar ins Vereinigte Königreich.

❶ Paris

Die Stadt der Lichter bietet unendliche Möglichkeiten. Neben den Hauptattraktionen Eiffelturm, Louvre und Musée d'Orsay sollte noch Zeit für gemütliches Bummeln bleiben: am Canal Saint-Martin entlangschlendern, den grünen Bois de Boulogne erkunden oder auf Schnäppchenjagd zum Marché aux Puces Saint-Ouen.

Ⓜ Mit der Metro kommt man am schnellsten in Paris herum; RATP-Tickets (www.ratp.fr) sind in RER-Zügen, Bussen, Straßenbahnen und der Seilbahn zum Montmatre gültig. Der Fahrradverleih Vélib' (www.velib-metropole.fr) hat in der ganzen Stadt Stationen.

Superschnelle Eurostar- und Thalys-Züge direkt nach Brüssel (1 h 20, www.oui.sncf).

Hoteltipp: Die holzverliebte Eden Lodge (www.edenlodgeparis.net) punktet mit LED-Beleuchtung und null CO_2-Ausstoß.

Faktencheck

CO_2 (kg pro Pers.) 13

Entfernung (km) 657

Übernachtungen 5+

Fahrtkosten (€) 160

Die Grand Place in Brüssel

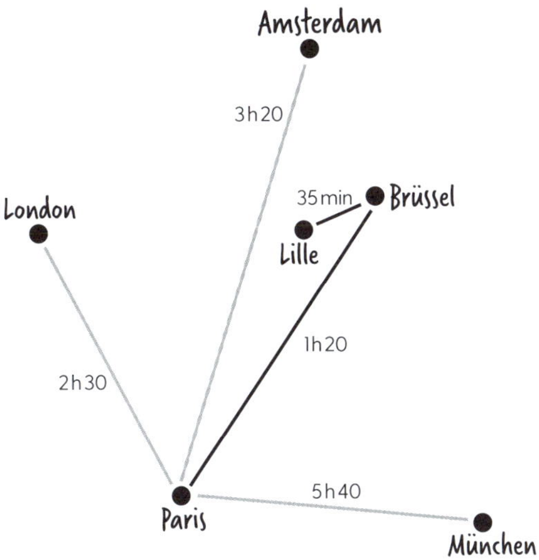

❷ Brüssel

Die Heimat der Europäischen Union wird oft von glanzvolleren Hauptstädten in den Schatten gestellt, aber zu Unrecht: Es gibt fabelhafte mittelalterliche und Art-nouveau-Gebäude, eine Fülle an Kunstmuseen und die besten Fritten. Los geht's am prunkvollen Grand Place. Die Alten Meister – Rubens, Bruegel, Rembrandt und Magritte – sollte man sich im Musées Royaux des Beaux-Arts nicht entgehen lassen.

Das Brüsseler Bus-Tram-Metro-System wird von STIB/MIVB betrieben (www.stib-mivb.be).

TGV-Züge flitzen mindestens zwölfmal pro Tag nach Lille (35 min, www.oui.sncf).

Tagestrip

Planetuin Meise

Belgiens 93 Hektar großer Botanischer Garten liegt in Meise, 12 km nördlich von Brüssel. Er beheimatet 18 000 Pflanzenarten. Die außergewöhnlichsten Orchideen, fleischfressenden Pflanzen und gigantischen Amazonas-Wasserlilien wuchern im Plantenpaleis (Pflanzenpalast), einer Reihe von 13 miteinander verbundenen Glashäusern. Von Mai bis September quert ein gratis Touristenzug den weitläufigen Garten.

Die DeLijn-Busse 250/251 verkehren alle 15 Minuten von Bruxelles-Nord (35 min) zur Bockstael-Metrostation (20 min).

Hoteltipp: Hotel Agora (www.hotelagora.be) ist eine schnuckelige, umweltfreundliche Wahl, mit Regenwassernutzung für die Toilettenspülung und Solarheizung.

❸ Lille

Lille ist Hauptstadt der Region Hauts-de-France und womöglich die am meisten unterschätzte Metropole des Landes. Der einstige Industriestandort hat sich zu einem Kultur- und Handelszentrum gemausert. Highlight ist die Altstadt voll von bildschöner französischer und flämischer Architektur. Zum Abendessen lädt ein traditionelles Estaminet, das flämische Spezialitäten kredenzt, wie carbonade flamande (mit Bier, Zwiebeln, braunem Zucker und Gewürzen geschmortes Rindfleisch) und potjevleesch (Sülze aus Huhn, Schwein, Kalb und Kaninchen). Lille ist auch eine Bier-Bastion. Die lokalen Erzeugnisse werden in Cafés und Bars in der ganzen Stadt ausgeschenkt.

Tagestrip

Schlachtfelder der Somme

Die Schlacht an der Somme wurde zum Sinnbild für die Gemetzel des Ersten Weltkriegs. Heute sind die Schlachtfelder Orte der Erinnerung. Touristeninformationen (auch in Amiens, Arras, Albert und Péronne) organisieren Touren zu den wichtigsten Gedenkstätten. Alternativ kann man ein Fahrrad im Touristenbüro in Albert leihen (8/12 € pro halber/ganzer Tag, www.tourismepaysducoquelicot.com).

Friedhof an der Somme; unten: Pariser Parks; rechts: die Pont des Arts, Paris

Züge verkehren regelmäßig von Lille-Flandres nach Amiens (1 h 30, 6–12 pro Tag) mit weiteren Anschlüssen in die meisten Städte der Region, einschließlich Arras (45 min, 5–10 pro Tag) und Albert (25 min, max. 2 pro Std.).

So geht's zurück

Mit dem TGV ist man in einer Stunde wieder in Paris. Achtung: Die Hälfte der Züge fahren Gare Lille-Europe, die andere Hälfte Gare Lille-Flandres an (wo auch Regionalzüge halten). Von Paris starten Schnellzüge in fast jede Hauptstadt Europas.

YVES MONTAND

Dänisches Design

Kopenhagen · Aarhus · Billund · Kopenhagen

Auf dieser leichten Tour erlebt man die Glanzpunkte von Kunst und Design aus Dänemark, vom Louisiana, einem Museum für moderne Kunst, bis zum LEGO®-Haus.

So kommst du hin

Von Schweden nimmt man einen Zug von Stockholm über Malmö nach Kopenhagen (ab ca. 5 h). Von Deutschland aus bestehen direkte Zugverbindungen ab Hamburg, u. a. mit Nachtzügen (ca. 7 h). Von Paris (oder London) aus müssen Reisende in Brüssel übernachten und dann morgens einen Zug Richtung Kopenhagen mit Umsteigen in Köln und Hamburg nehmen (ca. 12 h).

❶ Kopenhagen

Die dänische Hauptstadt wird regelmäßig zu einer der lebenswertesten und nachhaltigsten Städte der Welt gekürt. Radfahrer bewegen sich in Scharen durch die Straßen, das Wasser ist sauber genug zum Schwimmen und in den alten Industriegebieten tummelt sich heute jede Menge Interessantes: wegweisende Restaurants und Cafés, Craft-Bier-Brauereien, Galerien und einzigartige Läden. Am besten erkundet man die Stadt ein, zwei Tage, vielleicht mit einem E-Bike des Leihsystems Bycyklen. Der Stadtteil Ørestad glänzt mit viel moderner Architektur. Interessant sind auch die Oper, die Bibliothek, das Theater und der Copenhill mit seinem 2019 eröffneten Trockenskihang auf einem Müllheizkraftwerk.

Faktencheck

CO_2 (kg pro Pers.) 16

Entfernung (km) 800

Übernachtungen 8

Fahrtkosten (€) 340

Der Nyhavn (neue Hafen) in Kopenhagen

Ab Kopenhagen dauert es etwa drei Stunden mit dem Zug nach Aarhus; es fahren mehr als 30 Züge pro Tag (www.dsb.dk).

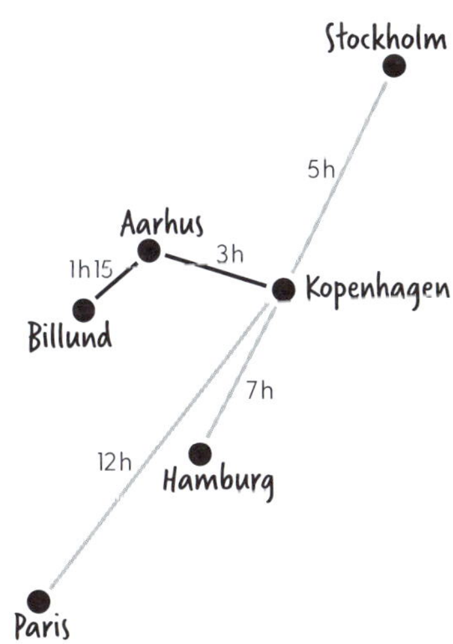

Tagestrip

Louisiana Museum of Modern Art

Wenn man an der Küste nördlich von Kopenhagen entlangradelt, mit vom Wind zerzausten Haaren – nur wenige dänische Radler tragen einen Helm –, dann kann man sich nur schwer vorstellen, dass man auf dem Weg zum spannendsten Kunstmuseum Dänemarks ist. In einem schlichten weißen Gebäude bietet das Louisiana fesselnde moderne Kunst. Der Skulpturengarten zieht sich hinunter zum schmalen Kattegat zwischen Dänemark und Schweden.

Das Königliche Theater in Kopenhagen, entworfen von Danes

Zum Ziel Humlebæk sind es einfache (flache) 35 km auf Radwegen und dank Dänemarks integriertem Mobilitätsnetz kann man das Rad auf dem Hin- oder Rückweg – je nach Wind – im Zug mitnehmen. Züge fahren alle 20 Minuten; sie benötigen etwa eine halbe Stunde.

---

❷ Aarhus

Die zweitgrößte Stadt Dänemarks rivalisiert in Sachen Kunst und Design mit der Hauptstadt, z. B. mit dem Kunstmuseum ARoS Aarhus – durch den regenbogenfarbenen Kreis auf dem Dach genießt man Panoramablicke auf die Stadt. Ähnlich spannend ist das Moesgaard Museum, von der Stadt aus mit dem Bus zu erreichen: In einem modernen, teils unterirdischen Gebäude dokumentiert es die Geschichte der Menschheit. Ein Spaziergang im Freien führt zu steinzeitlichen Begräbnisstätten und restaurierten prähistorischen Behausungen. Auf der Architekturrunde sollte keinesfalls der Wohnkomplex Isberget (Eisberg) im früheren Hafenviertel fehlen. Dazu können Besucher im angesagten Frederiksbjerg alles von Streetfood bis zu Neuer Nordischer Küche genießen.

Am schnellsten gelangt man von Aarhus nach Billund (1 h 15) mit einem Hybridauto, das man bei den großen Autovermietungen der Stadt leihen kann.

❸ Billund

Die ersten Gebäude, die Jungarchitekten entwarfen, bestanden oft aus dem berühmtesten Erzeugnis Dänemarks: den LEGO®-Steinen. 2017 wurde das LEGO®-Haus eröffnet, ein großer Spaß für Familien. Es wurden mehr als 25 Mio. Steine verbaut – das Resultat ist verspielt und wirklich faszinierend, egal wie alt man ist. Und man kann sein Elektroauto auf dem Parkplatz wiederaufladen, während man drinnen seinen schöpferischen Leidenschaften frönt. Ebenfalls in Billund ist das LEGOLAND®, aber das verdient einen Aufenthalt über Nacht. Los geht's mit dem Haus, und Familien können dann zum Freizeitpark weiterziehen.

Das vollständig aufgeladene Elektroauto gibt man in Aarhus wieder ab und nimmt dann den Direktzug zurück nach Kopenhagen (3 h, über 30 Züge tgl.).

So geht's zurück

Von Kopenhagen geht's mit dem Zug zurück nach Hause.

Mit dem Seekajak durch Schottland

London • Fort William • Arisaig • Fort William • London

Neue Fertigkeiten erwerben, das Selbstvertrauen stärken und die Lungen mit frischer Luft füllen – auf einer Abenteuertour zur „Outdoorhauptstadt" Großbritanniens, Fort William.

So kommst du hin

Von London aus ist Fort William nur eine Nachtzugfahrt mit dem Caledonian Sleeper entfernt. Und London wiederum ist mit dem superschnellen Eurostar von Paris, Amsterdam und Brüssel in ein paar Stunden erreichbar. Fort William ist auch von anderen Städten in England zu erreichen wie Manchester, Newcastle und Birmingham, meist mit Umsteigen in Glasgow oder Edinburgh – doch die Verbindungen können langsam sein (8 h und mehr), sodass es vielleicht sowieso besser ist, den Nachtzug ab London zu nehmen.

❶ London

Vom europäischen Festland aus ist London der Startpunkt der Route: Um dorthin zu gelangen, hat man den ganzen Tag Zeit, bis dann abends der Anschlusszug fährt. Aufs Abenteuer einstimmen kann man sich mit einer geführten Klettertour auf die Kuppel der O2 Arena mit Up at the O2. Dann perfektioniert man bei einer Themse-Tour seine Paddelkünste.

Der Caledonian Sleeper fährt sechsmal pro Woche um kurz nach 21 Uhr von London Euston und kommt am nächsten Tag um 10 Uhr in Fort William an (www.sleeper.scot).

Faktencheck

CO_2 (kg pro Pers.) 24.5

Entfernung (km) 880

Übernachtungen 6

Fahrtkosten (€) 180

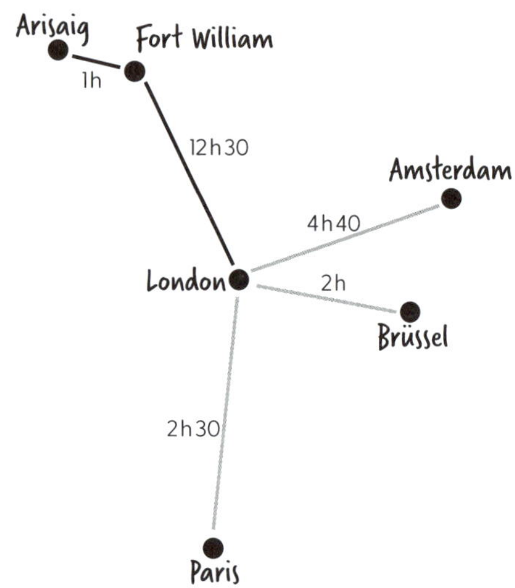

❷ Fort William

Großbritanniens Abenteuerhauptstadt hat den höchsten Berg des Landes, einen Austragungsort des Mountainbike-Weltcups und frische Seen vor der Haustür. All das kann man ein paar Tage lang per Rad, per Kajak und zu Fuß austesten. Biker zieht es zur Nevis Range, 11 km von Fort William mit dem Shiel-Bus (Nr. 41). Am Trailcenter kann man Bikes leihen; einige der ausgeschilderten Trails eignen sich auch für Anfänger, andere sind nur etwas für echte Cracks – alles, was mit der Bergbahn nach oben fährt, muss auch wieder runterkommen! Wer biken möchte, bringt vielleicht lieber seine eigene Ausrüstung mit, auch wenn Helme bei den Leihrädern inklusive sind. Darauf achten, wann die Busse zurückfahren – oder ein Taxi nehmen!

Von Fort William nimmt man den Mallaig-Bus (Nr. 500, www.shielbuses.co.uk): Nach einer Stunde Fahrt Richtung Westen am Loch Eil entlang hält er in Arisaig. Unter der Woche verkehren fünf bis sechs Busse, am Wochenende jedoch nur einer, und das zu einer schlechten Zeit. Es fährt auch ein Zug, der ein paar Minuten länger braucht (4-mal tgl.).

Links: Glenfinnan Valley;
unten: Kajakfahren bei Arisaig;
vorherige Seite: Ben Nevis

Tagestrip

Ben Nevis

Schottlands höchster Berg präsentiert sich als breitschultriger Koloss. Mit 1345 m Höhe ist er kein Riese, doch je nach Route und Wetter ist der Aufstieg eine Herausforderung, ob über den Mountain Track oder per Kraxelei über den steilen und ausgesetzten Grat Carn Mor Dearg Arête. Der normale Aufstieg dauert 7 bis 9 h und beginnt am Parkplatz des Glen Nevis Visitor Center, 3 km von der Innenstadt von Fort William.

Vom Zentrum von Fort William verkehrt unregelmäßig ein Bus (Nr. N42, Mai–Okt.) zum Glen Nevis, doch auch der erste Bus bringt einen vielleicht nicht früh genug zum Startpunkt des Aufstiegs (oder spät genug zurück). Die Fahrpläne studieren und sich eventuell darauf einstellen, eine halbe Stunde zu laufen.

3 Arisaig

Zwar gibt's hier weiße Sandstrände und türkisfarbenes Wasser, aber wie ein Blick aufs Thermometer verrät, sind das nicht die Tropen. Schottlands Westküste ist in den letzten 3 Mio. Jahren durch Gletscher geformt worden: Diese haben eine felsige, tief eingeschnittene Küste hinterlassen, die bestens mit dem Kajak erkundet werden kann. Arisaig ist eins der Top-Seekajakziele Großbritanniens, und das Arisaig Sea Kayak Centre bietet Touren für Anfänger wie auch erfahrenere Paddler (man spricht Französisch und Deutsch). Je nach Erfahrung und Wetter paddelt man vielleicht raus auf Loch Ailort oder Loch Moidart, beide während der letzten Eiszeit entstanden, oder man erkundet im Westen skerries, Inselchen mit Stränden. Vielleicht sieht man unterwegs Robben, Otter und Adler.

Mit dem Bus oder Zug geht's zurück nach Fort William.

So geht's zurück

Von Fort William fährt der Caledonian Sleeper zurück nach London; Abfahrt abends, Fahrtdauer 12 h.

Oxford und Bath

London • Oxford • Bath • London

Drei schöne Städte, London, Oxford und Bath, sind die Fixpunkte für diese literarische Tour durch Südengland – hier kann man sich von Top-Schriftstellern inspirieren lassen.

So kommst du hin

Am einfachsten geht's mit dem Zug zum Ausgangspunkt der Route: London. Von Amsterdam, Brüssel und Paris bestehen mit dem Eurostar schnelle Verbindungen in die britische Hauptstadt. Diese drei Städte sind die besten Drehkreuze aus Richtung Norden, Osten und Süden.

❶ London

Von Charles Dickens bis George Orwell: London diente vielen der besten britischen Autoren als Schauplatz und Inspiration. Tatsächlich gab's hier so viele talentierte Schreiberlinge, dass man sich auf ein Genre beschränken kann – ob Detektivgeschichten in 221B Baker Street oder romantische Lyrik in John Keats' Haus in Hampstead.

Faktencheck

CO_2 (kg pro Pers.) 8

Entfernung (km) 450

Übernachtungen 7

Fahrtkosten (€) 52

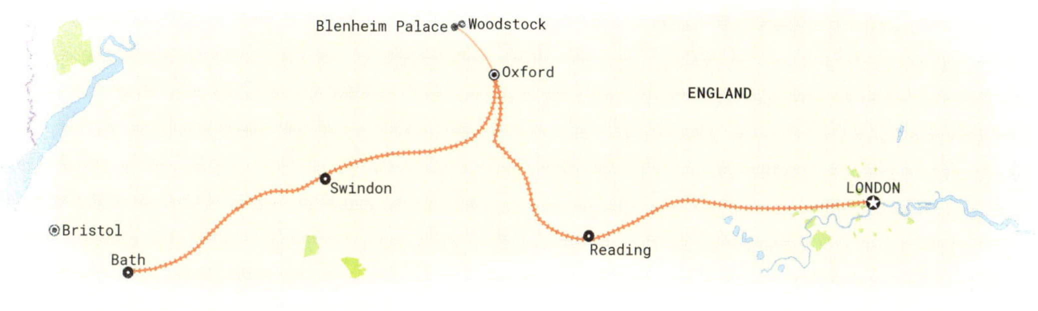

Zwei oder drei Tage reichen natürlich kaum aus, wenn man auch noch Museen besucht, doch sollte man auch versuchen, einige der faszinierenden Sehenswürdigkeiten in den Londoner Vororten zu erkunden: William Morris' spannendes Arts-and-Crafts-Haus, das Red House, in Südostlondon liegt 15 Gehminuten vom Bahnhof Bexleyheath entfernt sowie an zahlreichen Busrouten. Ähnlich spannend sind die Literatentreffs von Hampstead im Norden.

Von den Londoner Bahnhöfen Paddington und Marylebone fahren täglich insgesamt über 130 Züge nach Oxford. Direktzüge brauchen eine Stunde. Am besten bucht man Spartarife für verkehrsarme Zeiten.

❷ Oxford

Ist man am Hauptbahnhof von Oxford angekommen, sind es ins Herz der berühmtesten Universitätsstadt Großbritanniens nur zehn Minuten zu Fuß. Die Kolleghöfe – es gibt rund 30 Colleges –, die riesigen Buchhandlungen und die stillen Bibliotheken sind ganz wie erwartet, aber Oxford hat auch einige der besten Pubs des Landes – für

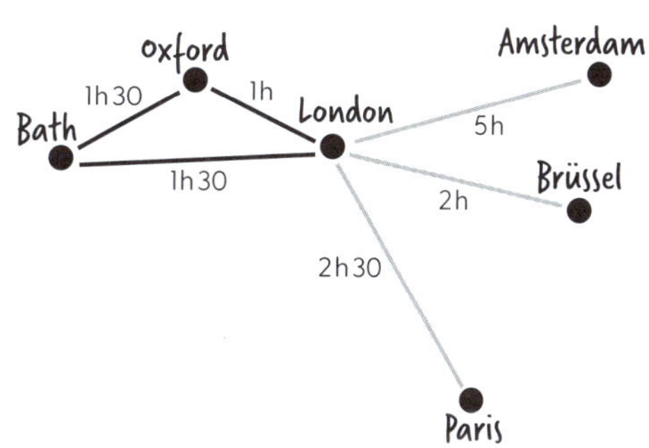

das alles braucht man mindestens zwei Tage. Auf der Liste der zu besichtigenden Colleges sollten Christ Church, Queen's (gegenüber der Bodleian Library), Exeter (hier studierte J. R. R. Tolkien) und Magdalen (hier lehrte C. S. Lewis) stehen. Die beiden Autoren trafen sich im Pub Eagle and Child an der Straße St. Giles. Bei einem kurzen Bummel durch Jericho, das Viertel hinter dem Pub, stößt man auf weitere Kneipen wie das Old Bookbinders.

Es fahren regelmäßig Züge von Oxford über Didcot Parkway nach Bath (1h 30, ca. 50-mal tgl.).

Vorherige Seite: Trinity College, Oxford; unten: Blenheim Palace; rechts: das Roman Spa in Bath; gegenüber: Christ Church, Oxford

Tagestrip

Blenheim Palace

Weg von den Büchern führt eine Busfahrt zum Blenheim Palace beim Ort Woodstock nördlich von Oxford. Dies ist das stattliche Zuhause der Herzöge von Marlborough und Geburtsort von Winston Churchill. Die von Lancelot „Capability" Brown entworfenen Außenanlagen werden nach und nach wiederhergestellt und bilden eine schöne Kulisse für den Palast.

Die Busse S3 und Nr. 7 ab dem Oxforder Busbahnhof Gloucester Green fahren zu den Toren von Blenheim (über 50-mal tgl.). Der Bus 500 ab Oxford Parkway hält ebenfalls in Blenheim. Die Fahrt dauert jeweils etwa 40 Minuten.

3 Bath

In Bath vereint sich das Beste der georgianischen Epoche des 18. Jhs.: die symmetrische klassisch beeinflusste Architektur, der Wohlstand infolge der Industriellen Revolution und der soziale und kulturelle Taumel des Regency (ab 1811, als König George III. für verrückt erklärt wurde und der Prinzregent übernahm). Mit einem Bummel den wunderbaren Halbmond des Royal Crescent entlang landet man gleich in der Welt von Jane Austen. Fünf Jahre lebte sie in Bath, und ihre Figuren bevölkerten die Stadt, ob sie nun nachmittags im Pump Room Tee tranken oder durch die Läden in der Milsom Street stöberten. In Austens Zeit galt es als Allheilmittel, im Bath Spa eine Kur zu machen – das war schon bei den Römern so. Heute kann man sich im Thermae Bath Spa schön mit einem Buch entspannen.

Von Bath verkehren jede halbe Stunde Züge direkt nach London Paddington; die Fahrt dauert mindestens 1 h 30.

So geht's zurück

Von London sucht man sich den passenden Zug zurück in die Heimat aus.

Zürichs Planetenweg

Paris • Dijon • Zürich
Zuerst wartet Dijon mit hervorragendem Wein auf, bevor ein Kurztrip nach Zürich das Sonnensystem erläutert.

So kommst du hin

Der Trip folgt der Strecke des TGV-Lyria von Paris nach Zürich. Paris ist von zahlreichen Hauptstädten Europas aus einfach zu erreichen, wie London (2 h 30), Amsterdam (3 h 30) und Berlin (8 h 15).

❶ Paris

Die französische Hauptstadt ist berühmt für ihre Gastronomie und Kunstszene. Doch auf dieser Reise dreht sich alles um Wein und die Wunder des Weltalls. Deshalb steht zu Beginn ein Besuch im Wissenschaftsmuseum Palais de la Découverte und seinem Planetarium in der Avenue Franklin Delano Roosevelt (8. Arrondissement) auf dem Programm. Im Anschluss ruft die Happy Hour – also ab in eine Weinbar, wie Le Baron

Faktencheck

CO_2 (kg pro Pers.) 14,5
Entfernung (km) 650
Übernachtungen 7
Fahrtkosten (€) 80

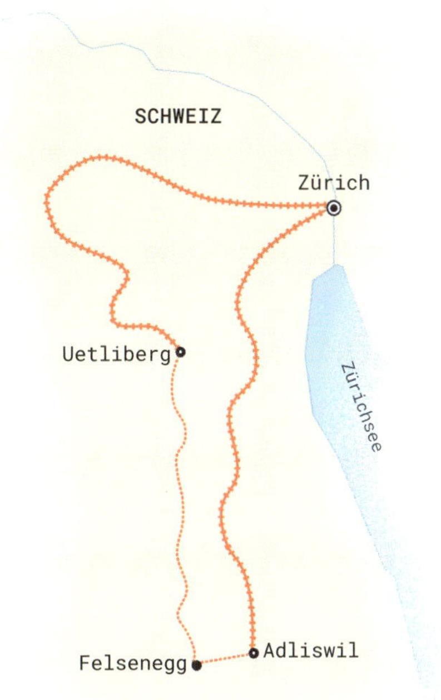

Rouge im 12. Arrondissement, auf rillettes und ein Glas Rotwein.

Mit dem Zug geht's frühmorgens von der Gare de Lyon nach Dijon-Ville (der TGV fährt 15 mal pro Tag).

❷ Dijon

Die elegante Architektur aus dem 17. und 18. Jh. bekundet den Wohlstand der Burgunder Hauptstadt. Ein Großteil geht auf die Kappe mächtiger Burgunder Herzöge, und ein Teil der Kunstschätze und Reliquien ihrer jahrhundertelangen Herrschaft sind im Palais des Ducs und im Musée des Beaux-Arts zu sehen. Doch man muss kein Aristokrat sein, um es sich in Dijon gut gehen zu lassen. Die

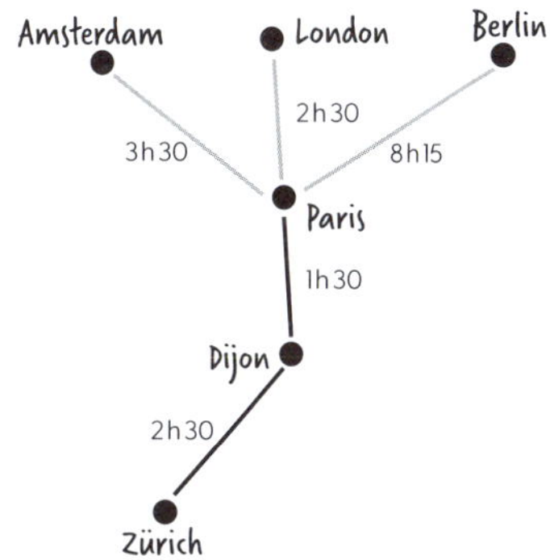

Stadt ist mit exzellenten Lokalen gesegnet, wie dem L'Age de Raisin, wo feines Essen und regionaler Wein die Gäste begeistern.

Pro Tag reisen drei Direktzüge von Dijon-Ville nach Zürich. Der TGV-Lyria braucht 2 h 30. Doch es gibt auch andere Verbindungen mit ein- oder zweimal umsteigen (bis zu 4 h).

Tagestrip

Route des Grands Crus

Obwohl Dijon genug Plätze hat, wo man herausfinden kann, was die Burgunder Winzer aus der Pinot-Noir-Traube alles zaubern, geht doch nichts über einen Besuch eines Weinguts, um der Sache auf den Grund zu gehen. Von Marsannay-la-Côte, nur 8 km südlich der Stadtmitte, läuft die Route des Grands Crus südwärts, durch bekannte Dörfer wie Nuits-Saint-Georges in der Côte des Nuits, dann durch die Côte de Beaune. Um klimaneutral zu bleiben (und etwas Spielraum für die Weinverkostung zu gewinnen), geht's einfach mit dem Fahrrad (oder E-Bike, Verleih in Dijon) über die Burgunder Pfade. Mehrere Anbieter haben geführte Touren im Programm oder man stellt sich seine eigene Route zusammen. Es sind etwa 40 km nach Beaune. Wer mag,

Vorherige Seite: Paris; unten: Baden in der Limmat; rechts: mit dem Rad durch die Côte de Beaune; gegenüber: Zürich

kann auch in einem der Dörfer übernachten, bevor die Reise weitergeht, oder man beschränkt sich auf den nördlichen Teil.

---

❸ Zürich

Die größte Stadt der Schweiz liegt an der Limmat am Ausfluss des Zürichsees und ist zurecht für seine einladenden Grünflächen und das viele Wasser bekannt. Im Sommer gibt's kaum einen besseren Ort als die Strände um den See oder die Schwimmbäder, wie das Flussbad Au-Höngg an der Limmat, wo man sich zum Sonnenuntergang einen Apero genehmigt. Viele Badepavillons, wie das Seebad Utoquai und das Seebad Enge, servieren Drinks bis in die Nacht. Wanderfreunde kommen mit dem Zug leicht in die Schweizer Berge. Für Familien eignet sich der Weg zu den Wasserfällen am Walensee (1 h mit dem Zug) oder der Zwerg-Bartli-Erlebnisweg in Braunwalk (1 h 30 mit dem Zug).

Tagestrip

Der Planetenweg

Von der Haltestelle Uetliberg in Zürich führt der Planetenweg über 6 km durch die Dimensionen unseres Sonnensystems bis zur Station Felsenegg. Dabei entspricht ein Meter einer Million Kilometer. Der befestigte Pfad führt maßstabgetreu an acht Modellplaneten unseres Sonnensystems vorbei, vom gigantischen Jupiter bis zum zwergenhaften Pluto. Ideal für alle Altersklassen und Fitnesslevels.

Die Linie S10 fährt alle halbe Stunde von Zürich Hauptbahnhof 20 Minuten zum Uetliberg. Der Rückweg von Felsenegg führt mit der Seilbahn hinunter nach Adliswil und dann direkt mit der S4 nach Zürich (selbe Frequenz und Fahrtdauer).

So geht's zurück

Entweder geht's mit dem TGV-Lyria auf demselben Weg nach Paris zurück oder man tritt direkt von Zürich die Heimreise an.

ZWEI WOCHEN ODER MEHR

Aus den Fjorden in die Arktis

Oslo · Trondheim · Hurtigruten · Lofoten · Abisko · Stockholm

Erst über den Polarkreis, dann durch die Weiten Schwedisch-Lapplands zurück nach Süden: Norwegen - der Weg nach Norden - macht seinem Namen sommers wie winters alle Ehre.

So kommst du hin

Zugreisen nach Oslo führen automatisch über Schweden, entweder von Stockholm (5 h 30) oder Göteborg (3 h 30). Letztere ist die letzte Etappe der Bahnstrecke aus dem Süden Europas, die über Hamburg und Kopenhagen führt. Fähralternativen gibt es von Kopenhagen (17 h 30) und Kiel (20 h) nach Oslo und von Eemshaven in den Niederlanden nach Kristiansand in Norwegen (18 h), mit Zugverbindungen von Amsterdam und nach Oslo.

❶ Oslo

Weil alle Norwegens fabelhafte Landschaften erkunden wollen, wird die Hauptstadt oft übersehen. Dabei lässt nicht nur ihr *Schrei* aufhorchen – zwei Versionen von Edvard Munchs berühmtem Meisterwerk sind die Stars des neuen Munch-Museums (eröffnet 2021) und des Nationalmuseums (eröffnet 2022). Das Wikingerschiffsmuseum und die Skulpturen des Bildhauers Gustav Vigeland im Frogner-Park sind zwei weitere gute Gründe, die Reise in Norwegens nördliche Wildnis noch ein wenig zu verschieben.

Täglich verkehren bis zu drei Direktzüge von Oslo nach Trondheim (7 h). www.entur.no

Faktencheck

CO_2 (kg pro Pers.) 163

Entfernung (km) 2800

Übernachtungen 10+

Fahrtkosten (€) 350

Vigeland-Skulpturen im Frogner-Park in Oslo

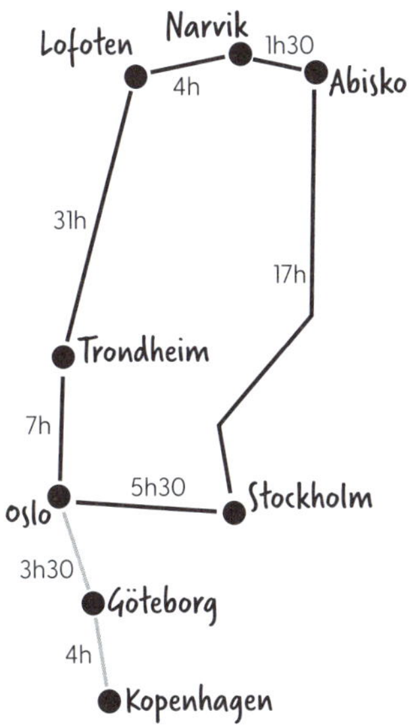

❷ Trondheim

Die Zugstrecke nach Norden führt weit ins Landesinnere: Um Trondheim an seinem gleichnamigen Fjord, einen der größten Naturhäfen Europas, zu erreichen, geht es durch die von Moschusochsen durchstreifte Tundra des Dovrefjell-Gebirges. Die bunten Holzhäuser entlang des Nidelva-Flusses, die nördlichste mittelalterliche Kathedrale der Welt, und das Freilichtmuseum mit seinen Torfdach-Bauernhäusern sind in Trondheim besonders sehenswert.

❸ Hurtigruten

Ist es ein Kreuzfahrtschiff? Ist es eine Fähre? Die Norweger würden sagen, es ist die historische Lebensader, die die Gemeinden entlang der Fjordküste seit 1893 zusammenhalt. Die Hurtigruten sind aber vor allem eine einzigartige Möglichkeit, entlang der Küste Fischerdörfer, hoch aufragende Klippen und einsame Schären zu erleben. Die gesamte Strecke von Bergen nach Kirkenes

Links: Farbe am Fjord in Trondheim; unten: Hamnøy auf den Lofoten; rechts: Stockholms Gamla Stan

dauert sechs Nächte, von Trondheim zu den Lofoten aber nur eine: Abgelegt wird mittags im Trondheimfjord und angelegt in Stamsund am nächsten Tag um 19.15 Uhr.

Zwei Reedereien, die beide denselben Fahrplan haben, bedienen die Strecke: Hurtigruten und Havila Voyages. Es hängt also vom Reisetag ab, welches Unternehmen fährt. Auch wenn beide Kreuzfahrtpakete anbieten, kann man auch „Hafen-zu-Hafen"-Verbindungen buchen (www.hurtigruten.co.uk/port-to-port,www.havilavoyages.com). Auf den Lofoten in Stamsund angekommen, werden die Passagiere mit dem Bus 18-767 nach Leknes gebracht (25 min). Alternativ kann man mit dem Schiff bis zum nächsten Hafen weiterfahren: Svolvær (Ankunft 21.20 Uhr) ist zwar weiter vom Zentrum der Inseln entfernt, bietet aber eine größere Auswahl an Unterkünften.

4 Lofoten

Unter den schätzungsweise 50 000 norwegischen Inseln sind die Lofoten, eine in den Ozean ragenden Gebirgskette, besonders reizvoll. Hier schlängelt sich die E10 durch Buchten mit auf Stelzen stehenden *rorbuer* (Fischerhütten) und über Brücken zwischen Inseln, die wie Felskathedralen wirken. Ziel ist ein Dorf mit kürzestmöglichem Namen: Å. Die Sehenswürdigkeiten entlang der Straße werden recht gut von öffentlichen Bussen (300 und 18-742) bedient. Aber wer sich in Svolvær ein Fahrrad oder ein Elektroauto mietet, entdeckt noch viel mehr von diesem erstaunlichen Archipel.

Der Bus 300 fährt zweimal täglich von Å i Lofoten über Leknes und Svolvær nach Narvik (4 h ab Svolvær; www.reisnordland.no). Züge verkehren zweimal täglich von Narvik nach Abisko Turiststation und Abisko Östra

(1 h 30; www.sj.se). Der frühere Bus kommt rechtzeitig zum späteren Zug an.

5 Abisko

Der so genannte Arctic Circle Train (Vy-Nattåg Night Train 93) nach Stockholm startet in Narvik – und mindestens einen Halt sollte man einplanen. Kurz nachdem der Zug die Grenze von Norwegen nach Schweden überquert hat, hält er zweimal am Abisko-Nationalpark, eine jener Landschaften, die den arktischen Norden prägen. Das U-förmige Tal von Lapporten ist vom Ort Abisko aus zu sehen, aber es gibt noch mehr zu entdecken, etwa beim Wandern im Sommer oder bei Schneeschuh- oder Langlauftouren im Winter.

Der Nachtzug 93 verlässt den Bahnhof von Abisko täglich gegen 16.40 Uhr und kommt am nächsten Tag um 9.30 Uhr in Stockholm an. www.sj.se

6 Stockholm

Der Übergang vom arktischen Abenteuer zum größten urbanen Zentrum Skandinaviens wird leichter, wenn man sich ausgiebig in den Parks und auf den Inseln der schwedischen Hauptstadt tummelt.

So geht's zurück

Von Stockholm reicht ein großes Netz an Nachtzügen über Kopenhagen und Hamburg in den Süden, Fähren fahren zu den baltischen Hauptstädten.

Eine Islandsaga per Schiff

Hirtshals · Tórshavn · Seyðisfjörður · Egilsstaðir · Borgarfjörður Eystri

Auf den Spuren der Wikinger von Dänemark nach Island schippern und Papageitaucher, Wasserfälle, entlegene Inseln und mythische Wesen erleben.

So kommst du hin

Hirtshals ist von Kopenhagen (6 h) mit den Zügen der DSB erreichbar bzw. von Hamburg (9 h) mit der Deutschen Bahn. Ab Göteborg liegt Hirtshals mit der Fähre nach Frederikshavn fünf Stunden entfernt.

❶ Hirtshals

Hirtshals liegt an der Nordspitze Jütlands, das für sanftes Licht und Meeresfrüchte berühmt ist. Der dänische Hafen ist der einzige auf dem europäischen Festland, von dem aus Fähren zu den Färöern und nach Island fahren. Natürlich steht Hirtshals ganz im Zeichen der See, mit einem weißen Sandstrand und dem eindrucksvollen Nordsøen Oceanarium: Hier beherbergt ein riesiges Aquarium Mondfische, Dornhaie und Steinbutte.

Faktencheck

CO_2 (kg pro Pers.) 211

Entfernung (km) 1900

Übernachtungen 14+

Fahrtkosten (€) 500

Die Fähre MS Norröna fährt einmal pro Woche (36 h; Juni–Aug. 2-mal wöchentl.) nach Tórshavn, der Hauptstadt der Färöer. Es gibt Kabinen und Liegesitze (www.smyrilline.fo).

❷ Tórshavn

Allein die Schifffahrt nach Tórshavn ist eindrucksvoll – die Fähre verfügt über Stabilisatoren, um die Übertahrt so angenehm wie möglich zu machen. Unterwegs sieht man die Shetlands, Ölplattformen, Vögel und Wale. Bei den Färöern erheben sich erst grüne Berge aus dem Meer,

Der Bootshafen von Tórshavn

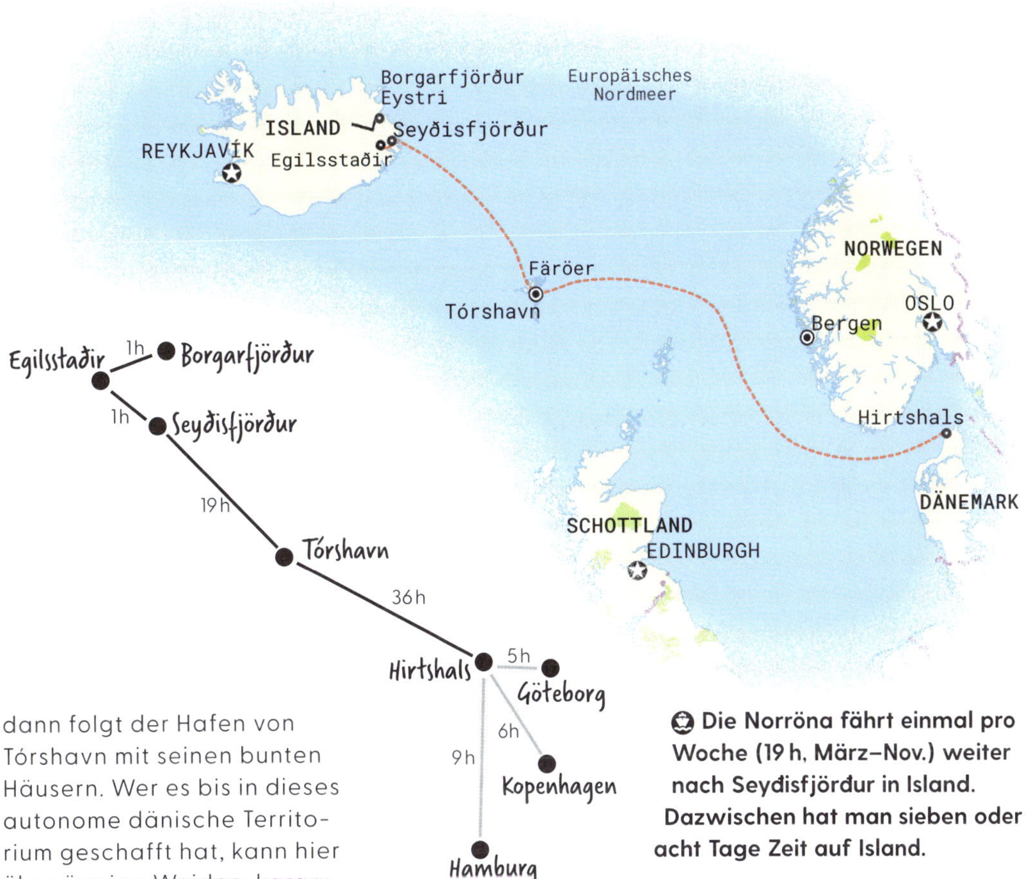

dann folgt der Hafen von Tórshavn mit seinen bunten Häusern. Wer es bis in dieses autonome dänische Territorium geschafft hat, kann hier über üppige Weiden, karges Moorland und durch schroffe Berge wandern; Vogelfreunde freuen sich über Papageitaucher und Dreizehenmöwen. Zwar verleihen die Landschaften, die Abgeschiedenheit und die traditionelle Musik den Färöern ein zauberhaftes Flair, doch hier gibt's auch Modernes wie gute Verkehrsmittel und komfortable Unterkünfte. Je nach Fahrplan der Norrona kann man ein paar Stunden oder auch erheblich länger auf den Inseln bleiben – wer in Tórshavn nächtigt, kann in diese ganz besondere Meereswelt eintauchen.

Die Norröna fährt einmal pro Woche (19 h, März–Nov.) weiter nach Seyðisfjörður in Island. Dazwischen hat man sieben oder acht Tage Zeit auf Island.

❸ Seyðisfjörður

Vergiss das relativ trubelige Reykjavík – die Fähre legt quasi an der Hintertür Islands an, in Ostisland an einer tief von Fjorden eingeschnittenen stillen Küste. Die reizendste Stadt der Region ist Seyðisfjörður: Vor einer Bergkulisse stehen hier bunte Häuser. In mehreren der hübschen Holzhäuser residieren Kunstgewerbeläden; dazu gibt's die bekannte Blaue Kirche, und auch Musiker und andere Künstler weilen hier gerne. Von der Stadt führen Wanderwege direkt zu Wasserfällen,

Links: die Kirche in Borgarfjörđur Eystri; unten: Bauernhaus in Borgarfjörđur Eystri; rechts: die Berglandschaft Ostislands

einer „Zwergenkirche", Klangskulpturen und einem gefrorenen Bergsee, auch ein Skigebiet gibt's.

Ein- bis dreimal täglich fahren Busse nach Egilsstađir (1 h), im Winter sonntags nicht.

❹ Egilsstađir

Die Straße ins regionale Zentrum Egilsstađir führt vorbei an Wasserfällen und über einen hohen Pass landeinwärts – vielleicht lassen sich Rentiere blicken. Nach dieser reizenden Fahrt ist das funktionale Egilsstađir vielleicht zunächst enttäuschend. Doch vor den Toren gibt's viel Verlockendes, z. B. einen See, in dem angeblich ein riesiger „Wurm" haust, und Islands größten Wald – allerdings haben die Wikinger fast alle Bäume Islands abgeholzt. Dank ausgezeichneten Restaurants und dem Lake Hotel kann man hier bestens entspannen, mehrere Veranstalter haben Aktivitäten wie Wandern und Angeln im Angebot.

Unter der Woche fährt der Bus 95 einmal am Tag nach Borgarfjörđur Eystri (1 h). www.straeto.is

❺ Borgarfjörđur Eystri

Das Küstendorf Borgarfjörđur Eystri ist ein stiller Ausgangspunkt für Exkursionen zu Klippen voller Papageitaucher (meist April–Aug.). Dazu kommen das Spa Musteriđ, der Felsen Álfaborg, auf dem die Elfenkönigin zu Hause sein soll, und zahlreiche Wanderwege. Es gibt also jede Menge zu tun, aber man sollte auch einmal innehalten: Ein großer Teil des Reizes dieses einzigartigen Landes besteht darin, dem Meer zu lauschen, zum Horizont zu spähen und ins wechselnde Licht einzutauchen.

So geht's zurück

Auf der Fahrt von Borgarfjörđur Eystri zurück nach Egilsstađir sollte man am selben Tag den Anschlussbus erwischen; allerdings wechseln die Fahrpläne mit der Jahreszeit, also vorher checken! Ansonsten geht's auf demselben Weg über die Färöer nach Dänemark zurück.

Die französische Riviera

Barcelona · Montpellier · Marseille · Nizza · Monaco
Eine Tour an der Mittelmeerküste und der Côte d'Azur entlang über Cannes und Monaco.

So kommst du hin

Zu erreichen ist Barcelona mit Schnellzügen aus Paris und Madrid sowie per Fähre von anderen Mittelmeerhäfen aus. Wer will, beginnt die Reise in Frankreich: Züge in der Pariser Gare de Lyon sind in nur drei Stunden in Montpellier.

❶ Barcelona

Los geht's in sexy Barcelona, Spaniens attraktivster Stadt. Sie ist besonders für ihre Jugendstilarchitektur und die wohl überfälligste Kathedrale der Welt, Antoni Gaudís Sagrada Famíla, bekannt. Die Stadt lässt sich prima zu Fuß (auf keinen Fall den Parc Güell verpassen) oder per Rad (besonders schön: die Uferpromenade) erkunden.

Faktencheck

CO_2 (kg pro Pers.) 14
Entfernung (km) 690
Übernachtungen 10+
Fahrtkosten (€) 160

Die Strecke Barcelona–Montpellier (3 h, vier bis sechs Züge täglich) wird von Renfe und SNCF betrieben; Tickets gibt's online über Oui SNCF (www.oui.sncf).
Hoteltipp: Hostal Grau (www.hostalgrau.com) punktet in Sachen Nachhaltigkeit.

❷ Montpellier

Herrschaftliche hôtels particuliers (Privatanwesen), prächtige Boulevards, schattige Gassen und wunderschöne Strände – willkommen im eleganten und gelassenen Montpellier. Frankreichs wachstumsstärkste

La Rambla in Barcelona

Stadt ist auch eine der multikulturellsten. Ihr unumstrittenes Highlight ist das Musée Fabre mit einer der besten Sammlungen europäischer Kunst. Wer Zeit hat, nimmt einen Bus an den Strand: Viel schöner als die überfüllten Badeorte Palavas-les-Flots und La Grande-Motte ist die besonders bei Kitesurfern beliebte Plage de l'Espiguette.

TER-Züge (www.oui.sncf) fahren mindestens stündlich an der Küste entlang nach Marseille (1h 30 bis 1h 50).

Tagestrip

Nîmes

Faszinierende römische Stätten wie das großartige Amphitheater, ein zweitausend Jahre alter Tempel und das schicke neue Musée de la Romanité machen Nîmes zu einem lohnenden Ausflugsziel in der Nähe von Montpellier.

Züge halbstündlich (30 min).

3 Marseille

Die verwegene Hafenstadt Marseille genießt nicht gerade einen guten Ruf. Zugegeben, den Pomp von Cannes oder Saint-Tropez findet man hier nicht. Aber dafür gibt's eine wunderschöne Altstadt (Le Panier), einen malerischen Hafen und schicke moderne Museen wie das Mucem (über die Kulturen des Mittelmeerraums). Auch wurde hier die Bouillabaisse geboren, eine gehaltvolle Suppe aus Fisch und Meeresfrüchten.

Links: das Viertel Le Panier in Marseille; rechts: die Plage du Midi in Cannes bei Sonnenuntergang

Weiter geht's mit dem Zug nach Nizza (2 h 30, bis zu sechsmal täglich).
Hoteltipp: Hotel Belle-Vue (www.hotelbellevuemarseille.com), ausgezeichnet mit dem Grünen Schlüssel.

Tagestrip

Les Calanques

2012 wurde die Küste um Marseille mit ihren *calanques* (Buchten) zum Nationalpark erklärt. Am besten erkundet man die saphirblauen Buchten mit einem Seekajak. **Destination Calanques Kayak organisiert Kajak-Tagesausflüge ab Marseille.**

---

❹ Nizza

Schon seit den 1920er-Jahren steht Nizza für Glanz und Glamour an der Côte d'Azur. Trotz der Hektik und der chaotischen Verkehrsverhältnisse hat die Küstenstadt immer noch einen gewissen Charme. Nach einem Ausflug auf der Promenade des Anglais (zu Fuß oder per Fahrrad, Segway oder Inlineskates) wird es Zeit für Kunst im Picasso-Museum oder dem MAMAC (Musée d'Art Moderne et d'Art Contemporain).
Die Zugfahrt von Nizza nach Monaco führt an der traumhaften Mittelmeerküste entlang. Züge fahren mindestens halbstündlich; die Fahrt dauert 35 Min.

Tagestrip

Cannes

In Cannes findet das schillerndste Filmfestival der Welt statt, aber die Küstenstadt selbst besucht man am besten außerhalb der Festivalsaison. Die Altstadt Le Suquet lädt zum Schlendern ein und am Meer gibt's einige Sandstrände (die um La Croisette sind gebührenpflichtig). Es werden auch Bootsausflüge nach Saint-Tropez, Monaco und Corniche d'Or angeboten.
Cannes ist leicht mit dem Zug von Nizza aus zu erreichen (40 min, vier pro Stunde).

---

❺ Monaco

Eine halbe Stunde östlich von Nizza ist man schon in einem ganz anderen Land, nämlich im Fürstentum Monaco. Bekannt ist der Stadtstaat vor allem wegen seines Grand Prix, des Belle-Époque-Casinos und der eher lockeren Steuergesetze. Zu den Highlights zählen der Fürstenpalast und das Meeresmuseum Musée Océanographique.

So geht's zurück

Von Nizza fährt der TGV nach Paris-St. Lazare (6 h). Wer mit dem Eurostar oder einem Thalys-Zug nach Brüssel oder London will, nimmt die Metro zur Gare du Nord. Die Zugfahrt von Nizza nach Madrid dauert 11 h 25.

Eine Pilgerfahrt durch Nordspanien

Pamplona • Burgos • León • A Coruña • Santiago de Compostela
Auf Entdeckungstour durchs Baskenland, den spanischen Norden und das grüne Galicien.

So kommst du hin

Von Barcelona-Sants (4 h), Madrid-Atocha (3 h 10) und Paris-Montparnasse (12 h 30, mit Umstieg in Barcelona) fahren Züge nach Pamplona. Alle Städte dieser Route liegen auf dem Streckennetz der spanischen Bahn Renfe.

❶ Pamplona

Die wilde Fiesta de San Fermín zieht Anfang Juli Massen von Besuchern nach Pamplona. Wer es ruhiger mag, der kommt zu einer anderen Jahreszeit in die Hauptstadt der Region Navarra und lässt sich von ihren Sehenswürdigkeiten bezaubern: die riesige Zitadelle, die stimmungsvolle Altstadt sowie die Stadtmauer mit ihren tollen Aussichten auf die Ebene und die Pyrenäen. Genau wie die anderen Städte dieser Tour liegt auch Pamplona am Jakobsweg. Das Teilstück zwischen hier und Burgos ist wegen seiner Klöster, der Weinberge, der schönen Orte und der Aussichten auf die Berge besonders beliebt. Wer selbst pilgern möchte, sollte für die Strecke um die zehn Tage einplanen.

Es gibt täglich zwei Direktzüge von Pamplona nach Burgos (2 h 30).

Faktencheck

CO_2 (kg pro Pers.) 17

Entfernung (km) 850

Übernachtungen 10+

Fahrtkosten (€) 120

Reiter und Wanderer auf dem Jakobsweg

❷ Burgos

Das Highlight von Burgos ist sein imposanter Dom, ein gotisches Wunderwerk und eine der schönsten Kathedralen Spaniens. Dort ruht El Cid, der legendäre Held der Reconquista. Ein weiterer Grund für einen Besuch ist die ebenso legendäre *morcilla*. Die beste Blutwurst Spaniens wird in den vielen Tapas-Bars serviert. Bei der Ankunft sollte man sich nicht von den seelenlosen Vororten abschrecken lassen, denn die Altstadt von Burgos ist ein unterschätztes Juwel in der Krone Spaniens.

An manchen Tagen fährt der Zug Burgos-León (2 h) direkt, sonst muss man in Palencia oder Valladolid umsteigen.

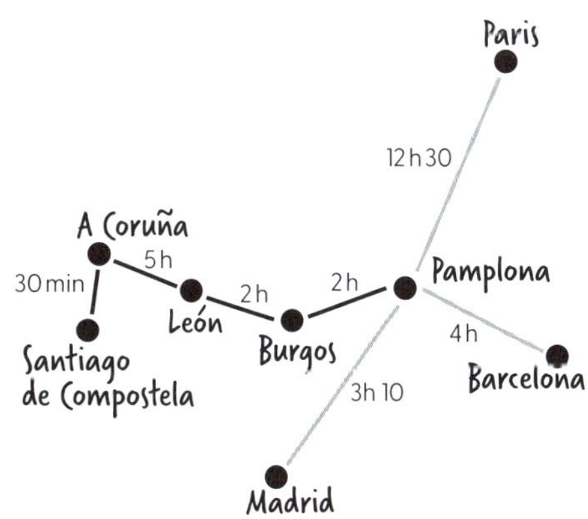

❸ León
Auch die Kathedrale von León ist einfach atemberaubend. Sie wurde gebaut, als die Stadt noch eine der treibenden Kräfte hinter der Reconquista-Bewegung war; ihre gigantischen Buntglasfenster sorgen für einen magischen Lichteffekt im Innenraum. Auch in Sachen Essen und Trinken kommt hier niemand zu kurz: Es gibt eine phänomenale Auswahl an (fleischlastigen) Tapas-Bars und ein pulsierendes Nachtleben. Romanische Fresken, moderne Kunst und eine der berühmtesten Osterprozessionen Spaniens runden das Ganze ab.
Meist verkehrt ein Direktzug von León nach Coruña (6 h), andernfalls sind die Verbindungszeiten über Madrid und Ourense lang.

❹ A Coruña
Wer die geschäftige Hafenstadt an der Nordküste Galiciens nicht besucht, ist selber schuld. Die Stadt hat schöne Strände, das hochmoderne Aquarium Finisterrae sowie etliche Museen und Parks zu bieten. Viele davon sind über eine Promenade erreichbar, die sich um die ganze Halbinsel zieht. Der zum Weltkulturerbe gehörende Herkulesturm ist ein römischer Leuchtturm mit herrlichen Aussichten, und die Gassen der Altstadt strotzen vor Bars und Restaurants.
Züge nach Santiago de Compostela fahren ca. jede halbe Stunde (30 min).

Pilger bei der Ankunft in Santiago de Compostela

❺ Santiago de Compostela
Die verschlungenen Gassen, die Arkadenstraßen und die wunderschöne Kathedrale am Ende des Jakobswegs und dieser Tour sind bei jedem Wetter beeindruckend. Dank des vielen Regens ist die Landschaft Galiciens üppig grün. Wer sich von der zauberhaften Architektur losreißen kann, auf den warten lukullische Köstlichkeiten, die zu den besten Spaniens gehören: leckerer Fisch und Meeresfrüchte, grüne Paprikaschoten aus dem nahen Padrón und erfrischende Weißweine.

So geht's zurück
Santiago de Compostela liegt eine neunstündige Zugfahrt von Barcelona entfernt. Von dort geht's entweder zurück nach Pamplona oder weiter nach Frankreich und in andere europäische Länder.

Inseln des Baltikums

Stockholm · Helsinki · Savonlinna · Kuopio · Tampere · Turku · Åland-Inseln

Per Zug und Fähre werden Schweden, Finnland und Estland erkundet, mit Zwischenstopp auf den idyllischen Åland-Inseln.

So kommst du hin

Stockholm ist mit seinen skandinavischen Nachbarn gut per Bahn verbunden: Es bestehen regelmäßige Verbindungen ab Kopenhagen (5 h 30) und Oslo (5 h 30). Nach Kopenhagen wiederum kann man z. B. ab Hamburg und Berlin reisen.

❶ Stockholm

Schwedens Hauptstadt strotzt vor berühmten Gebäuden und modernem Design. Nach der Erkundung der Altstadt Gamla Stan und des imposanten Königspalasts, des Kungliga Slottet, begutachtet man im Moderna Museet moderne Kunst und im Freilichtmuseum Skansen die schwedische Vergangenheit.

Sowohl die Viking Line (www.vikingline.com) als auch Tallink Silja (www.tallinksilja.com) bieten Nachtfährverbindungen nach Helsinki (ca. 16 h) an.

Faktencheck

CO_2 (kg pro Pers.) 100

Entfernung (km) 1790

Übernachtungen 12+

Fahrtkosten (€) 380

Tagestrip

Uppsala

Uppsala beherbergt die älteste Universität Schwedens und erfreut sich eines jugendlichen Flairs und einer hübschen Lage am Fluss Fyris. Gamla (Alt) Uppsala, im 6. Jh. ein florierendes religiöses Zentrum, ist heute eine faszinierende archäologische Stätte.

Eine von hunderten Inseln bei Helsinki

Blick auf die Stockholmer Altstadt

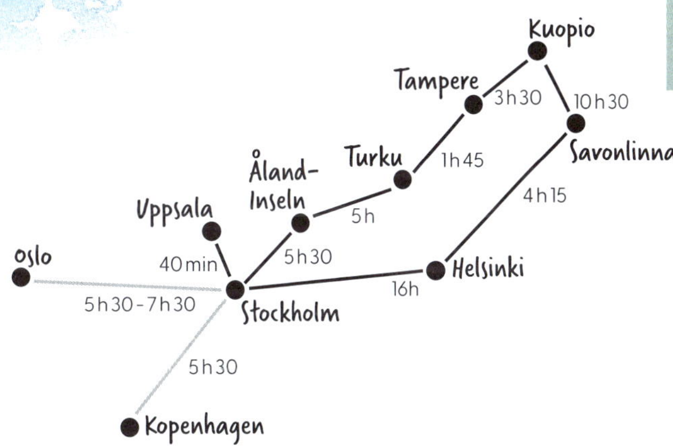

SJ Rail (www.sj.se) bietet regelmäßige Verbindungen nach Stockholm (40 min, 4- bis 6-mal stündl.).

❷ Helsinki

Finnlands Hauptstadt präsentiert sich im gleichen dezenten skandinavischen Stil wie die Nachbarhauptstädte und weist einen starken Hang zu innovativer Architektur auf. Am besten erkundet man die Stadt mit der Straßenbahn, z. B. das Museum für finnische Architektur und die Markthalle im Zentrum, bevor es dann in der Löyly Sauna am Wasser heiß hergeht.

Vom Hauptbahnhof von Helsinki fahren Züge der VR (www.vr.fi) nach Savonlinna (4 h 15, bis zu 4-mal tgl.), mit Umsteigen in Parikkala.

Tagestrip

Tallinn

Die Tallinner Altstadt (vanalinn) wirkt mit ihren hanseatischen Kaufmannshäusern, mittelalterlichen Höfen, alten Steintreppen und Kopfsteinpflasterstraßen wie direkt aus dem 15. Jh. gefallen.

Tallink (www.tallink.com) bietet mehrere Fähren am Tag nach Helsinki (2 h).

Kajakfahren in den Turkuer Schären

❸ Savonlinna

Das auf mehrere Inseln zwischen den Seen Haukivesi und Pihlajavesi verteilte Savonlinna ist eine der hübschesten Städte Finnlands. Auf der Burg Olavinlinna aus dem 15. Jh. findet ein Opernfestival statt. Wenn der See im Sonnenschein schimmert, ist er wirklich zauberhaft.

Im Sommer verkehren auf den Gewässern von Savonlinna Boote. Auf www.oravivillage.com stehen Bootsfahrpläne nach Kuopio; im Sommer schippert die MS Puijo (www.mspuijo.fi, 3-mal wöchentl. Mo, Mi & Fr, 10 h 30) regelmäßig umher.

❹ Kuopio

Kuopio ist ein typischer Ort am See, mit Schiffsrundfahrten, Wanderungen durch Fichtenwälder, köstlichem Fisch und jeder Menge Caféterrassen und Biergärten.

Man nimmt einen Zug Richtung Helsinki und steigt in Pieksämäki nach Tampere um (3 h 30, 4-mal tgl.).

❺ Tampere

Die Seestadt Tampere war einst ein Industriezentrum – heute beherbergen die alten Fabriken Museen, Galerien, Restaurants und Cafés. Im Amuri-Arbeitsmuseumsviertel befinden sich in alten Holzhäusern z. B. eine Bäckerei, ein Schuhmacher, eine Sauna, Geschäfte und ein Café und erinnern an das Leben von 1882 bis 1973.

Es verkehren Züge von Tampere nach Turku (1 h 45, bis zu 6-mal tgl.).

❻ Turku

Turku wird von zwei Wahrzeichen geprägt: der Turun Linna (Burg Turku) und der Turun Tuomiokirkko (Domkirche von Turku), beide aus dem 13. Jh. Durch das alte Netz quirliger Straßen schlängelt sich malerisch der Fluss Aurajoki auf dem Weg hinaus zum Meer.

Turkus Hafen liegt 3 km südwestlich vom Zentrum. Tallink Silja und Viking Line fahren zweimal am Tag zu den Åland-Inseln (5 h).

❼ Åland-Inseln

Die weißen Sandstrände und schönen Radwege der sonnigen Åland-Inseln locken im Sommer Urlauber an, doch auf den 6500 Schären einen eigenen einsamen Strand zu finden ist überraschend einfach. Die Fähren legen auf Fasta Åland an, der größten Insel; die mittleren Inseln sind durch Brücken und Kabelfähren miteinander verbunden. Zu den äußeren Inseln verkehren Autofähren.

Bis zu viermal täglich fahren Fähren von Fasta Åland zurück nach Stockholm (5 h 30).

Die Orient-Express-Route

Paris · München · Budapest · Bukarest · İstanbul

Der Orient-Express bot Stoff für viele Geschichten. In simplen Schlafwägen spürt man auf dieser Tour seiner ursprünglichen Legende im transkontinentalen Reisen nach.

So kommst du hin

Zu seiner Blüte Anfang des 20. Jhs. galt Paris als westlicher Endpunkt des Orient-Express. Mittlerweile kann man von London St. Pancras (2 h 30), Barcelona Sants (6 h 30) und Amsterdam (3 h 30) anreisen.

❶ Paris

Im Juni 1889 fuhr der Orient-Express zum ersten Mal durchgehend von der Gare de L'Est bis nach İstanbul. Heute existiert solch ein Service leider nicht mehr, aber die Gare de L'Est ist immer noch Abfahrtsort für Trips in den Osten. Vor der Zugreise kann man sich rund ums Bassin de la Villette die Beine vertreten. Cafés säumen die Ufer des künstlich angelegten Sees und im Sommer öffnen Schwimmbäder ihre Tore.

Von Paris rollen 20 Züge pro Tag nach München Hauptbahnhof (6 h). www.sncf.com

Faktencheck

CO_2 (kg pro Pers.) 52

Entfernung (km) 2600

Übernachtungen 12+

Fahrtkosten (€) 600

❷ München

Ein weiterer Fixpunkt auf der Originalstrecke des Orient-Express ist der Münchener Hauptbahnhof. Er liegt am Rand der Altstadt, einem ansehnlichen Labyrinth aus Zwiebeltürmen und Kopfsteinpflaster. Mindestens einen Tag sollte man

Das Goldene Horn in İstanbul

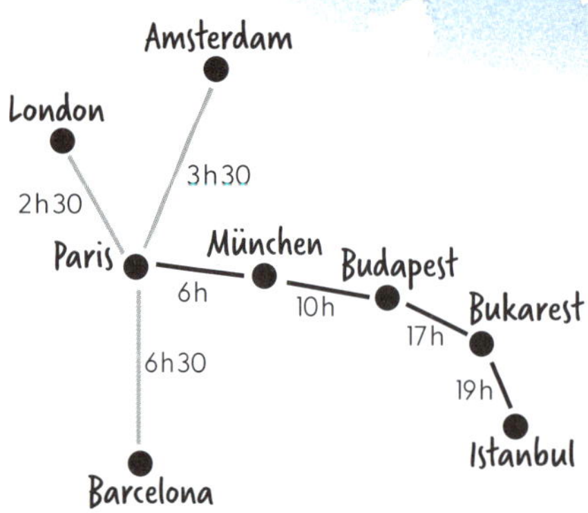

Blick auf den Eiffelturm

sich hier gönnen und im Hofbräuhaus aus dem 16. Jh. eine Maß kippen, durch die prunkvollen Korridore der Residenz oder im Englischen Garten spazieren.

Der Nachtzug EuroNight Kálmán Imre fährt von München nach Budapest Keleti (Abfahrt 23.50 Uhr, Ankunft 9 Uhr, Züge am Tag brauchen 7 h). www.bahn.de

3 Budapest

Nirgendwo kann man seine vom Reisen müden Glieder besser kurieren als in Budapest, wo fantasievoll verzierte Spas an beiden Seiten der Donau liegen. Einige Schritte nördlich vom Keleti-Bahnhof zieht das Széchenyi-Thermalbad im Art-nouveau-Stil die Blicke auf sich. Es ist eins der größten Spas der Stadt, umringt von Bäumen. Oder man quert den Fluss im Schatten des

Links: das ungarische Parlamentsgebäude; unten: İstanbuls Hagia Sofia

Burghügels und macht sich auf die Suche nach dem Gellértbad, einem domartigen Konstrukt, dessen Thermalquellen seit der osmanischen Ära hier genutzt werden.

Der Ister-Nachtzug fährt um 19.10 Uhr von Budapest Keleti ab und kommt um 11.20 Uhr am nächsten Tag in Bukarest Gara de Nord an. www.mavcsoport.hu

Hoteltipp: Casati Budapest Hotel

❹ Bukarest

Im Vergleich zu anderen Hauptstädten Europas hat Bukarest vielleicht nicht so viele Sehenswürdigkeiten, eine Art von Magie entfaltet sich trotzdem: in den Straßen, wo sich ein Café ans andere reiht, den erstklassigen Museen, oder bei der Beschau der düsteren Relikte des Diktators Nicolae Ceaușescu. Letzterem ist auch der Parlamentspalast zuzuschreiben, mit 330 000 m² eins der größten Bauwerke der Welt. Sehen kann man ihn bei einer Führung.

Direktanschlüsse gehen von Bukarest Gara de Nord nach İstanbul Halkalı (Juni–Okt.), Abfahrt ist um 12.40 Uhr, Ankunft am nächsten Tag um 7.40 Uhr. Das restliche Jahr bedienen Services via Dimitrovgrad in Bulgarien die Strecke. Von Halkalı in İstanbuls westlichen Vororten fährt der Marmaray-Pendlerzug zum alten Sirkeci-Bahnhof. https://bileteinternationale.cfrcalatori.ro

❺ İstanbul

Der stattliche Sirkeci-Bahnhof war die östliche Endstation des Orient-Express, und man hätte keinen besseren Zielort für das legendäre Abenteuer finden können. Südlich davon ragen die Minarette der Blauen Moschee gen Himmel, im Westen erstreckt sich das Gassenwirrwarr des Basars, nördlich stehen Angler auf der Galatabrücke und im Osten verläuft der Bosporus.

So geht's zurück

Die schnellste Verbindung nach Paris führt auf selbem Weg zurück, oder man sucht sich Anschlüsse nach München, über Sofia, Belgrad, Zagreb und Ljubljana.

Ins Land der Samen

Helsinki • Oulu • Rovaniemi • Inari
Dieses Polarkreisabenteuer führt über Lappland, die Heimat des Weihnachtsmanns und der halbnomadischen Samen, in den hohen Norden Finnlands.

So kommst du hin

Nach Helsinki bestehen Fährverbindungen ab Stockholm, Malmö und Tallinn. Die einzigen Zugstrecken ins Ausland führten nach Russland und sind ausgesetzt.

Der Hauptbahnhof von Helsinki hat Anschluss an die Metro (Station Rautatientori) und liegt 500 m östlich des Busbahnhofs Kamppi. VR-Züge (www.vr.fi) fahren über Kajaani nach Oulu (6–7 h, 4-mal tgl.).

❶ Helsinki

Die finnische Hauptstadt kann man sehr gut zu Fuß erkunden, doch auch die Straßenbahnen bieten sich wunderbar fürs Sightseeing an. Die Tram Nr. 4 etwa fährt von der Uspenskin Katedraali an vielen Highlights wie dem lutherischen Dom, der Tuomiokirkko, dem finnischen Parlament Eduskunta und der Konzerthalle Finlandia Talo von Alvar Aalto vorbei. Die Tram Nr. 6 wiederum führt zu Design- und kulinarischen Highlights.

Faktencheck

CO_2 (kg pro Pers.) 49
Entfernung (km) 1025
Übernachtungen 10+
Fahrtkosten (€) 170

❷ Oulu

Das wohlhabende Oulu ist eine der nettesten Städte Finnlands. Der *kauppatori* (Hauptplatz) ist von alten hölzernen Lagerhäusern gesäumt, in denen heute Re-

Der Altstadtpier in Helsinki

staurants, Bars und Kunstgewerbeläden untergebracht sind. Das Stadtzentrum verteilt sich auf mehrere durch Brücken und Radwege verbundene Inseln: Im Hupisaaret-Park nördlich des Zentrums gibt's Museen, Gewächshäuser und ein Sommercafé.
Von Oulu verkehren Züge weiter Richtung Norden nach Rovaniemi (2 h 15, 4-mal tgl.).

❸ Rovaniemi

Rovaniemi am nördlichen Polarkreis ist der „offizielle" Wohnort des Weihnachtsmanns – daher bietet die Stadt viele entsprechende Sehenswürdigkeiten, u. a. ein Weihnachtsmanndorf, wo man den alten Rauschebart besuchen, vom Postamt eine Karte abschicken und Rentier-Schlittenfahrten unternehmen kann. Aber es gibt auch einige andere Attraktionen, besonders das Arktikum, ein informatives Arktismuseum zur Kultur der Samen und zur Flora und Fauna des Polargebiets.
Von Rovaniemi fahren zwei Direktbusse am Tag Richtung Norden nach Inari (5 h). www.matkahuolto.fi

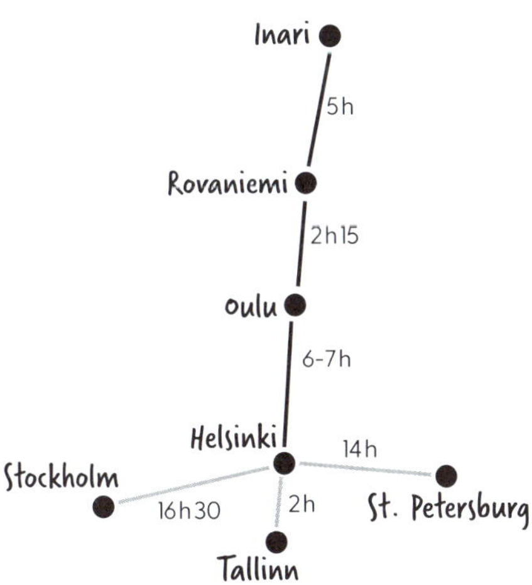

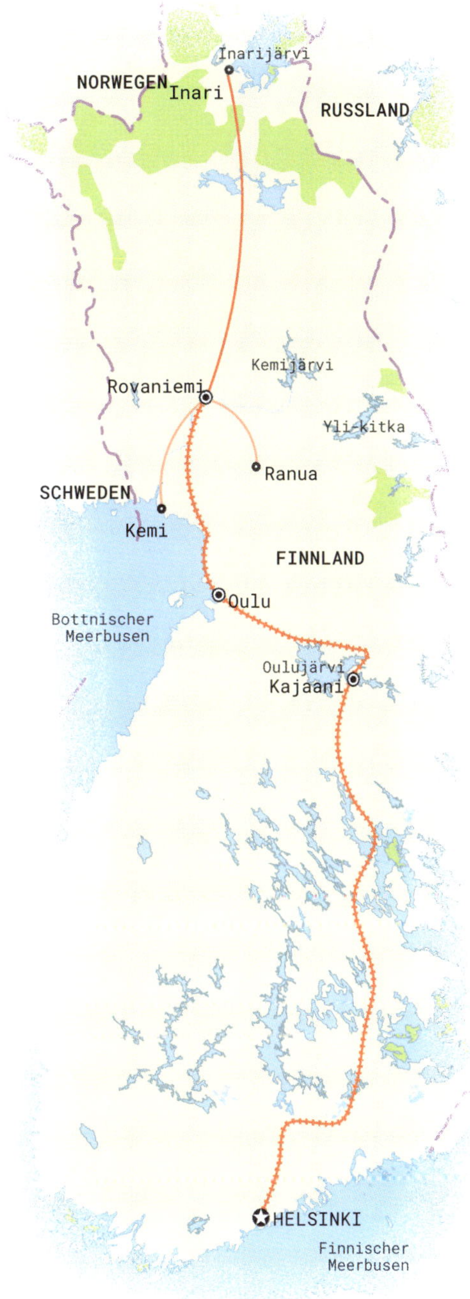

Links: ein Same reitet in Finnisch-Lappland auf einem Rentier; rechts: ein samisches Zelt in der Abenddämmerung

Tagestrip

Zoo von Ranua

Der ausgezeichnete Zoo von Ranua (www.ranuazoo.com) beherbergt vor allem finnische Tiere, aber es gibt auch Eisbären und Moschusochsen. An den Tierchen wie Nerzen und Hermelinen, Eulen und Adlern, Rentieren, Elchen, Bären (im Winterschlaf Nov.–März), Luchsen und Vielfraßen vorbei führt ein Holzsteg. Der Zoo liegt 78 km südöstlich von Rovaniemi an der Straße 78.

Es verkehren bis zu sechs Busse am Tag nach Rovaniemi (1 h).

Tagestrip

Lumilinna

Nur wenige Dinge sind so romantisch wie eine Schneeburg. Lumilinna (www.visitkemi.fi) entstand 1996 als Unicef-Projekt und hat sich zu einem Winter-Highlight Lapplands entwickelt: Jedes Jahr wird es neu nur aus Eis und Schnee erbaut. Die in zauberhaftes Licht getauchte und drinnen opulent ausgeschmückte Burg ist jedes Jahr anders, aber stets gibt's eine Kapelle, ein Schneehotel, eine Eisbar und ein Restaurant.

Die Burg liegt im Ort Kemi auf halber Strecke zwischen Oulu (1 h) und Rovaniemi (1 h 20); es fahren mehrmals am Tag Züge zu beiden Städten.

4 Inari

Das winzige Dorf Inari (auf Sami: Anár) ist die samische Hauptstadt Finnlands und der beste Ort, um in die Kultur der Samen einzutauchen. Es beherbergt das wunderbare Museum Siida, das einen Einblick in die Welt dieses Volkes gewährt, und das Sajos, Kulturzentrum und Sitz des Parlaments der finnischen Samen. Der Ort liegt am mit einer Fläche von 1084 km² größten See Lapplands, dem spektakulären Inarijärvi mit mehr als 3000 Inseln. Von Juni (sobald das Eis schmilzt) bis Ende September werden Bootstouren zur Insel Ukko (auf Sami: Äjjih) angeboten, die den Samen heilig ist.

So geht's zurück

In Inari ist man schon weit im Norden. Man kann auf selbem Weg zurückfahren oder das Abenteuer fortsetzen, indem man mit dem Bus über die Grenze zum Nordkap (5 h 30) fährt, von Honningsvåg eine Hurtigruten-Fähre (www.hurtigruten.com, 4½ Tage) nach Bergen nimmt und dann einen VY-Zug (www.vy.no) nach Oslo (6 h 30–7 h).

Ungeteiltes Europa

Berlin • Warschau • Budapest • Ljubljana & Bleder See • Gorizia/Nova Gorica • Triest

Mehr als drei Jahrzehnte nach dem Fall des Eisernen Vorhangs kann man mit dieser Zugfahrt durch einige der eindrucksvollsten Städte Mitteleuropas die Freiheit feiern.

So kommst du hin

Sechs oder mehr InterCitys fahren täglich von Amsterdam nach Berlin (6 h 30; www.bahn.de). Neu ist ein Nachtzug von Brüssel über Amsterdam nach Berlin und Prag (www.europeansleeper.eu). Derzeit sind Direktzüge von Paris nach Berlin nur geplant - aktuell ist es eine Reise von 8 Stunden oder mehr, mit ein oder zwei Umstiegen. Von Kopenhagen aus ist Berlin in 7 Stunden zu erreichen (Umsteigen in Hamburg).

❶ Berlin

Keine Stadt symbolisiert die Tragödie des Kalten Krieges mehr als das von 1961 bis 1989 geteilte Berlin. Neben Überresten der Mauer sind der ehemalige Grenzübergang Checkpoint Charlie und das Stasigefängnis sehenwert. Wer es etwas leichter mag, sollte das DDR-Museum besuchen, das den Alltag im sozialistischen Ostdeutschland veranschaulicht - vom Töpfchentraining bis zum FKK-Urlaub.

Bis zu sechs EuroCity-Züge pro Tag verkehren vom Berliner Hauptbahnhof nach Warschau-Centralna (5 h 40). www.bahn.de

❷ Warschau

Die polnische Hauptstadt hat ihre Beinahe-Zerstörung am Ende des Zweiten Welt-

Faktencheck

CO_2 (kg pro Pers.) 96

Entfernung (km) 2330

Übernachtungen 11+

Fahrtkosten (€) 105

Schloss Wilanów, Warschau

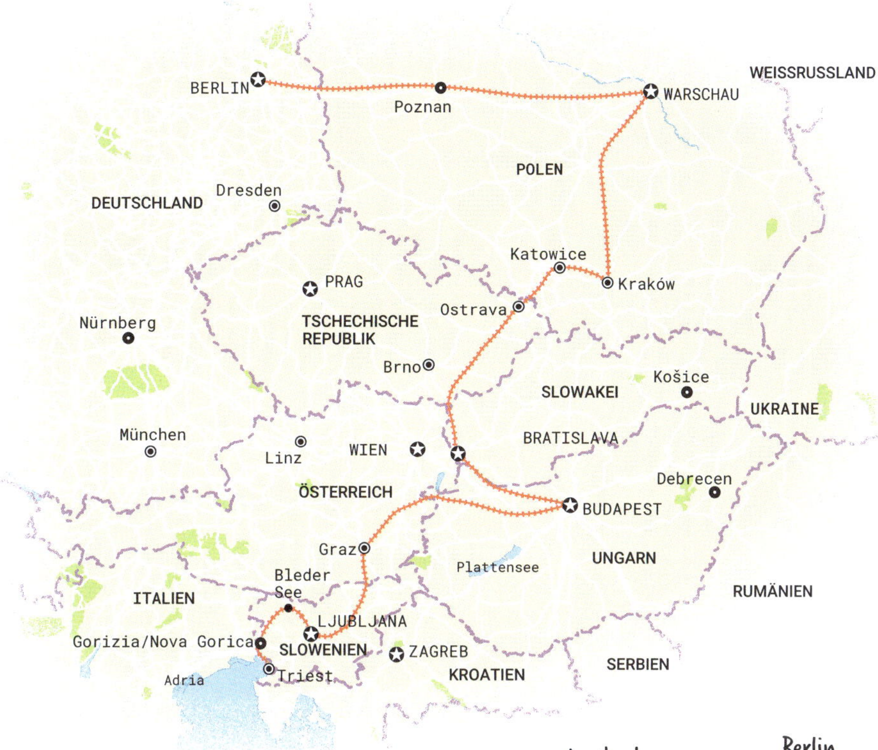

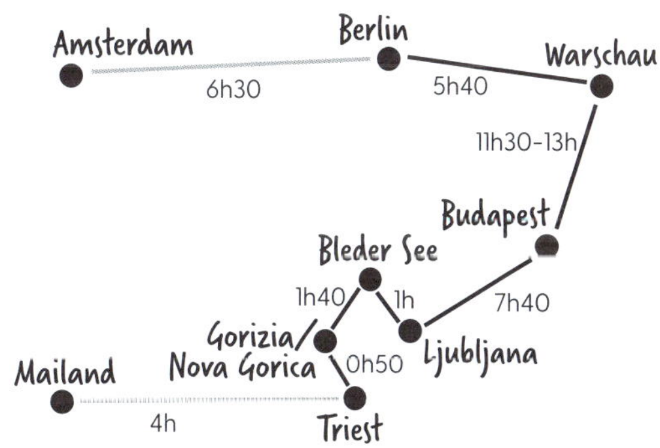

kriegs überstanden. Vieles wurde wieder aufgebaut, darunter auch großartige Museen und Kulturhäuser. Die Ausstellungen im Museum des Warschauer Aufstands und im Museum POLIN zur Geschichte der polnischen Juden dokumentieren die Erfahrungen der Stadt während des Zweiten Weltkriegs und des Kalten Kriegs. Das Neon-Museum dagegen zeigt Warschaus schillerndste Schilder, von denen viele aus der kommunistischen Ära stammen.

Nach Budapest: ein Direktzug täglich (11 h 30) und ein Nachtzug (13 h). www.intercity.pl.

3 Budapest

Ungarns Hauptstadt an der Donau bietet historische Highlights, Art-nouveau-Gebäude, Thermalbäder und eine unvergleichliche Partyszene. Über der Stadt thront die mittelalterliche Burg und die baumgesäumte Andrássy út stellt herausragende Architektur zur Schau. Wer über Nacht bleibt, erlebt die populären Ruinenbars hautnah, die berühmteste: Szimpla Kert. Im Széchenyi-Thermalbad fühlt man

Links: der Bleder See; rechts: in einem Café in Triest

sich nach dieser turbulenten Balkanfahrt schnell wieder wie ein Fisch im Wasser.
Es gibt direkte Züge nach Ljubljana von Budapest-Déli am Morgen (7h40) und von Budapest-Keleti am Abend (9h) über Graz in Österreich, Ankunft nach Mitternacht. www.mavcsoport.hu

❹ Ljubljana und Bleder See

Ljubljana ist ein Winzling unter den europäischen Hauptstädten, aber ein durchaus charmanter. Nachdem man den Blick vom Burgberg über die Altstadt, die sich in eine Flussbiegung schmiegt, genossen hat, geht es mit dem Zug durch das slowenische Hinterland nach Lesce-Bled (1 h). Es ist das Tor zum Bilderbuch-Bergsee Bled mit seiner auf einer Insel gelegenen Kirche.
Bis zu sechs Direktzüge verbinden pro Tag Bled Jezero mit Nova Gorica (1 h 40). www.slo-zelesnice.si

❺ Gorizia/Nova Gorica

Wenn man nach kurvenreicher Fahrt entlang des smaragdfarbenen Flusses Soča im Bahnhof von Nova Gorica aussteigt, steht man auf einem Platz, der nach dem Kalten Krieg wie ein Mini-Berlin durch eine Mauer geteilt war. Heute kann man in wenigen Schritten vom slowenischen Nova Goricato ins italienische Gorizia spazieren. 2025 sind die Zwillingsstädte mit ihrer über tausend Jahre alten Burg gemeinsam Kulturhauptstadt Europas.
Vom Bahnhof Gorizia Centrale auf italienischer Seite fahren mindestens stündlich Züge nach Triest (50 min). www.trenitalia.com

❺ Triest

Lange bevor Winston Churchill den Eisernen Vorhang von „Stettin an der Ostsee bis Triest an der Adria" beschrieb, war die Stadt ein kultureller Knotenpunkt für Italiener, Slowenen und Deutsche unter österreichischer Herrschaft. Heute ist Triest das letzte Aufblühen italienischer Lebensart vor der slowenischen Grenze. Ihre alten Kaffeehäuser sind ein noch besserer Ort, um über die Geschichte des Kontinents nachzudenken, als die prächtigen Relikte vergangener Imperien draußen an den Piazzas.

So geht's zurück

Abgesehen von einem einmal täglich verkehrenden Direktzug nach Wien (9 h) gehen die meisten passenden Zugverbindungen von Triest aus nach Westen: nach Venedig (2 h), Verona (3 h) mit Verbindungen nach Österreich und Deutschland, Mailand (4 h) und Rom (6 h).

VERMOUTH BIANCO
MARTINI & ROSSI
TORINO

Auf den Spuren der Mauren in Spanien

Sevilla · Córdoba · Ronda · Granada · Málaga

Über 800 Jahre beherrschten muslimische Mauren aus Nordafrika die Iberische Halbinsel und schenkten Spanien monumentale Moscheen, Paläste und farbenfrohe Badehäuser.

So kommst du hin

Wer nach Andalusien will, muss höchstwahrscheinlich durch Madrid. Von dort fahren superschnelle AVE-Züge nach Sevilla (2 h 30). Die TGVs ab Paris Gare de Lyon (9.45 Uhr) fahren mit Umstieg in Barcelona auf den AVE nach Madrid. Der Schlafwagenzug Trenhotel Lusitania zwischen Lissabon und Madrid fährt weiterhin nicht – es ist also eine lange Reise mit zweimaligem Umsteigen.

❶ Sevilla

Die Reise beginnt in den labyrinthartigen Gassen der verführerischen Altstadt von Sevilla. Die wird von einer riesigen Kathedrale dominiert, die auf den Ruinen der alten Moschee steht. Der Glockenturm Giralda bietet jene tolle Aussicht, die einst der Muezzin sah, wenn er fünfmal täglich das Minarett hinaufstieg, um zum Gebet zu rufen. In der Nähe steht die größte Sehenswürdigkeit der Stadt, der Königspalast Real Alcázar mit seinem märchenhaften Mudéjar-Stuck, wunderschönen Keramikfliesen und beschaulichen Innenhöfen.

Hochgeschwindigkeitszüge fahren ca. einmal pro Stunde nach Córdoba (45 min). www.renfe.com.

Faktencheck

CO_2 (kg pro Pers.) 10

Entfernung (km) 490

Übernachtungen 10+

Fahrtkosten (€) 150

Der Betsaal in der Mezquita von Córdoba

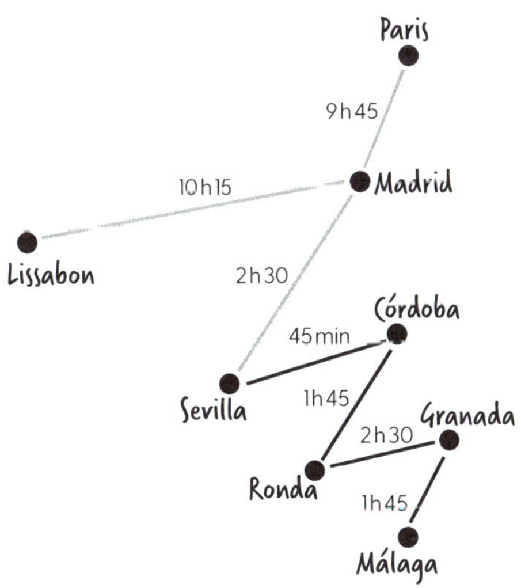

Tagestrip

Cádiz

Cádiz ist die wahrscheinlich älteste ständig bewohnte Siedlung Europas. Der über dreitausend Jahre alte Stadtkern besteht aus einem Gassen-Wirrwarr mit schon fast weggespülten Ufermauern, die den Wellen gerade noch so standhalten. In den Kneipen wird frischer Fisch gebraten und an den Stränden tummeln sich die Sonnenbader. Trotz ihrem hohen Alter weist die Stadt ein paar gute Beispiele moderner maurischer Architektur auf, wie z. B. das Gran Teatro Falla von 1884. Das Theater im Neo-Mudéjar-Stil zeichnet sich durch Schlüsselloch-Bögen und ein rot-weißes Fliesenmuster aus. Neben Liveauftritten findet hier jedes Jahr im Februar der Wettbewerb der Karnevalsgruppen von Cádiz statt.

Links: Sherry in einer Bodega Andalusiens; unten: Cádiz; rechts: die Alhambra in Granada

Züge fahren ca. stündlich von Sevilla nach Cádiz (1 h 45).

❷ Córdoba

Ein Zwischenstopp in Córdoba lohnt sich schon wegen eines einzigen Bauwerks: Die prächtige Mezquita ist der Inbegriff der islamischen Architektur. Ganze 850 perfekt ausgerichtete Steinsäulen stützen das rot-weiße Gewölbe. Auch wenn Anfang des 16. Jhs. eine Renaissance-Kathedrale mitten in die einstige Moschee gebaut wurde, lebten hier noch bis vor wenigen Jahrhunderten Muslime, Christen und Juden friedlich zusammen.

Zweimal täglich fahren Hochgeschwindigkeitszüge nach Ronda (1 h 40). www.renfe.com

❸ Ronda

Eine tiefe Flussschlucht zieht sich durch die größte von Andalusiens weißen Bergstädtchen. Am Fluss selbst liegen die Baños Árabes, maurische Bäder nach römischem Vorbild aus dem 13. Jh. Mit ihren Hufeisenbögen auf Ziegelsäulen und den noch erkennbaren heißen und kalten Badebereichen gehören sie zu den am besten erhaltenen der Region. Die benachbarte Puente Árabe ist zwar nicht die berühmteste Brücke der Stadt, aber dafür die älteste. Sie überspannt den Río Guadalevín und stammt aus Zeit der Mauren.

Es gibt täglich drei Züge von Ronda nach Granada (2 h 30 bis 3 h). www.renfe.com

❹ Granada

Die Alhambra ist Granadas Hommage an die maurische Kultur. Bevor die Palastanlage vor der wunderbaren Kulisse der Sierra Nevada zum opulenten Sitz der Nasriden wurde, war sie eine ummauerte Festungsstadt. Ihre Paläste gehören zu den schönsten Beispielen islamischer Architektur diesseits des Mittelmeers. Granada war die letzte Hochburg der spanischen Mauren

und ihr Einfluss ist hier nach wie vor sehr zu spüren. Ein Beispiel: die teterías (Teehäuser) von Albaicín, dem alten arabischen Viertel.
Zwischen Granada und Málaga verkehren täglich einige Direktzüge (1 h 20), bei anderen muss man in Antequera umsteigen.

5 Málaga

Málagas Festungspalast Alcazaba aus dem 11. Jh. diente eigentlich zum Schutz des Hafens und wurde umfassend saniert. Er zählt zu den am besten erhaltenen des ganzen Landes. Plätschernde Springbrunnen zieren die vielen Innenhöfe mit den typisch islamischen Torbögen.

So geht's zurück

Stündlich fahrende Direktzüge brauchen 2 h 40 von Málaga nach Madrid mit Anschluss in andere Städte und Länder.

Kulturhauptstädte Mitteleuropas

Paris • Köln • Berlin • Breslau • Krakau

Auf dieser Tour geht's von Paris aus über den Rhein, vorbei an Wäldern, Flüssen und Marktstädtchen hin zu den Kulturschätzen Mitteleuropas.

So kommst du hin

Paris ist bestmöglich an Westeuropa angebunden, mit Direktzügen von London St. Pancras zur Gare du Nord (2 h 30) und von Barcelona Sants zur Gare de Lyon (6 h 30). Alternativer Auftakt ist in Brüssel Midi/Zuid, zwei Stunden von Köln Hauptbahnhof entfernt.

❶ Paris

Gare du Nord ist Startpunkt für den Trip gen Osten. Doch bevor es in den Zug geht, lohnt sich ein Blick auf die Bahnhofsfassade. Statuen repräsentieren die Städte, durch die die Bahnlinie führt. Berlin blickt mit Schild in der Hand majestätisch vom Dach herab.

36 Züge eilen tgl. zum Kölner Hauptbahnhof (3 h 30). www.thalys.com

Faktencheck

CO_2 (kg pro Pers.) 56

Entfernung (km) 2800

Übernachtungen 10+

Fahrtkosten (€) 400

❷ Köln

Köln ist die vielleicht offenherzigste Stadt Deutschlands. Die einstige Grenzbefestigung des Römischen Reichs birgt heute volle Bierkeller und spitzenmäßige Ausstellungen. Doch die wahre Attraktion fesselt die Besucher, sobald sie einen Schritt aus dem Bahnhofsgebäude tun. Der monumentale Kölner Dom, ein gotischer Wolkenkratzer, galt einst als höchstes Gebäude der Welt. Wer die 533 Stufen im Südturm hinaufklettert, kann verfolgen,

Berlins Fernsehturm überflügelt die Stadt

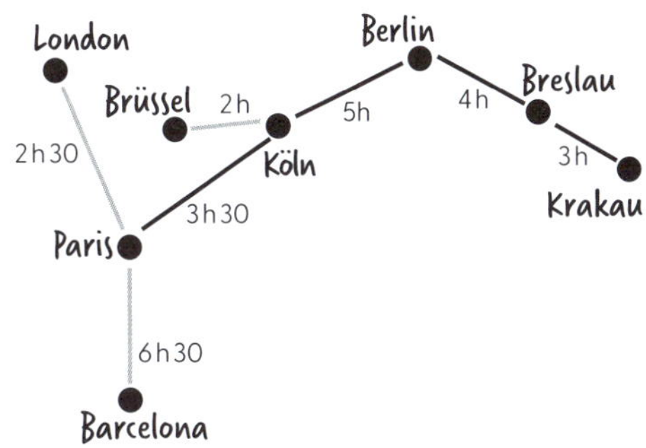

wie sich der Rhein seinen Weg Richtung Nordsee ebnet.

Von Köln Hauptbahnhof gehen stündlich ICE-Direktzüge nach Berlin Hauptbahnhof (5 h). www.bahn.de

❸ Berlin

Berlin war einen Großteil des 20. Jhs. eine zweigeteilte Stadt, und selbst heute treten starke Kontraste zutage: das formvollendete preußische Potsdam versus das ausschweifende Nachtleben in Kreuzberg, das prunkvolle Pergamonmuseum gegenüber der frechen East Side Gallery. Zumindest zwei Tage sollte man einplanen, nicht zuletzt, weil man hier auch ausgezeichnet dem städtischen Trubel entfliehen kann, etwa beim Kajakfahren auf den stillen Flüssen des Spreewalds.

Direktverbindungen gibt's von Berlin Hauptbahnhof nach Wroclaw Główny, Breslau (4 h). www.bahn.com

Hoteltipp: Hotel Zoo

❹ Breslau

Breslau ist eine der am meisten unterschätzten Städte Europas, obwohl es hat, was es für einen Städtetrip braucht: einen mustergültigen Marktplatz, gut besuchte Cafés und unzählige Bars. Eine Kuriosität ist seine Zwergenpopulation: Winzige Bronzefiguren heben an Automaten in der ganzen Stadt Geld ab, reiten auf Tauben, spielen Golf oder machen ein Nickerchen am Straßenrand. Die Touristeninformation hält Zwergenkarten bereit, mit denen man sie aufspüren kann – zuletzt wurden 200 gezählt (Zahl steigend).

Sieben Anschlüsse bedienen die Strecke Wrocław Główny–Kraków Główny (Breslau-Kraukau) pro Tag (3 h). www.intercity.pl

❺ Krakau

Vom Bahnhof aus entfaltet sich Krakaus Reiz Schritt für Schritt. Zuerst rücken das Florianstor aus dem 14. Jh. und die Zinnen

Unten: das Kazimierz-Viertel in Krakau; rechts: das Königsschloss Wawel

der Wachtürme ins Blickfeld, gefolgt vom Rynek Główny, einem der größten Mittelalterplätze Europas. Den krönenden Abschluss bildet der Wawel mit einem mächtigen Schloss und einer königlichen Kathedrale. Wer eine andere Seite der polnischen Geschichte erleben möchte, begibt sich an Bord einer ratternden Tram ins Kazimierz, das alte Judenviertel voller Synagogen und Museen, die die Geschichte der Gemeinschaft aufzeichnen.

Tagestrip

Salzbergwerk Wieliczka

Kathedralen und Kirchen kommen auf dieser Reise sicherlich nicht zu kurz, aber keine ist so außergewöhnlich wie die Kapelle in der Salzmine Wieliczka. Sie zeigt Altäre und Figuren ganz aus Salz und ist Teil eines enormen unterirdischen Irrgartens, der vom 13. Jh. an bis vor Kurzem gegraben wurde und auf Führungen besichtigt werden kann.

Wieliczka liegt 14 km von Krakau entfernt und wird von örtlichen Zügen und Bussen angefahren.

So geht's zurück

In weniger als 24 Stunden kommt man zurück nach Paris. Von Krakau nach Berlin fahren Nachtzüge und von Berlin geht's mit dem Expresszug frühmorgens nach Paris (8 h).

Von Slowenien nach Süddeutschland

Ljubljana · Salzburg · Innsbruck · München

Eine Zugfahrt im Zickzack über die Ostalpen – von Mozarts Geburtshaus über ein Bergwerk im Salz bis zum Schlusspunkt in den Münchner Biergärten.

So kommst du hin

Slowenien ist über Straße und Schiene gut mit seinen Nachbarn Italien, Österreich, Ungarn und Kroatien verbunden. Die Slowenische Bahn (www.slo-zeleznice.si) kreuzt das europäische Netz in Italien (Triest), Deutschland (München, Frankfurt), Tschechien (Prag), Kroatien (Zagreb, Rijeka), Ungarn (Budapest), der Schweiz (Zürich) und Serbien (Belgrad).

❶ Ljubljana

Die grünste Stadt Europas liegt an der smaragdgrünen Ljubljanica und punktet mit entzückenden Terrassencafés, Lokalen am Flussufer und Alleen. Die Stadtmitte ist Fußgängerzone. Räder kann man bei Ljubljana Bike in der Touristeninformation (www.visitljubljana.si) oder von Bicikelj (www.bicikelj.si) überall in der Stadt leihen.

Vom Hauptbahnhof starten Intercity-Züge der Österreichischen Bundesbahn (ÖBB) nach Salzburg (4 h 30). mehr Möglichkeiten hat man über Villach. www.oebb.at

Faktencheck

CO_2 (kg pro Pers.) 15

Entfernung (km) 750

Übernachtungen 9+

Fahrtkosten (€) 150

❷ Salzburg

Die Heimat Mozarts erstrahlt in barockem Glanz, von den Kuppeln und Turmspitzen der Kirchen zur prunkhaften Residenz zu

Die Ljubljanica fließt durch Ljubljana

Salzburgs hübsche Stadtsilhouette

Salzburg, wo einst die Fürsterzbischöfe residierten. Weitere Sehenswürdigkeiten sind Mozarts Geburtshaus, außerdem kommt man mit der Seilbahn auf die Festung Hohensalzburg und zu unbeschreiblichen Ausblicken. Salzburg ist eine fahrradfreundliche Stadt, mit malerischen Radwegen, die in alle Richtungen führen, inkl. entlang der Salzach. A'Velo (www.avelosalzburg.com) stellt Räder und E-Bikes bereit.

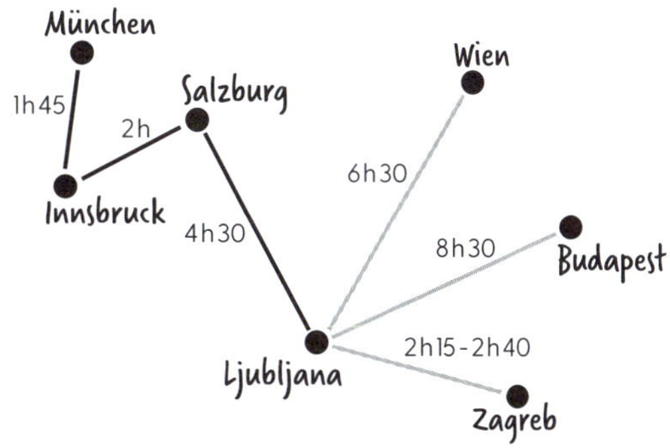

Im Stundentakt eilt ein Direktzug nach Innsbruck (2 h).

Tagestrip

Salzwelten

Zu Salzburgs Blütezeit füllte der Verkauf von Salz (damals „weißes Gold" genannt) die Staatskassen. In Österreichs größtem Schaubergwerk besucht man in Schutzoveralls die Welt unter Tage. Eine klapprige Bahn führt durch unzählige enge Stollen, über die Grenze nach Deutschland, gefolgt von einer 27 m langen Rutschpartie.

ÖBB-Züge fahren nach Hallein (15–40 min, mehrmals pro Std.), wo regelmäßig Busse zu den Bergwerken starten. Es gibt Kombitickets für Eintritt und Transfer (http://kombitickets.railtours.at).

Tagestrip

Berchtesgaden

Das sagenumwobene Berchtesgadener Land im südöstlichen Zipfel Bayerns ist von sechs Gebirgsketten eingekesselt. Ein Großteil des Gebiets steht unter dem Schutz des Nationalparks Berchtesgaden, den die Unesco 1990 zum Biosphärenreservat deklarierte. Doch die Berge der Region sind v. a. wegen ihrer Verbindung

Links und unten: Münchens Englischer Garten

zum Nationalsozialismus berüchtigt: So wurde der Adlerhorst am Obersalzberg für Hitler gebaut und ist heute ein dunkler Touristenmagnet. Mehr dazu erläutert die Dokumentation Obersalzberg.

Der RVO-Bus 840 (45 min) fährt stündlich vom Bahnhof in Salzburg ab.

---

❸ Innsbruck

Die Hauptstadt Tirols ist ein unvergesslicher Anblick. Die Felszacken der Nordkette sind so nah, dass man innerhalb weniger Minuten vom Stadtzentrum auf den Almweiden ist, wo Kuhglocken auf über 2000 m Höhe bimmeln. Dazu eine spätmittelalterliche Altstadt wie aus dem Bilderbuch, überragt von der Hofburg der Habsburger und dem barocken Dom, während die Olympiaschanze einen sensationellen Spagat zwischen Stadt und Natur hinlegt.

Im Zwei-Stunden-Takt starten Züge nach München (1 h 45).

❹ München

Bierkrüge und Hightech-Autos, Straßenkunst und Lederhosen – in München leben Tradition und Moderne Seite an Seite. Wer ein paar Tage bleibt, kann sich in den vier Hauptstraßen im Kunstareal und den zahllosen Bierkellern und -gärten umsehen, wo man zusammen mit den Einheimischen mit lokalem Gerstensaft anstößt. Im Weissen Bräuhaus (www.schneider-brauhaus.de) findet man klassisch bayerische Atmosphäre mit Blasmusik und Weißwurst.

So geht's zurück

Unzählige Schnellzüge fahren von München in alle möglichen Städte in Deutschland (inkl. Berlin, Frankfurt und Köln) und Europa (einschließlich Zürichund Wien).

Von Santiago an den Douro

Santiago de Compostela • Vigo und die Islas Cíes • Porto • Guimarães

Eine Tour durch den Nordwesten der Iberischen Halbinsel in die heiligste Stadt Spaniens und zu den Weinbergen Portugals, über Hafenstädte, Atlantikstrände und Zugstrecken.

So kommst du hin

Von Madrid-Chamartín gibt's Direktzüge nach Santiago de Compostela (5 h). Ab Bilbao-Abando nimmt man entweder den Zug mit Umstieg in Miranda de Ebro (12 h) oder einen direkten Nachtbus (auch etwa 12 h). In Bilbao legen Fähren aus Portsmouth an (29 h).

❶ Santiago de Compostela

Für manche liegt die Stadt am Ende einer lebensverändernden Pilgerfahrt durch Nordspanien, aber für diese Reise ist sie der Ausgangspunkt eines Zugabenteuers in den Süden. Auch wer seine Wanderung erst am Bahnhof beginnt, sollte den Wallfahrern trotzdem in die Kathedrale folgen – eine bunte, nach langer Restaurierung aufgefrischte kunstvolle Mischung romanischer, gotischer und barocker Einflüsse.

Mehr als zehn Züge fahren täglich von Santiago zu den zwei Bahnhöfen Vigos (1 h). www.renfe.com

❷ Vigo und die Islas Cíes

Vigo hat eine leicht gespaltene Persönlichkeit: Die trostlosen Industriegebiete stehen im krassen Gegensatz zum hübschen historischen Hafen. Die glorreiche

Faktencheck

CO_2 (kg pro Pers.) 9
Entfernung (km) 400
Übernachtungen 11
Fahrtkosten (€) 200

Blick von der Kathedrale auf Santiago de Compostela

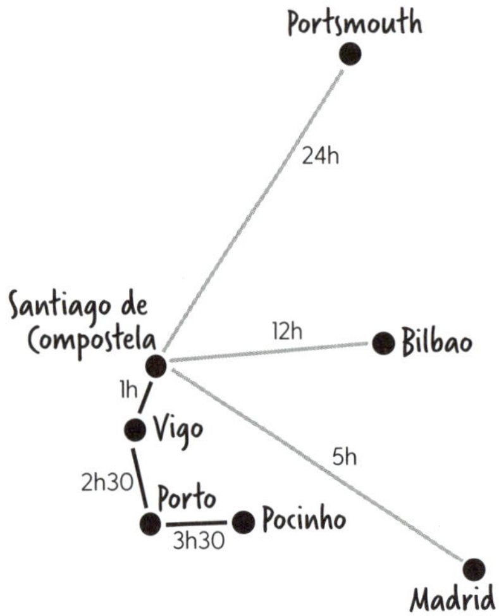

Vergangenheit der Stadt spiegelt sich vor allem in den abschüssigen Gassen der Altstadt Casco Vello wider. Kurz vor dem Hafen liegen die Islas Cíes, eine wunderschöne autofreie Inselgruppe, die als Naturreservat unter Schutz steht. Im Sommer fahren zahlreiche Fähren von Vigo zu den Sandstränden der Inseln (45 min).

Ab Vigo gibt's täglich nur ein oder zwei Verbindungen nach Porto-Campanhã (2 h 30). Beim Studieren der Fahrpläne sollte man darauf achten, dass Spanien und Portugal in verschiedenen Zeitzonen liegen. www.renfe.com

Hoteltipp: Camping Islas Cíes

❸ Porto

Das „Port" in Portugal entstammt dieser Hafenstadt mit ihrem bezaubernden Mischmasch aus eleganten Wohnhäusern, Palästen und Kirchen am steilen Ufer des Douro.

Links: Essen im Freien in Porto;
unten: Weinberge am Ufer des Douro

Weltbekannt ist sie als Stadt des Portweins. Ihr daraus gewonnener Reichtum ist besonders am Palácio da Bolsa zu erkennen, der historischen Börse. In vielen der alten Speicher des Hafens kann man den Wein selbst probieren. Die Züge der Douro-Linie fahren am beeindruckenden Bahnhof São Bento ab. Man ist am besten schon etwas eher da, um die 20 000 *azulejos* (handbemalte Fliesen) zu bewundern, die dessen Innenraum schmücken und Szenen aus der iberischen Geschichte zeigen.

Direktzüge fahren stündlich von Porto nach Guimarães (1 h 30). www.cp.pt

Tagestrip

Auf der Linha do Douro nach Pocinho

Die Douro-Linie folgt dem gleichnamigen Fluss Richtung Spanien und ist Portugals schönste Bahnstrecke. Das landschaftlich reizvollste Stück liegt östlich des Ortes Pinhão, wo der Zug durch Weinberge fährt. Infolge der Schließung des letzten Abschnitts nach Salamanca vor ein paar Jahrzehnten endet die Linie heute in Pocinho. Am besten fährt man morgens hin und am Nachmittag zurück nach Porto.

Ab Porto gibt's täglich fünf Züge nach Pocinho (3 h 30). www.cp.pt

4 Guimarães

Nicht nur der erste König Portugals kam aus der Universitätsstadt Guimarães, sie gilt auch als Wiege der portugiesischen Identität. Die Burg aus dem 10. Jh. wurde gegen die Angriffe der Mauren und Wi kinger errichtet und lohnt einen Besuch. Danach laden die schattigen Plätze und verwinkelten Gassen zum Spazieren ein.

So geht's zurück

Von Porto kehrt man nach Santiago de Compostela zurück, entweder direkt oder mit einem Zwischenstopp in der schönen spanischen Stadt Pontevedra auf halbem Weg zwischen Vigo und Santiago.

Inselhopping in Kroatien

Zagreb · Split · Brač · Hvar · Korčula · Mljet · Dubrovnik

Strände, alte Dörfer, Meeresfrüchte und Wein – zwei Wochen lang heißt es die Seele baumeln lassen beim Inselhopping entlang der kroatischen Adriaküste, von Split nach Dubrovnik.

So kommst du hin

Ein gut ausgebautes Fährnetz verbindet einige der schönsten Inseln Kroatiens mit Split und Dubrovnik, zwei große Städte in Dalmatien. Start ist in Zagreb, das man problemlos mit dem Zug aus westlicher Richtung, etwa aus Venedig, München und Wien, erreicht.

❶ Zagreb

Hier gilt es einen Tag das geschäftige Treiben und die Kaffeekultur aufzusaugen.

Vom Busbahnhof in Zagreb (www.akz.hr) starten regelmäßig Busse nach Split (ca. alle halbe Stunde, 5 h).

❷ Split

Split führt perfekt in die dalmatische Lebensweise ein. Die verwinkelten Wege im antiken Diokletianpalast, einem bewohnten Unesco-Welterbe, gilt es zu erforschen, genauso wie die Galerija Meštrović, eine imposante Villa am Meer, die die Werke des berühmtesten kroatischen Bildhauers ausstellt. Durch einen Kiefernwald kommt man auf den Berg Marjan, der berauschende Ausblicke über Split und die Inseln erlaubt. Die Restaurants in Vela Varoš servieren exquisite Meeresfrüchte und am Abend heißt es ab in die Bars an der Riva.

Faktencheck

CO_2 (kg pro Pers.) 240

Entfernung (km) 1420

Übernachtungen 14

Fahrtkosten (€) 115

Dubrovnik und die Insel Lokrum

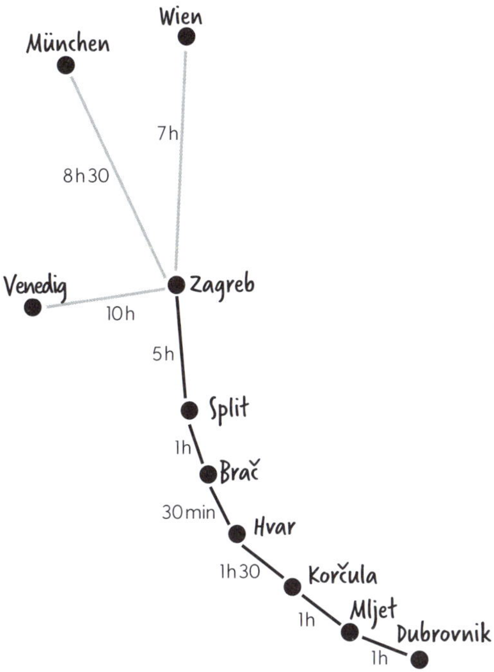

Von Juni bis September schicken Jadrolinija (www.jadrolinija.hr) und Kapetan Luka (www.krilo.hr) tgl. Hochgeschwindigkeits-Katamaranfähren nach Brač (1 h).

❸ Brač

Die größte Insel Zentraldalmatiens beherbergt das Aushängeschild des kroatischen Tourismus – den himmlischen Strand Zlatni Rat in Bol. Die Landzunge aus weißen Kieselsteinen und Kiefern ist bei Windsurfern beliebt. Von April bis Oktober bläst hier der Mistral, ein starker Westwind. Die Konoba Mali Raj, oberhalb des Strandes, tischt köstliche dalmatische Gerichte, wie gegrillten Tintenfisch, auf.

Zwei Katamarane von Jadrolinija bedienen die Strecke Brač–Hvar tgl. von Juni bis September. Kapetan Luka fährt tgl. von Mai bis Mitte Oktober (30 min).

❹ Hvar

Hvar ist das offiziell sonnigste Fleckchen in Kroatien, aber auch die glamouroseste Inseldestination, die internationale Jachtbesitzer und scharenweise Partytiger anlockt. Außerhalb des Stadtkerns liegen Lavendelfelder, alte Weingärten und entlegene Buchten. Taxiboote schippern Passagiere zu den bewaldeten sogenannten Hölleninseln, ganz in der Nähe. Den traditionellen Fischeintopf hvarska gregada probieren!

Jadrolinija-Katamarane segeln von Juni bis September tgl. nach Korčula. Daneben bietet Kapetan Luka auch von Mai bis Mitte Oktober tgl. Überfahrten (1h 30).

❺ Korčula

Die angebliche Heimat Marco Polos besticht durch eindrucksvolle Türme und Stadtmauern, Marmorstraßen und Architektur im Stil der Gotik und der Renaissance, einschließlich der pompösen St.-Markus-Kathedrale. Im Inneren der Insel lässt es sich super wandern und radeln. Korčula zieht auch Weinliebhaber an, mit exzellenten Weißweinen aus den heimischen Reben pošip und grk.

Von Mai bis Mitte Oktober und von Juni bis September fährt Kapetan Luka tgl. zur Insel Mljet. Im Juli und August starten Katamarane von G&V Line (www.gv-line.hr) viermal pro Woche (1 h).

❻ Mljet

Das friedvolle Mljet umfasst einen üppigen Nationalpark mit zwei hinreißenden Salzwasserseen sowie schattige Wander- und Fahrradpfade. Hier kannst du interessante Tauchgänge wagen, etwa zu einem deutschen Torpedoboot aus dem Zweiten Weltkrieg und einem römischen Wrack aus dem 3. Jh. Auf den Tisch kommt brodet (Fischeintopf) und unter heißen Kohlen gekochtes Lamm.

Unten links: Benediktinerkloster der hl. Maria auf Mljet; unten: Dubrovniks Altstadt; rechts: der Veliko jezero im Nationalpark Mljet

G&V Line entsendet tgl. Katamarane nach Dubrovnik. Kapetan Luka fährt tgl. von Mai bis Mitte Oktober und Juni bis September (1 h).

❼ Dubrovnik

Die Altstadt mit ihrem alten Mauerwerk erinnert unweigerlich an Game of Thrones und ist allein dafür eine Reise wert. Kalksteingassen ringeln sich um Kirchen, Museen und Paläste und eine Seilbahn führt hinauf zum Brdo Srđ mit hübschem Fernblick. Mit der Fähre ist man in zehn Minuten an den felsigen Stränden der grünen Insel Lokrum. Abends hat man die Qual der Wahl zwischen den extravaganten Weinbars in der Altstadt und Sundownern in den Strandbars oberhalb der Klippen.

Vom Busbahnhof in Dubrovnik (www.libertasdubrovnik.hr) gehen regelmäßig Züge zurück nach Zagreb (11 h 30), mit Verbindungen in den Norden und Westen, nach Österreich, Deutschland und Italien.

Schwarzwald und mehr

Baden-Baden · Freiburg · Gengenbach · Triberg · Konstanz

Der düstere Schwarzwald mit seinen Fachwerkdörfchen scheint direkt der Welt der Gebrüder Grimm entsprungen zu sein und lässt sich toll per Bahn erkunden.

So kommst du hin

Baden-Baden ist von vielen Städten Westeuropas leicht zu erreichen, z. B. ab Paris Gare de l'Est (3 h) mit der SNCF, ab Brüssel Midi/Zuid (5 h) mit der Deutschen Bahn oder dem Thalys sowie ab Amsterdam Centraal (5 h) und vom Berliner Hauptbahnhof (6 h) mit der Deutschen Bahn. Bei den Auslandsverbindungen muss man in Deutschland umsteigen.

❶ Baden-Baden

Schon der Name spricht Bände: Das Heilwasser und das Flair von gediegenem Luxus ziehen schon seit Jahrhunderten Angehörige von Königshäusern, Reiche und Berühmte nach Baden-Baden. Das palastartige Friedrichsbad aus dem 19. Jh. mit Marmor und Mosaiken lädt zu einem stimmungsvollen, erfrischenden Bad ein. Es ist nur einen Katzensprung entfernt von einer der ältesten und besterhaltenen römischen Thermen des Landes.

Zwischen Baden-Baden und Freiburg verkehren ungefähr stündlich ICEs (45 min; www.bahn.de).

Faktencheck

CO_2 (kg pro Pers.) 5.5

Entfernung (km) 270

Übernachtungen 10+

Fahrtkosten (€) 90

❷ Freiburg

Freiburg ist Deutschlands sonnigste Stadt – und das spiegelt sich unverkennbar im freundlichen Flair der Universitäts-

Die Trinkhalle des Baden-Badener Kurkomplexes

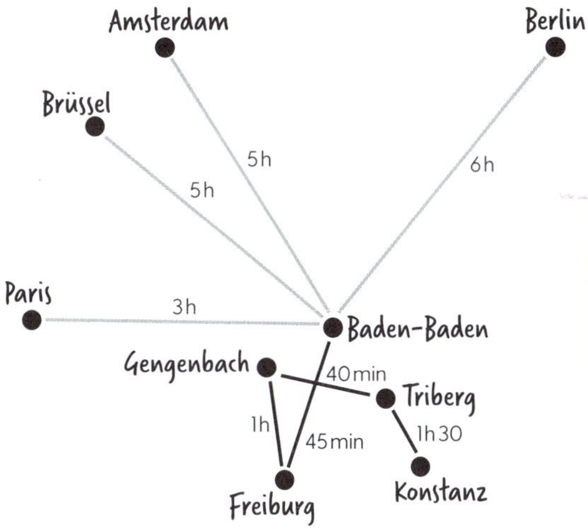

stadt. Die mittelalterliche Altstadt wartet mit Giebelhäusern, Kopfsteinpflastergassen und Plätzen voller Cafés auf; hier lässt sich bestens ein Tröpfchen von einem nahen Weingut genießen. Zudem ist Freiburg eine Vorzeige-Ökostadt, mit strengen Stadtplanungsvorgaben zur Begrenzung des Autoverkehrs und zur Ausdehnung der Grünflächen. Viele Häuser sind außerdem mit Sonnenkollektoren bedeckt.

Nach Gengenbach (1 h) muss man von Freiburg aus in Offenburg umsteigen. Von Gengenbach fährt die schöne Schwarzwaldbahn nach Singen.

Tagestrip

Schauinsland

Hoch über Freiburg thront der 1284 m hohe Schauinsland mit einem Aussichtsturm mit fabelhaftem Blick in die Rheinebene und Richtung Alpen – der vielleicht schönste Ausblick des gesamten Schwarzwalds. Dank Wanderwegen, Langlaufloipen und Radwegen kann man die Landschaft aus jedem Blickwinkel genießen. Hoch kommt man entweder zu Fuß oder mit der 1930 in Betrieb genommenen Seilbahn: Sie braucht 20 Minuten bis zum Gipfel.

Mit der Straßenbahnlinie 2 geht's bis zur Freiburger Dorfstraße, dann mit dem Bus 21 weiter bis zur Haltestelle Schauinslandbahn in Horben mit der Talstation der Seilbahn.

Ristorante Rialto Pizzeria
Rialto
30
ZONE

Gegenüber: in der Gengenbacher Altstadt; links: der Triberger Wasserfall; unten: der Ort Triberg

❸ Gengenbach

Gengenbach ist ein echtes Schwarzwälder Schmuckkästchen mit einer herrlichen Altstadt mit Fachwerkhäusern, umgeben von Weinbergen und Obstgärten. Jedes Jahr im Dezember verwandelt sich das Rathaus in den weltweit größten Adventskalender: Jeden Tag um 18 Uhr wird eines der 24 Fenster geöffnet, um den Blick auf eine Weihnachtsszene freizugeben – da werden Kindheitserinnerungen wach!

Mit der Schwarzwaldbahn geht's weiter nach Triberg (40 min). Die Direktzüge fahren alle zwei Stunden.

❹ Triberg

Triberg beherbergt den höchsten Wasserfall Deutschlands und ist außerdem Erbe des ursprünglichen Rezepts für Schwarzwälder Kirschtorte. Dazu nisten hier die weltgrößten Kuckucke und es gibt die größte begehbare Kuckucksuhr der Welt: Ein hiesiger Uhrmacher brauchte drei Jahre, um sie von Hand zu bauen. Im Haus der 1000 Uhren kann man aus traditionellen wie auch modernen Uhren wählen, um eine mit nach Hause zu nehmen.

Die Schwarzwaldbahn endet in Konstanz (1 h 30). Die Züge verkehren jede Stunde.

❺ Konstanz

Den Bodensee, den drittgrößten See Mitteleuropas, teilen sich drei Länder: Deutschland, Österreich und die Schweiz. Die vom Rhein durchschnittene Stadt Konstanz an der Schweizer Grenze genießt eine herrliche Lage am Nordwestufer des Sees mit Blick auf die Alpen. Konstanz ist eine freundliche, quirlige Universitätsstadt mit schönen Lokalen vor allem in der Altstadt und am Hafen. Im Sommer zieht es die Bewohner der Stadt an die schattige Seepromenade und zum Relaxen in die Freibäder am Wasser.

So geht's zurück

Von Konstanz gibt's direkte Verbindungen nach Zürich (1 h 15); von dort wiederum fahren Direktzüge nach Paris (4 h).

Abenteuer an der Adria

Paris · München · Zagreb · Sarajevo · Mostar · Dubrovnik · Bucht von Kotor

An Bord blitzschneller französischer TGVs und der gemächlichen Bummelzüge auf dem Balkan geht es durch sieben Länder bis an die blaue Adria.

So kommst du hin

Paris ist ein Knotenpunkt im europäischen Schienennetz mit Verbindungen nach London-St. Pancras (2 h 30), Amsterdam Centraal (3 h 30) und Toulouse-Matabiau (4 h). Wer aus den Benelux-Staaten kommt und nicht so viel Wert auf Paris legt, nimmt den Thalys direkt nach Köln und steigt dort in den ICE nach München um.

❶ Paris

Diese Route beginnt an der Gare de L'Est, von wo aus viele Pariser Sehenswürdigkeiten per Metro zu erreichen sind. Nach Notre Dame nimmt man die Linie 4 und steigt an der Haltestelle Cité aus; von der Station Les Halles ist es nur ein kurzer Fußweg zum Centre Pompidou.

Faktencheck

CO_2 (kg pro Pers.) 64

Entfernung (km) 1780

Übernachtungen 12+

Fahrtkosten (€) 200

Ca. 20 Züge fahren täglich zum Münchner Hauptbahnhof (6 h). www.sncf.com

❷ München

In der bayerischen Hauptstadt trifft modernste Technik auf alteingesessene Traditionen. Ein tolles Beispiel dafür ist das Glockenspiel am Rathaus aus dem 19. Jh.: 32 Figuren tanzen und spielen dort historische Geschichten nach. Das ausgezeichnete Deutsche Museum ist das größte Wissenschafts- und Technikmuseum der Welt.

Von München Ostbahnhof fährt täglich um 23.55 Uhr ein Nachtzug über Österreich und

Die Bucht von Kotor an der Adria

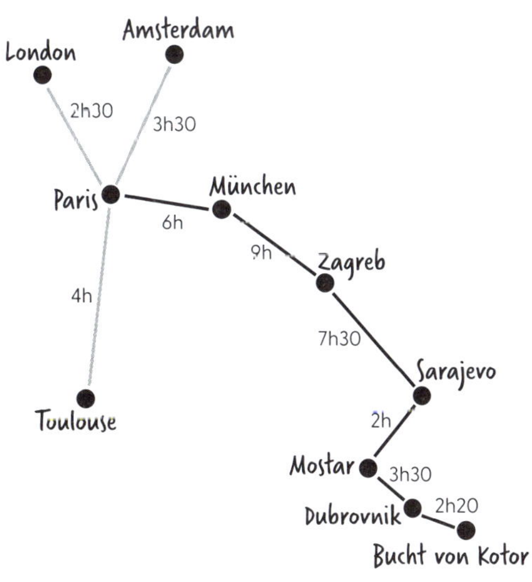

Slowenien nach Zagreb, Ankunft 10.40 Uhr. www.hzpp.hr

❸ Zagreb

Halb jugoslawische Metropole, halb Habsburger Prunkstadt: Die attraktive Hauptstadt Kroatiens ist zwar nicht so beliebt wie die Küste, aber dennoch einen Zwischenstopp wert. Neben Kirchen, Galerien und hübschen Plätzen ist die größte Sehenswürdigkeit das Museum der zerbrochenen Beziehungen mit Erinnerungsstücken an verblichene Liebschaften aus aller Welt.

Während die Zugverbindung zwischen Zagreb und Sarajevo aus politischen Gründen nicht vorankommt, gibt es tägliche Busverbindungen (7 h30, teilweise über Nacht) zwischen den beiden Städten. www.akz.hr

Terrakotta trifft in Dubrovnik auf Türkis

❹ Sarajevo

Dem unverwechselbaren Ost-West-Ambiente der bosnischen Hauptstadt kann man nur schwer widerstehen. Erst geht's in die Baščaršija, einem Gewirr aus Gassen, Moscheen und Karawansereien, dann folgen unverzichtbare Balkan-Snacks wie *ćevapčići* und *burek* und türkischer Kaffee mit traditionellen Süßigkeiten in einem Hofcafé. Ernüchternd ist der Einblick in die jüngste Vergangenheit Sarajevos im War Childhood Museum und in der Galerija 11/07/95, bevor das wunderschöne, maurisch wirkende Rathaus verzaubert.

Die Züge auf der landschaftlich sehr reizvollen Strecke südlich von Sarajevo zur kroatischen Hafenstadt Ploče verkehren unregelmäßig, aber bis Mostar (2 h) gibt es regelmäßige Verbindungen. www.zfbh.ba

❺ Mostar

Eines der stärksten Symbole dafür, wie Kriegsschäden überwunden werden können, ist die anmutige osmanische Brücke von Mostar, die 2004 wieder aufgebaut wurde. Wer nicht waghalsig von der Brücke springen will, sollte die Street Art und die Festivals der Stadt genießen.

Mindestens zwei Busse fahren täglich nach Dubrovnik (3 h 30). www.getbybus.com

❺ Dubrovnik

Die von Mauern umgebene Stadt ist mittlerweile weltbekannt – und dennoch unverzichtbar, vor allem, wenn man sie von der Seilbahn auf dem Gipfel des Srđ aus betrachtet. Hinter den weißen Marmorstraßen und Terrakotta-Dächern liegen bewaldete Inseln in der azurblauen Ferne.

Zwei oder drei Busse fahren täglich von Dubrovnik nach Kotor (2 h 20), mit Halt in Herceg Novi. www.buscroatia.com

❻ Bucht von Kotor

Die traumhafte Bucht von Kotor sieht aus wie ein norwegischer Fjord, ist aber die Adria in ihrer schönsten Form. Von allen Orten an der Bucht ist Kotor der charmanteste: ein Ensemble aus Kirchen, Festungsmauern und Plätzen zwischen Kalksteinklippen und dem Meer.

So geht's zurück

Entweder fährt man mit dem Bus entlang der kroatischen Küste nach Triest, mit Anschluss ans italienische Schienennetz. Oder man nimmt eine alternative Route: eine Fähre von Bar in Montenegro nach Bari in Italien, dann ein Direktzug nach Mailand und ein weiterer nach Paris.

Rom, Neapel und Sardinien per Fähre

Rom · Neapel · Cagliari · Olbia · Civitavecchia

Eine Entdeckungstour ans Tyrrhenische Meer, vom Vulkangestein der Bucht von Neapel bis an die idyllischen Strände Sardiniens.

So kommst du hin

Von Milano Centrale fahren schnelle Frecciarossa-Züge nach Rom (3 h), wo die Reise beginnt. Mailand ist vom Münchner Hauptbahnhof (mit Umstieg, Gesamtfahrzeit nach Rom 10 h) oder mit dem TGV direkt von Paris-Gare de Lyon (10 h nach Rom) aus erreichbar.

❶ Rom

Nicht mal ein ganzes Leben würde ausreichen, um alle Winkel der italienischen Hauptstadt zu erkunden. Zum Glück ist sie aber kompakt genug, um die wichtigsten Sehenswürdigkeiten wie den Petersdom und das Forum Romanum in ein oder zwei Tagen zu besichtigen. Von seiner ruhigen Seite zeigt sich Rom bei einer Radtour auf der Via Appia, der alten römischen Pflasterstraße ins herrliche Umland.

Ab Roma Termini fährt ca. zweimal die Stunde ein Frecciarossa-Zug nach Napoli Centrale (1 h). www.trenitalia.com

Hoteltipp: Ecohotel Roma

❷ Neapel

Genau wie Rom heute war Neapel früher eine große europäische Metropole, die etwas auf sich hielt. Zeichen dieser stolzen Vergangenheit sind die barocken Kapellen und Klöster, die Prachtboulevards und

Faktencheck

CO_2 (kg pro Pers.) 124

Entfernung (km) 1200

Übernachtungen 10+

Fahrtkosten (€) 300

Der Trevibrunnen in Rom

natürlich die wunderbare neapolitanische Pizza. Die Stadt ist außerdem das Tor zu den Attraktionen des Golfes von Neapel, darunter Sorrento, die mystische Insel Capri und die schwindelerregenden Klippen der Amalfiküste.

Bis zu dreimal die Woche setzen Fähren über Nacht von Neapel nach Cagliari über (15 h). www.grimaldi-lines.com

Tagestrip

Pompeji & Herculaneum

An den archäologischen Stätten von Pompeji und Herculaneum ist die ganze Naturgewalt des Vesuvs zu erkennen. In den Anlagen mit römischen Fresken, Badehäusern, Tempeln usw. ist zur Zeit seines Ausbruchs 79 n. Chr. die Zeit stehen geblieben.

Pompeji und Herculaneum liegen eine 20- bzw. 30-minütige Metrofahrt von Nea-

An Italiens Amalfiküste gibt's jede Menge herrliche Aussichten wie diese bei Ravello

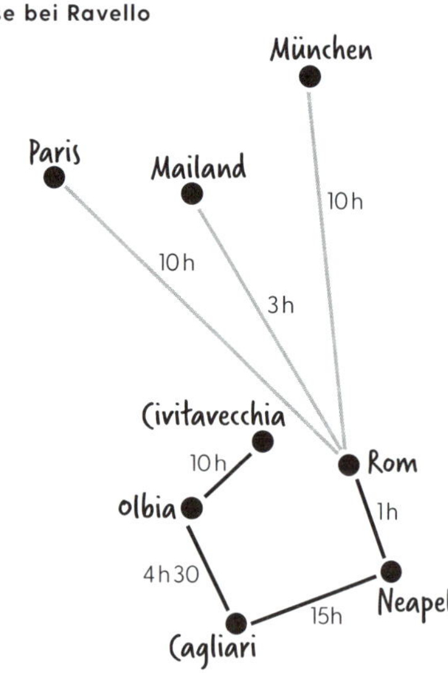

pels Piazza Garibaldi entfernt. www.pompeiisites.org

❸ Cagliari

Wer mit dem Schiff in der Hauptstadt Sardiniens ankommt, dem bietet sich ein traumhaftes Bild: Über ihren Dächern thront Il Castello, ein Festungsviertel mit bröckelnden Mauern und verschlungenen Gassen, und ganz unten am Hafen reihen sich die Fischrestaurants aneinander. Dazwischen: eine Vielzahl von Museen, historischen Bauten und gastronomischen Highlights.

Von Cagliari fährt ein Bummelzug nach Olbia (4 h 30). www.trenitalia.com

❹ Olbia

Olbia wird von vielen Besuchern als Basis für Ausflüge zu den erstklassigen Stränden der Nordostküste genutzt. Dabei ist auch die Stadt an sich ganz hübsch; sie wartet mit einem charmanten kleinen Zentrum und schattigen Weinbergen auf.

Von Olbias Hafen fahren täglich mehrere Fähren nach Civitavecchia (über Nacht 10 h, 6 h 30 am Tag). www.tirrenia.it, www.grimaldi-lines.com

Kristallklares Wasser an der Küste Sardiniens

Tagestrip

Costa Smeralda

In einem Land mit einem Überfluss an umwerfenden Küstenabschnitten gehört die Costa Smeralda zu den schönsten. Fjordähnliche Buchten mit türkisblauem Wasser wie in der Karibik sind hier genauso zu finden wie exklusive Schickimicki-Resorts. Die Küste beginnt 17 km nördlich von Olbia. Ihr Zentrum Porto Cervo liegt eine Busstunde von Olbia entfernt. Es dürfte kein Problem sein, an so paradiesischen Stränden wie Spiaggia Liscia Ruja und Spiaggia Romazzino auszusteigen und mit dem nächsten Bus weiterzufahren.

---

❺ Civitavecchia

Civitavecchia ist Roms Kreuzfahrthafen und oft nur ein Durchgangsposten auf dem Weg in die Hauptstadt. Vom Hafen zum Bahnhof ist es ein angenehmer 20-minütiger Fußweg, der an der Festung Forte Michelangelo aus dem 17. Jh. vorbeiführt.

So geht's zurück

Von Civitavecchia gibt's drei Züge pro Stunde nach Rom (ca. 1 h). In Rom kann nach Paris oder München umgestiegen werden. Anstatt aufs italienische Festland zurückzufahren, nehmen Abenteurer in Porto Torres an Sardiniens Nordwestküste eine Fähre nach Barcelona (ca. 12 h).

Durch die Provence und das Languedoc

Aix-en-Provence · Avignon · Nîmes · Montpellier · Sète

Eine Reise der Sinne durch den sonnigen Süden Frankreichs mit jeder Menge Geschichte, leckerem Essen und toller Kunst.

So kommst du hin

Paris ist leicht von Berlin Hauptbahnhof (8 h 30), Amsterdam Centraal (3 h) und London-St. Pancras (2 h 30) aus zu erreichen. Rund zehn TGVs fahren pro Tag vom Pariser Gare de Lyon nach Aix-en-Provence (3 h 30). Tickets für alle Zugfahrten dieser Reise können über https://de.oui.sncf gekauft werden. Der TGV-Bahnhof von Aix liegt eine 15-minütige Busfahrt vom Stadtzentrum entfernt.

❶ Aix-en-Provence

Aix ist vornehm, aber gelassen und ideal für entspannte Erkundungstouren. Die kleinen Gassen und großen Boulevards sind mit Kirchen, Galerien, Boutiquen, Cafés und Brunnen gespickt. Das künstlerische Highlight ist das fesselnde Musée Granet mit neun Werken von Paul Cézanne, der aus Aix stammte.

TGVs fahren ca. stündlich von Aix nach Avignon (25 min). Avignons TGV-Bahnhof liegt 10 Min. per Bus vom Zentrum entfernt.

❷ Avignon

Avignons Sehenswürdigkeiten wie die mittelalterliche Stadtmauer, die berühmte Brücke und der Palais des Papes verschla-

Faktencheck

CO_2 (kg pro Pers.) 5

Entfernung (km) 250

Übernachtungen 10+

Fahrtkosten (€) 150

Die Brücke von Avignon mit dem Palais des Papes

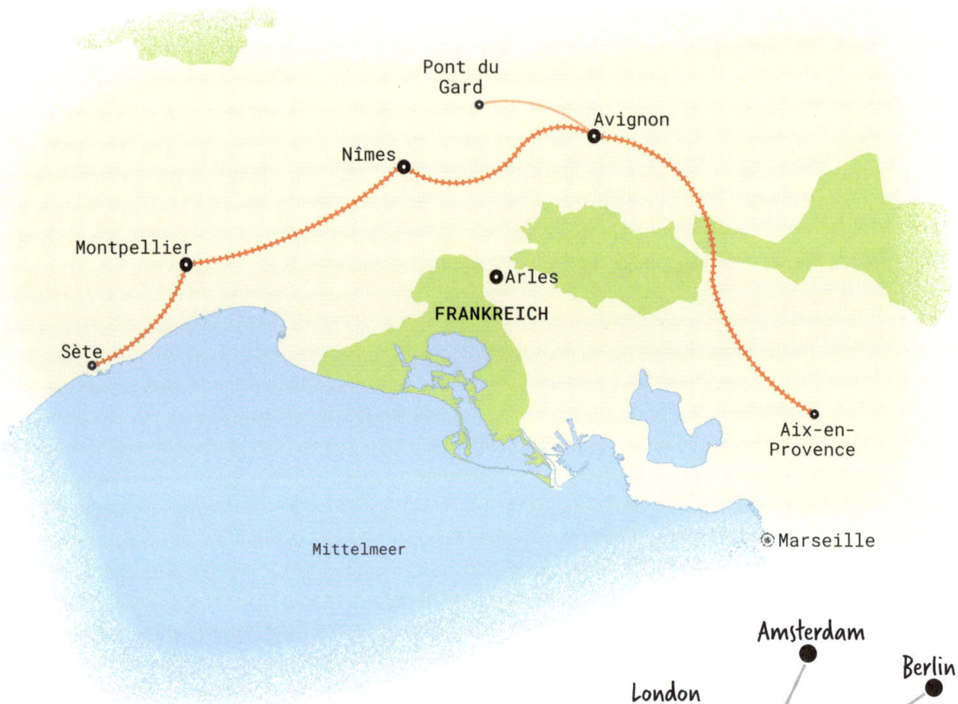

gen einem die Sprache. Aber auch abseits der Touristenpfade gibt's einiges zu entdecken: In den kleinen steilen Pflastergassen kann man sich schön verlaufen. Die Rue des Teinturiers bietet kulinarische Leckerbissen und ist hip und malerisch zugleich.
Ab Avignon Centre gibt's ca. stündlich Verbindungen nach Nîmes (30 min).

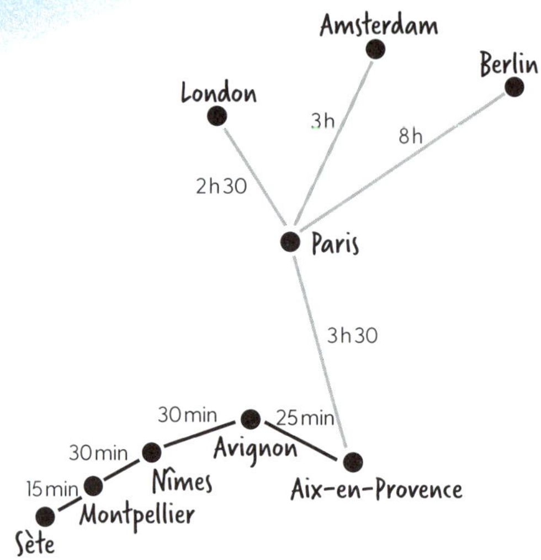

Tagestrip

Pont du Gard

In der Provence wimmelt es nur so von Überbleibseln aus der Römerzeit, aber dieses Aquädukt ist das absolute Highlight. Seine Maße (50 m hoch, 275 m lang) sind beeindruckend und der Blick vom Ufer des Gard einfach grandios. Vom Wasser aus sieht die Brücke noch herrlicher aus; man kann bis an die Pfeiler schwimmen.

Die Busse B21 (ab Nîmes) und A15 (ab Avignon) fahren mehrmals täglich zum Aquädukt; die Fahrt dauert ca. 50 Min. Ein Tagesausflug ist also ohne Weiteres möglich. www.edgard-transport.fr

Links: der Palais de Justice in Montpellier; unten: der beeindruckende Pont du Gard

❸ Nîmes

Die riesige römische Arena und der zweitausend Jahre alte Dianatempel stammen aus jener Zeit, in der Nîmes zu den wichtigsten Städten Galliens gehörte. Der blaue Jeansstoff Denim hat seinen Namen der hiesigen Baumwollindustrie zu verdanken: „de Nîmes" – aus Nîmes. Allerdings ist hier nicht alles historisch: Dank moderner Architektur und zeitgenössischer Galerien befreite sich die Stadt aus der Flaute des 20. Jhs. Im Musée de la Romanité sind einige schöne archäologischen Fundstücke zu sehen.

Von Nîmes fahren mehrere Züge pro Stunde nach Montpellier (30 min).

❹ Montpellier

Das lässige Montpellier ist zwar die größte Stadt des Languedoc, liegt aber etwas abseits der Touristenrouten. Und genau das macht ihren Reiz aus. Das Musée Fabre bietet eine tolle Sammlung der Alten Meister und Impressionisten, während draußen der älteste botanische Garten Frankreichs wartet. In einigen Innenhöfen gibt's gemütliche Restaurants, deren lockere Stimmung den vielen Studenten zu verdanken ist.

Züge von Montpellier-Saint-Roch nach Sète (15 min) verkehren mehrmals die Stunde. Stadtbusse fahren an die Strände.

❺ Sète

Die Kräne und Lagerhallen des geschäftigen Hafens versprühen zwar nicht gerade mediterranen Charme, aber dafür kann man hier das echte Leben kennenlernen. Sète ist eine quirlige Stadt mit einem lebhaften Fischmarkt, gutem Essen und über 20 km Strand. Im Sommer findet das Fischerstechen statt, ein Turnier auf dem Wasser. Der Canal du Midi mündet hier in eine große Lagune, deren Ufer zu einem Spaziergang einlädt – ein passendes Ende für diese Reise.

So geht's zurück

Ab Sète gibt's täglich rund vier Verbindungen nach Paris-Gare de Lyon (4 h), ab Montpellier sind es mehr.

Via Dinarica Trail

Zagreb · Split · Naturpark Biokovo · Herceg Novi · Nationalpark Durmitor · Nationalpark Sutjeska · Sarajevo

Diese Trekkingtour führt vorbei an den schroffen Gipfeln des Dinarischen Gebirges durch drei Nationalparks quer über den Balkan.

So kommst du hin

Die Via Dinarica verläuft mitten durch ergreifende Bergszenerien in Kroatien, Montenegro und Bosnien und Herzegowina. Die Route beginnt in Zagreb, das von Zügen aus westlicheren Gefilden, wie Venedig, München und Wien, angefahren wird.

❶ Zagreb

Ein Tag im bunten Zagreb verheißt Kunst, Cuisine und wildes Nachtleben.

Vom Busbahnhof in Zagreb (www.akz.hr) gehen regelmäßig Transfers (mehr als zwei pro Std.) nach Split (5 h).

❷ Split

Die größte Stadt Dalmatiens beherbergt den beispiellosen Diokletianpalast – ein bewohnter römisch-antiker Komplex mit verwinkelten Gassen voller Bars, Läden und Restaurants. Glanzstück ist die mittelalterliche Kathedrale des hl. Dominus. Eine Wanderung auf schattigen Wegen hinauf auf den Marjan bietet einen Vorgeschmack auf die Trekkingtour und weite Ausblicke über die Stadt und die umliegenden Adria-Inseln.

Im Stundentakt rattern Busse nach Makarska (www.ak-split.hr), dem Zugang zum

Faktencheck

CO_2 (kg pro Pers.) 123.5

Entfernung (km) 1643

Übernachtungen 10+

Fahrtkosten (€) 110

Marktstände in Zagrebs Altstadt

Naturpark Biokovo (1 h 30). Von da rollt man mit dem Taxi zum Parkeingang (6 km Richtung Südosten).

❸ Naturpark Biokovo

Das beliebte Makarska grenzt an die mächtige Biokovo-Gebirgskette und liegt ideal für Tageswanderungen und Sportarten wie Paragliding. Agenturen bieten geführte Touren im Biokovo-Massiv an. Der Aufstieg auf den höchsten Punkt, den Sveti Jure (1762 m), dauert sieben Stunden. Als Belohnung wartet die Aussicht über die Riviera von Makarska.

Von Makarska aus fährt ein Bus nach Dubrovnik (3 h), von wo aus zweimal täglich ein Bus nach Herceg Novi in Montenegro (1 h) weiterfährt. www.buscroatia.com.

❹ Herceg Novi

Willkommen in der Bucht von Kotor! Die Altstadt von Herceg Novi steigt von der Uferpromenade den Berg hinauf. Ihre soliden Kastelle, pittoresken Kirchen, erfrischenden Parks und Kieselstrände füllen

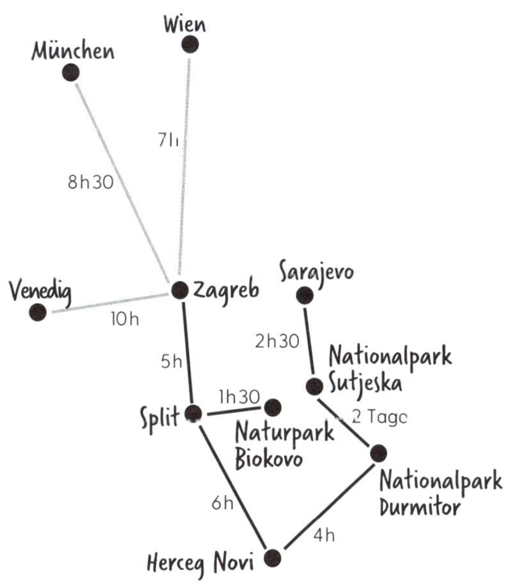

Gegenüber: die Đurđevića-Tara-Brücke in Montenegro; links: der Durmitor-Nationalpark

mindestens einen Tag Aufenthalt. Black Mountain (www.montenegroholiday.com) organisiert großartige Outdooraktivitäten, von Tauchen bis Mountainbiketouren.
Von Herceg Novi starten tgl. Busse nach Žabljak (4 h), einem Erholungsort im Nationalpark Durmitor mit jeder Menge Unterkunftsmöglichkeiten.

5 Nationalpark Durmitor

Der Durmitor-Gebirgszug mit seinen Canyons, Gletscherseen und Kalksteingipfeln (der höchste ist Bobotov Kuk mit 2523 m) ist ein feines Wandergebiet. Das Besucherzentrum (www.nparkovi.me) hat Karten und Tipps. Lohnenswert sind die Routen zu den Škrčka-Seen und vom Crno jezero (Schwarzen See) zu den Eishöhlen. Die Strecke über die Grenze nach Bosnien in den Nationalpark Sutjeska ist ein klassisches Teilstück der Via Dinarica.
Die Agenturen Black Mountain in Herceg Novi und Green Visions (www.greenvisions.ba) in Sarajevo stellen grenzübergreifende Trekkings entlang dieses Abschnitts der Via Dinarica zusammen, inkl. Logistik. Die Wanderung dauert etwa zwei Tage.

6 Nationalpark Sutjeska

Auf der bosnischen Seite des Via Dinarica Trails glänzt der Nationalpark Sutjestka mit rauer Schönheit und einem Netz aus Wanderwegen. Das Highlight ist der Aufstieg auf Bosniens höchsten Gipfel, den Maglić (2386 m). Ein anderer beliebter Trail windet sich um die Gebirgsseen von Zelengora. Das streng geschützte Reservat von Perućica, einer der wenigen noch erhaltenen Regenwälder Europas, kann man mit einem Guide besichtigen (Buchungen durch das Informationszentrum unter www.npsutjeska.info).
Tjentište ist die einzige Siedlung im Park und hat ein paar Unterkünfte. Busse verkehren tgl. zwischen Tjentište und Sarajevo (2 h 30).

7 Sarajevo

Das Herzstück der bosnischen Hauptstadt ist das charmante Baščaršija-Viertel mit seinen historischen Innenhöfen und traditionellen Handwerksbetrieben. Beim Bummeln durch die Pflastersteingässchen tritt Sarajevos multikulturelles Erbe zutage, mit einigen Moscheen aus der Osmanischen Ära, Synagogen und Kirchen. Zu guter Letzt geht's mit der Seilbahn auf den Trebević, wo sich ein Panoramablick auftut und die verlassene olympische Bobbahn liegt.
Von Sarajevos Busstation im Zentrum gibt's mehrmals tgl. Anschlüsse zurück nach Zagreb (6 h 30), von wo Züge in den Norden und Westen, nach Österreich, Deutschland und Italien, flitzen.

Kanäle & Fahrräder

Amsterdam • Rotterdam • Antwerpen • Brügge • Antwerpen • Amsterdam

Mit dem Zug ist man im Nu von den Niederlanden in Belgien und wieder retour. Beide Länder sind flach wie ein Pfannkuchen – ideal für Erkundungstouren mit dem Rad oder Boot.

So kommst du hin

Thalys-Hochgeschwindigkeitszüge schwirren von Brüssel und Paris nach Amsterdam; Eurostar-Direktverbindungen schaffen die Reise von London in unter vier Stunden (über Brüssel und Rotterdam). ICE-Züge verkehren sechs Mal pro Tag zwischen Amsterdam und Köln, viele auch bis Frankfurt.

❶ Amsterdam

Die Stadt der Kanäle sorgt für einen traumhaften Auftakt. Die wichtigsten Sehenswürdigkeiten sind fußläufig erreichbar, aber am besten tut man es den Einheimischen gleich und schwingt sich in den Fahrradsattel. Leihfirmen gibt's überall in der Stadt. Ein Muss ist eine Bootsfahrt entlang der Kanäle, am besten bei Sonnenuntergang.

Faktencheck

CO_2 (kg pro Pers.) 11

Entfernung (km) 560

Übernachtungen 10+

Fahrtkosten (€) 160

GVB-Tickets (www.gvb.nl) gelten im ganzen öffentlichen Verkehrsnetz Amsterdams, inkl. Bus, Metro und Tram. Leihräder kommen auf 12 € pro Tag.

NS-Intercity-Züge verbinden vier Mal pro Std. Amsterdam Centraal mit Rotterdam Centraal (40 bis 75 min). www.ns.nl

❷ Rotterdam

Innovation und Designtrends geben hier den Ton an. Brillante Bauwerke sind die Erasmusbrücke, De Rotterdam, die überwäl-

Amsterdam und seine Kanäle

tigende Markthal und das neu gestaltete Hafenviertel im Kop van Zuid (Südkopf). Bekannt ist Rotterdam auch für seine Kaffeehaustradition und natürlich für seine Kanäle. Schließlich sind wir in Holland!

Thalys-Hochgeschwindigkeitszüge verkehren von Rotterdam nach Antwerpen (30 min), aber man muss im Voraus buchen (www.thalys.com). Langsamere NS-IC-Züge gehen stündlich ohne Reservierung (1 h).

Tagestrip

Kinderdijk

Kinderdijk ist Holland wie aus dem Bilderbuch: 19 historische Windmühlen ragen zwischen Kanälen, Mooren und Sumpfgebieten

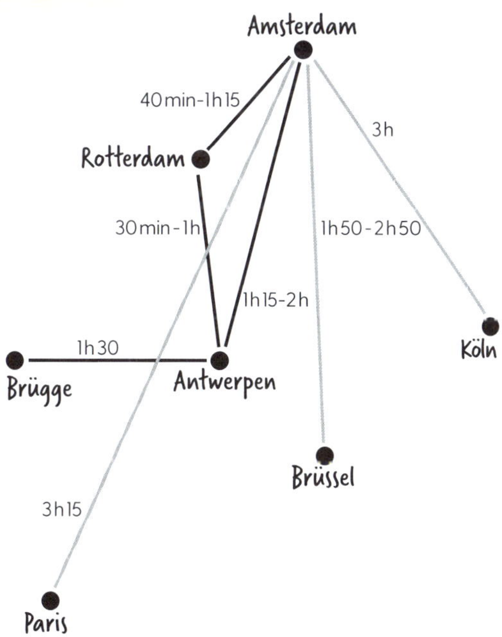

gen Himmel. Ein paar sind noch in Betrieb, andere bieten heute Privatwohnungen Platz. Dazwischen ziehen Radwege ihre Schleifen.

Kinderdijk ist nah genug an Rotterdam, um es mit dem Bike zu erreichen (16 km). Ansonsten fährt von Rotterdam Erasmusbrug acht Mal tgl. die Waterbus-Schnellfähre (www.waterbus.nl). Räder reisen gratis mit.

---

❸ Antwerpen

Antwerpen ist Belgiens größte Hafenstadt und Inbegriff der Coolness. Als Heimatort Peter Paul Rubens hat es Berühmtheit erlangt; überall haben Kunstmuseen ihre Tore geöffnet. Einplanen sollte man das ehemalige Atelier des Künstlers im Rubenshuis, die Sammlung im Museum Mayer van den Bergh und das Museum Plantin-Moretus mit der weltältesten Druckerpresse. Wo man auch umherirrt, die 123 m hohe Turmspitze der Liebfrauenkathedrale aus dem 14. Jh. ist nicht zu übersehen.

Die roten Räder von Velo-Antwerpen (www.velo-antwerpen.be) kann man an über 100 Stationen in der Stadt leihen.

Zwei Züge pro Std. nach Brügge (1 h 30).

❹ Brügge

Das mittelalterliche Brügge wirkt wie eine Märchenfantasie – eine fotogene Ansammlung aus Pflastersteinen, Kanälen, Marktplätzen und weißgetünchten Armenhäusern. Markt- und Burgplatz geben gute Selfie-Hintergründe ab, oder auch das Panorama vom Belfried aus, einem Glockenturm aus dem 13. Jh.

Mit dem Zug geht's zurück nach Antwerpen (1 h 15–2 h).

❺ Antwerpen

Der zweite Stopp in Antwerpen räumt Zeit ein, um der Kaffee- und Bierkultur zu frönen: in 't Zuid kommen Cocktails auf den Tisch, Zurenborg hat Terrassencafés und in Borgerhout sind die hippen Bars zu Hause.

Rückfahrt mit dem Zug nach Amsterdam (1 h 15 bis 2 h, drei pro Std.).

❻ Amsterdam

Wie wär's mit einem Besuch im herrschaftlichen Rijksmuseum oder im wunderschönen Van Gogh Museum? Weiter außerhalb versprechen das trendige Jordaan, das angesagte de Pijp und das aufstrebende Oost nette Tagestrips.

Rechts: Antwerpens Modeviertel; gegenüber: der Belfried in Brügge

Rundreise durch Sizilien

Palermo · Taormina · Catania · Syrakus · Agrigento

Mit Bummelzügen durch den Bauchnabel des Mittelmeers, wo moderne Städte, alte Ruinen, schöne Strände und rauchende Vulkane darauf warten, entdeckt zu werden.

So kommst du hin

Vom italienischen Festland aus ist Palermo am besten per Fernfähre zu erreichen, z. B. mit GNV ab Neapel (10 h) oder Civitavecchia nahe Rom (14 h). Auch von Cagliari auf Sardinien setzen Fähren nach Palermo (12 h) über. An der Nordküste Sardiniens, in Porto Torres, gibt's eine Fährverbindung nach Barcelona (12 h).

❶ Palermo

Die charmant-chaotische Hauptstadt Siziliens ist zugleich ihr kulturelles Zentrum. Sie wartet mit neoklassizistischen Kolonnaden und orientalisch anmutenden Kuppeln, glitzernden byzantinischen Mosaiken und verwinkelten Märkten auf, die an die arabische Vergangenheit der Insel erinnern. Auf dem wuseligen Mercato di Ballarò gibt's frische Oliven, Wurst und Käse.

Von Palermo geht's per Zug nach Taormina-Giardini mit Umstieg in Catania Centrale bzw. Messina Centrale (4 h). www.trenitalia.com

❷ Taormina

Das griechische Theater von Taormina ist einfach spektakulär: An einen Hang geschmiegt liegt es zwischen dem rauchenden Ätna und dem glänzenden Ionischen

Faktencheck

CO_2 (kg pro Pers.) 14

Entfernung (km) 700

Übernachtungen 10+

Fahrtkosten (€) 200

Authentische Lebensmittelmärkten in Palermo

Meer. Die Straßen des einstigen Rückzugsorts für Schriftsteller laden zu Spaziergängen ein. Wem es zu heiß wird, der kühlt sich im Lido Mazzarò ab; der halbmondförmige Strand ist per Seilbahn zu erreichen. **Von Taormina fahren täglich bis zu 30 Züge in südliche Richtung nach Catania Centrale (1 h).**

Tagestrip

Ferrovia Circumetnea

Immer wieder besteigen wagemutige Wanderer den Ätna, den größten und aktivsten Vulkan Europas. Wer keine Lust hat, selbst zu kraxeln, nimmt die Ferrovia Circumetnea. Die Schmalspurbahn umrundet den Ätna und durchquert dabei üppige Weinberge, Olivenhaine und unwirtliche Lavafelder. Die Fahrt eignet sich auch als alternative Route nach Catania. Riposto,

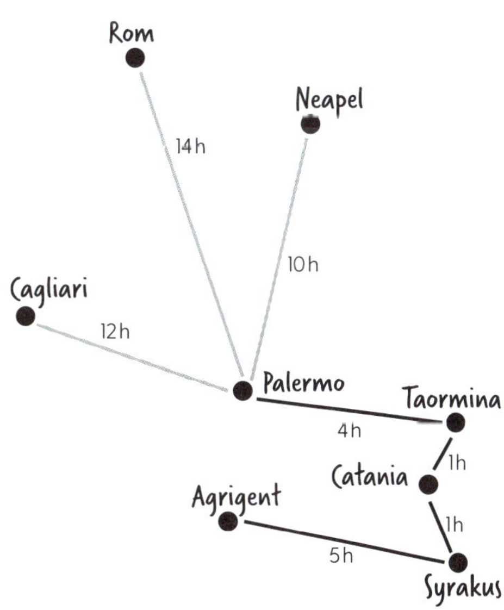

Taormina von der Anhöhe des Teatro Greco

der Ausgangspunkt der Ferrovia Circumetnea, liegt nämlich auf der Zugstrecke Taormina–Catania.

Die Fahrt von Taormina-Giardini nach Giarre-Riposto dauert 20 Min. Von dort aus geht's mit der Kleinbahn nach Catania-Borgo (3 h). www.circumetnea.it

---

❸ Catania

Barockpaläste, belebte Piazze und geschäftige Fischmärkte sorgen dafür, dass man in der zweitgrößten Stadt Siziliens gut ein oder zwei Tage beschäftigt ist. Hier ist auch die *pasta alla norma* (ein Nudelgericht mit Auberginen, Tomaten und Pecorino) zu Hause; eine der besten gibt's in der Nuova Trattoria del Forestiero.

Täglich legen rund zehn Direktzüge die Strecke nach Syrakus (1 h) zurück. www.trenitalia.com

❹ Syrakus

Wer zum ersten Mal die Altstadt von Syrakus auf der Insel Ortygia betritt, verfällt in ausgiebiges Staunen: Ihre Gassen schlängeln sich bis zur Piazza del Duomo und sind ein Paradebeispiel für barocke Architektur. Eigentlich kaum vorstellbar, dass die Stadt einst die größte der Antike war. Im Parco Archeologico della Neapolis am Stadtrand kann man sich anhand alter Ruinen von ihrer griechischen Vergangenheit überzeugen.

Die Zugverbindung zwischen Syrakus und Agrigento Centrale (5 h) ist berühmt für ihre Langsamkeit und erfordert evtl. einen Umstieg in Catania und Termini Imerese. Mit dem Bus (von Syrakus zum Flughafen von Catania mit Anschluss nach Agrigento) geht's aber auch nicht schneller. www.trenitalia.com

❺ Agrigento

Das Tal der Tempel in Agrigento ist der perfekte Abschluss für diese Reise. Hier befinden sich die Überreste der antiken griechischen Stadt Akragas. Das absolute Highlight der Ausgrabungsstätte ist der sehr gut erhaltene Concordiatempel zu Ehren der Göttin der Eintracht. Er steht auf einer Anhöhe, wodurch ihn auch die Seefahrer auf den tosenden Wellen des Mittelmeers von Weitem sehen konnten.

So geht's zurück

Mit dem Direktzug von Agrigento Centrale nach Palermo Centrale (1 h).

Von Paris nach Kopenhagen

Paris · Straßburg · Frankfurt am Main · Bremen · Hamburg · Kopenhagen

Von der Stadt der Lichter geht's nach Sklandinavien, mit Stopps in deutschen Märchenstädten und über den Großen Belt an die Küste der Ostsee.

So kommst du hin

Zur Pariser Gare du Nord bestehen Eurostar-Verbindungen ab London (2 h 30) sowie TGV-Verbindungen ab Barcelona (6 h 30); dorthin fahren Züge ab Madrid (2 h 30). Wer die Route in umgekehrter Richtung fahren möchte: Kopenhagen ist mit Direktzügen ab Stockholm (5 h) zu erreichen.

❶ Paris

Die herrliche Gare de l'Est, ursprünglich „Abfahrtsstelle nach Straßburg" genannt, ist Ausgangspunkt dieser Reise Richtung Osten. Zehn Gehminuten vom Bahnhof entfernt ist die vielleicht beliebteste Bäckerei von Paris, Du Pain et Des Idées: Hier kann man sich toll mit Pains au chocolat und Croissants für die Reise eindecken.

Täglich fahren etwa 15 Züge von Paris nach Strasbourg-Ville (2 h). www.sncf.com

❷ Straßburg

Straßburg an der Grenze zwischen Frankreich und Deutschland verströmt ein unverkennbar süddeutsches Flair, von den Fachwerkhäusern bis zu den Weinstuben mit ihren in Krügen ausgeschenkten elsässischen Weinen. Das kulturelle Zwitterwesen zeigt sich auch bei einem Bummel

Faktencheck

CO_2 (kg pro Pers.) 28

Entfernung (km) 1400

Übernachtungen 10+

Fahrtkosten (€) 400

Straßburgs Fachwerkhäuser in der Abenddämmerung

SCHNOOR
OASE

über die Grande Île, die Insel im Herzen der Stadt. Hier säumen Häuser das Flüsschen Ill und über den Dächern thront das gotische Münster.

Vom Bahnhof Strasbourg-Ville gibt's rund 15 Züge am Tag nach Frankfurt (2 h), einige direkt und einige mit Umsteigen in Offenburg oder Karlsruhe (www.sncf.com/www.bahn.de).

3 Frankfurt am Main

Die Banken-, Hochhaus- und Messestadt hat Besuchern jede Menge zu bieten, von der hübschen Altstadt bis zum Museumsufer mit seinen erstklassigen Museen und Galerien am Main. Ein Wahrzeichen mit einer spannenden und turbulenten Geschichte ist das I. G.-Farben-Haus: Unter den Nazis wurden hier chemische Waffen entwickelt, später befand sich hier das Hauptquartier der Alliierten in Deutschland, und heute gehört das Gebäude mit seinen netten Paternoster-Aufzügen zur Universität.

Vom Frankfurter Hauptbahnhof fahren rund 30 Züge am Tag nach Bremen (3 h 45; www.bahn.de).

4 Bremen

Bei Bremen fallen vielen die *Bremer Stadtmusikanten* der Gebrüder Grimm ein – und

Links: Strandbar am Hamburger Hafen; rechts: Carcassonne; vorherige Seite: das Schnoorviertel in Bremen

es gibt hier tatsächlich Märchenhaftes: das alte Rathaus und das Schifferviertel, den Schnoor, mit seinen urigen kleinen Häusern. Doch Bremen blickt auch in die Zukunft: Das zeigt sich z. B. im Universum, einem futuristischen Wissenschaftsmuseum, das wie ein silbernes Ufo aussieht.

Von Bremen bestehen bis zu 40 Verbindungen am Tag nach Hamburg (1 h). www.bahn.de

5 Hamburg

Hamburg mit dem größten Hafen Deutschlands ist schon seit der mittelalterlichen Hanse eine dem Meer zugewandte Stadt. Am Wasser hat sich viel getan, etwa mit der HafenCity, einem neuen Viertel mit moderner Architektur südlich der Speicherstadt. An vorderster Front erhebt sich auf einem Lagerhaus aus den 1960er-Jahren wie ein geblähtes Segel die Elbphilharmonie, ein neues Konzerthaus.

Mit dem Zug geht's nach Kopenhagen (5 h) Während der Fehmarnbelt-Tunnel im Bau ist, geht's über Jütland und per Brücke und Tunnel über den Großen Belt. www.bahn.de.

Tagestrip

Lübeck

Die Hansestadt Lübeck wirkt gelassener als ihre größere Nachbarstadt Hamburg. Wer vom Bahnhof kommt, erreicht die Stadt durch ihre bekannteste Sehenswürdigkeit, das Holstentor, das große mittelalterliche Stadttor mit seinen spitzen Hexenhuttürmen.

Vom Hamburger Hauptbahnhof fahren bis zu 40 Züge am Tag nach Lübeck (1 h). www.bahn.de

6 Kopenhagen

Kopenhagen ist ein Pionier der Stadtplanung. Der neueste Geniestreich ist der CopenHill, ein Müllheizwerk, das gleichzeitig als urbanes Bergsportzentrum dient: Auf dem Dach gibt's eine Skipiste, an der Fassade Europas höchste Kletterwand. Von oben bieten sich Ausblicke gen Westen zu den Werften und Türmen der dänischen Hauptstadt, Richtung Osten zum Øresund.

So geht's zurück

Zurück nach Paris geht's über Hamburg. Der schnellste Weg in die französische Hauptstadt ist ein Zug nach Karlsruhe, gefolgt von einem TGV von Karlsruhe zur Gare de L'Est (insgesamt 8 h 30).

Von Frankreich nach Tunesien

Montpellier · Nizza · Marseille · Tunis

Diese Reise durch den sonnenverwöhnten Süden Frankreichs bis ins nördliche Afrika zeigt die vielen Gesichter des Mittelmeerraums.

So kommst du hin

In der Pariser Gare de Lyon fahren Schnellzüge der SNCF nach Montpellier (3 h 30). Direktzüge von Renfe/SNCF legen die Strecke Madrid–Montpellier in unter sieben Stunden zurück. Die Anreise von Roma Termini setzt ein paar Umstiege voraus, ist aber in knapp zwölf Stunden machbar.

1 Montpellier

Die multikulturellste Stadt Frankreichs ist locker und studentisch mit einem Hauch Eleganz. Ihr quirliges Zentrum besteht aus jeder Menge bunter Fußgängerzonen. Vornehme Privathäuser aus dem 17. Jh., die hôtels particuliers, erinnern an den Reichtum der alten Handelsstadt.

Faktencheck

CO_2 (kg pro Pers.) 111

Entfernung (km) 1265

Übernachtungen 12+

Fahrtkosten (€) 300

Wer mit dem Zug nach Nizza fährt (5 h), muss mindestens einmal umsteigen, normalerweise in Marseille. Direktbusse brauchen zwar eine Stunde länger, sind aber wesentlich billiger.

Tagestrip

Carcassonne

Die märchenhafte Festungsstadt Carcassonne mit ihren Zinnen, dicken Mauern und spitzen Türmen liegt malerisch auf einem Felsen. Die Cité Médiévale gehört seit 1997

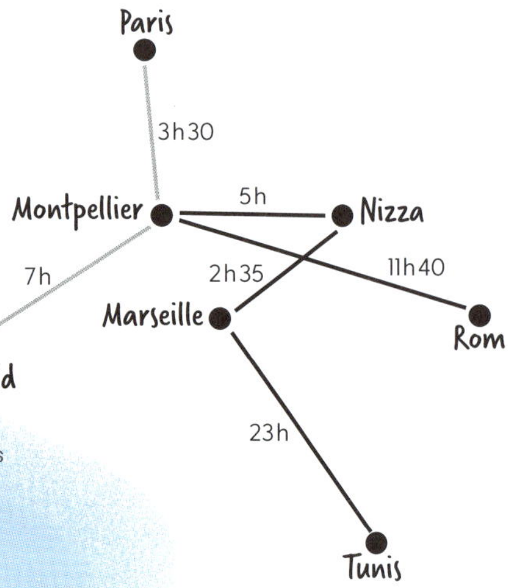

zum Unesco-Weltkulturerbe und ist eine Mittelalterburg, wie sie im Buche steht.
Direktzüge verkehren fast stündlich zwischen Montpellier und Carcassone (1 h 30). www.sncf.com.

---

❷ Nizza

Schon seit dem 18. Jh. ist Nizza ein beliebter Urlaubsort. Was früher den europäischen Adel in die Küstenstadt zog, verzaubert auch heute noch die Touristen: Meer, Sonne und das perfekte mediterrane Klima. Es gibt nichts Besseres, als es sich auf einem der berühmten blauen Stühle der Promenade des Anglais gemütlich zu machen und das Strandtreiben zu beobachten.
Direktzüge verkehren ca. stündlich zwischen Nizza und Marseille (2 h 35).

Tagestrip

Monaco

Vor allem Glücksspieler und Hedonisten zieht es nach Monaco, die Spielwiese der Schönen und Reichen. Auf den knapp 200 ha des zweitkleinsten Landes der Welt drängen sich das berühmte Casino von Monte Carlo, eine Menge Bettenburgen und ein Hafen voller riesiger Jachten.
Vom Nizzaer Bahnhof Nice Ville fahren alle 20 Min. Züge nach Monaco (20 min).

---

❸ Marseille

Marseille ist eine facettenreiche Hafenstadt, in der Bodenständigkeit, Glanz und Glamour nebeneinander existieren. Das ehemalige schwarze Schaf der provenzalischen Küste ist zu einer kulturreichen

Unten: Die Promenade des Anglais in Nizza; rechts: Sidi Bou Saïd

Perle geworden und war 2013 Europäische Kulturhauptstadt. Ihr Herzstück ist der geschäftige Alte Hafen (Vieux Port) mit Jachten und Ausflugsschiffen. Nach Sanierungs- und Neubauprojekten sind die hiesigen Museen und Galerien sehr beliebt.

Die Fähren von Marseille nach Tunis (25 h) fahren im Sommer einmal täglich und sonst ein- oder zweimal die Woche. www.corsicalinea.com, www.ctn.com.tn

4 Tunis

In der Hauptstadt Tunesiens wird die Geschichte lebendig. Verschiedene Kolonisierungswellen schufen eine unglaublich diverse Stadt mit einer betörend reichen Kultur. Ein Beispiel dafür ist die mittelalterliche Medina. Nachdem sie von den französischen Kolonialherren unbeachtet blieb, blüht sie heute dank Boutiquehotels und künstlerischer Cafés wieder auf. Immer mehr Menschen kehren in die alten Viertel ihrer Großeltern zurück. Nördlich der Stadt liegt die historische Siedlung Karthago. In der ehemaligen Hochburg der Phönizier und Römer leben heute finanziell gut gestellte Städter.

Tagestrip

Sidi Bou Saïd

Das ganz in Blau und Weiß gehaltene Künstlerdorf Sidi Bou Saïd mit seinen hübschen Gassen steht an den Klippen des azurblauen Mittelmeers und gehört zu den schönsten Orten Tunesiens. Seine markante Architektur aus osmanischen und andalusischen Einflüssen ist der Besiedlung durch spanische Muslime im 16. Jh. zu verdanken. Der Ort ist schon lange ein Anziehungspunkt für Künstler, Philosophen und Exzentriker.

Die Stadtbahn TGM pendelt zwischen Tunis-Marine und Sidi Bou Saïd (35 min).

So geht's zurück

Mit der Nachtfähre zurück nach Marseille und dann mit dem TGV nach Paris (3 h 20) mit Anschluss an Ziele in nah und fern.

Von der Ostsee zum Mittelmeer

Kopenhagen • Hamburg • Köln • Paris • Marseille • Île de Porquerolles

Diese epische Route führt mit schnellen Zügen von den windigen Meerengen Dänemarks zu den milden Gestaden der französischen Riviera.

So kommst du hin

Startpunkt dieses Abenteuers ist Kopenhagen, zu erreichen mit Direktzügen von schwedischen Großstädten wie Göteborg (3 h 30) und Stockholm (5 h) sowie per Nachtfähre ab Oslo (17 h).

❶ Kopenhagen

Schon seit Langem ist Kopenhagen mit seinen vielen Radwegen, Biorestaurants und Ökohotels ein Vorreiter in Sachen Nachhaltigkeit. Da es bis 2025 als erste Hauptstadt CO_2-neutral werden möchte, ist es der beste Ausgangspunkt für eine umweltfreundliche Reise. Per Direktzug geht's nach Hamburg: nicht verpassen, wenn der Zug aus dem Tunnel auf die Brücke über den Großen Belt fährt und später in Rendsburg eine Schleife macht, um den Nord-Ostsee-Kanal zu überqueren.

Es gibt mindestens drei tägliche Zugverbindungen von Kopenhagen nach Hamburg (5 h). www.bahn.de

Hoteltipp: Admiral Hotel

Faktencheck

CO_2 (kg pro Pers.) 80

Entfernung (km) 4000

Übernachtungen 14+

Fahrtkosten (€) 600

❷ Hamburg

Hamburg, eine Hafenstadt wie Kopenhagen, verströmt sein ganz eigenes maritimes Flair, z. B. mit den Fleeten und den

Der Tivoli in Kopenhagen

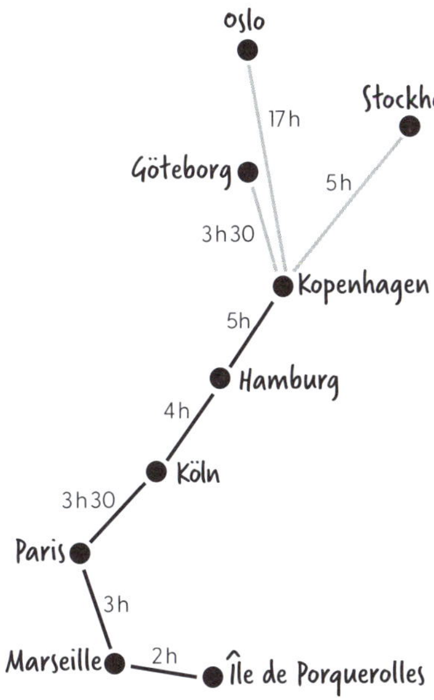

neugotischen Lagerhäusern der Speicherstadt. Wer von Zügen noch nicht genug hat, kann dem Miniatur Wunderland einen Besuch abstatten, der größten Modelleisenbahn der Welt: Hier fahren die Bahnen in alle Ecken Europas, von den Alpen bis zum Mittelmeer.

Von Hamburg verkehren rund 20 Züge am Tag nach Köln (4 h). www.bahn.de

❸ Köln

Ein gigantischer Dom, riesige Bierschenken und die Lage am Vater Rhein machen Köln zu einem Pflichtstopp für eine oder zwei Nächte vor der Weiterreise in wärmere Gefilde. Das Museum Ludwig direkt am Hauptbahnhof beherbergt eine der bedeutendsten Pop-Art-Sammlungen Europas.

Vom Kölner Hauptbahnhof bestehen rund 30 Direktverbindungen zur Pariser Gare du Nord (3 h 30), oder man steigt in Mannheim oder Frankfurt in Züge zur Pariser Gare de l'Est um, bei ähnlicher Fahrtdauer. www.bahn.de

❹ Paris

Beim Übergang von der Gare de l'Est zur Gare de Lyon kommt man durch einige der lebhaftesten Viertel von Paris: durchs Marais mit seinen schattigen Plätzen sowie am Canal Saint-Martin entlang mit seinen Bistros. Und das opulenteste Restaurant in ganz Paris befindet sich direkt in der Gare de Lyon: Le Train Bleu ist ein Mini-Versailles, in dem früher die Großkopferten speisten, bevor sie sich per Nachtzug an die Riviera aufmachten. Vielleicht gönnt

Links: die Île de Porquerolles; unten: Marseille; rechts: das Marais-Viertel in Paris

man sich aber auch nur einen schnellen Kaffee, bevor es mit 300 km/h im TGV Sud-Est nach Marseille geht.

Es bestehen rund 20 Direktverbindungen von der Gare de Lyon nach Marseille Saint-Charles (3 h). www.sncf.com

5 Marseille

In Marseille ist man nach Hamburg zum ersten Mal wieder in einer Hafenstadt. Und wie in der Hansestadt ist auch hier der Hafen in jüngster Zeit komplett umgestaltet worden. Wegweisend war das ausgezeichnete Mucem, ein Museum der Mittelmeerkulturen im Verlauf der Jahrhunderte in einer Festung des 13. Jhs. und einem futuristischen Würfelgebäude.

Über 40 Züge verkehren am Tag von Marseille nach Toulon (1 h, www.sncf.com). Von Toulon fahren Fähren von Mai bis September zur Insel Porquerolles (1 h). www.bateliersdelacotedazur.com

Tagestrip

Les Calanques

Auf den ersten Blick ist Marseille eine raue Hafenstadt, aber in ihrem Süden erstreckt sich über 20 km an der Küste entlang der unberührte Parc National des Calanques mit felsigen Landspitzen und Buchten mit azurblauem Wasser. Von Marseille Saint-Charles ist man in einer Viertelstunde in Cassis am Rand des Parks: Hier kann man Kajaktouren unternehmen oder zu den drei nächsten *calanques* wandern.

6 Île de Porquerolles

Porquerolles, die größte der Îles d'Hyères, liegt am Ostrand der Riviera und hat alles, was man sich von einer Mittelmeerinsel wünscht, von einsamen Felsbuchten bis zu schattigen Pinien- und Eukalyptuswäldern. Am Sandstrand zu faulenzen oder über autofreie Sträßchen zu radeln ist ein würdiger Abschluss der Ostsee-Mittelmeer-Route.

So geht's zurück

Der schnellste Weg zurück nach Kopenhagen führt über Toulon und dann weiter per TGV und ICE. Oder man kehrt über die Alpen zurück, mit Umsteigen in Mailand, Zürich und München und dann quer durch Deutschland nach Hamburg.

Mit dem Zug in den Schnee der Alpen

London • Bourg St.-Maurice • Grenoble • Annecy • Chamonix

Vom Zentrum Londons geht's in nicht mal einem Tag direkt ins Herzstück der Französischen Alpen. Snowboard oder Skier einpacken und ab auf die Piste!

So kommst du hin

Mit dem Eurostar ist die Fahrt von Paris, Lille, Brüssel oder Amsterdam nach London problemlos, mit zahlreichen Anschlüssen nach ganz Europa. Manchester liegt nur zwei Stunden mit dem Zug von London entfernt, Edinburgh vier bis fünf, je nach Linie.

❶ London

Londons schönster Bezirk verspricht einen Nachmittag lang Erholung pur. Auf einem Spaziergang durch Hampstead Heath mit seinen hügeligen Wäldern und Wiesen fühlt man sich zig Kilometer von der Stadt entfernt (obwohl es eigentlich nur sechs sind). Der Parliament Hill beschert die womöglich beste Aussicht über die Skyline. Anreise mit der nördlichen U-Bahnlinie.

Faktencheck

CO_2 (kg pro Pers.) 22
Entfernung (km) 1080
Übernachtungen 10
Fahrtkosten (€) 180

Direkte Eurostar-Verbindungen zwischen London und Bourg St-Maurice können nur als Pauschalreise gebucht werden. Flexibler ist man im Winter – nach der Ankunft mit dem Zug von London St Pancras – per TGV von Paris (5 h) oder Lille (7 h 20).

❷ Bourg St.-Maurice & Val d'Isère

Val d'Isère und Tignes bilden zusammen das immense Skigebiet Espace Killy, das nach dem Rennläufer und Olympiasieger Jean-Claude Killy benannt ist, der hier aufwuchs. Die Region hat für jeden etwas: von Anfängerpisten bis zu Tiefschneehän-

Teich im Londoner Hampstead Heath

gen. Vom Bahnhof in Bourg St.-Maurice pendeln Busse nach Val d'Isère hinauf, und von da führt ein gratis Shuttleservice zu den wichtigsten Punkten.

Etwa im Stundentakt fahren Züge nach Grenoble (2 h 40 bis 3 h 30), meist mit Umsteigen in Montmelian. Der Bahnhof von Grenoble liegt 1 km westlich vom Zentrum, das die Tramlinien A und B bedienen.

❸ Grenoble

Die selbsternannte Hauptstadt der Alpen vereint Stadtleben mit atemberaubender Landschaft. Die Isère schneidet mitten durch die Innenstadt, vorbei an der Bastille hoch auf den Klippen und einigen topaktuellen Galerien und Museen. Grenoble hat auch die weltweit erste Stadtseilbahn, die Téléphérique Grenoble-Bastille. Ihre kugelförmigen Gondeln (die sogenannten bulles bzw. Blasen) lassen fabelhaften Blick über die Berge zu. Mit einem innovativen Straßenbahnsystem ist man im Nu am Ziel.

Direktzüge nach Annecy (2 h) gehen alle paar Stunden, stündliche Anbindungen mit Umsteigen in Chambéry oder Aix-les-Bains.

Links: der Mont Blanc und die Seilbahn von Grenoble

❹ Annecy

Annecy liegt am gleichnamigen See und gilt als Kleinod der Haute-Savoie. Vom Château d'Annecy weit oben bis hinab zu den gurgelnden Kanälen sprüht die vieille ville (Altstadt) vor urtümlichem Charme. Die Kanäle haben Annecy den Beinamen „Alpenvenedig" eingebracht. Radeln und Inlineskaten stehen hier hoch im Kurs und es gibt 46 km Radwege rund um den See. Leihräder sind bei Cyclable (www.cyclable.com) oder Roul Ma' Poule (www.annecylocation-velo.com) zu kriegen.

Zur Skisaison bedienen Züge und Busse Chamonix. Wer mit dem Zug kommt (2 h 15, stündlich), muss in St.-Gervais-Le-Fayet umsteigen.

Tagestrip

Château de Menthon-St.-Bernard

23 Generationen der Familie De Menthon lebten in diesem Prachtbau, 12 km südlich von Annecy. 1008 erblickte hier St. Bernard das Licht der Welt. Das Château war wahrscheinlich auch Inspirationsquelle für Walt Disneys Dornröschenschloss. Führungen durchs mittelalterliche Interieur zeigen mit Tapisserien ausstaffierte Salons und eine edle Bibliothek.

Von Annecy weg starten Busse (25 min, fünf bis acht Services montags bis samstags).

❺ Chamonix

Über Chamonix erheben sich die Alpen, allen voran Frankreichs höchster Gipfel, der Mont Blanc (4808 m). In der Aiguille du Midi (3842 m) eröffnet sich ein klassisches Panoramabild. Das ganze Jahr über fährt die téléphérique (Seilbahn) hier hinauf. Frankreichs größten Gletscher, das Mer de Glace, erklimmt man mit der antiken Zahnradbahn Train du Montenvers über eine 5 km lange Strecke, die 1909 eröffnet wurde. Der Zug knattert den Montenvers (1913 m) hinauf, wo eine weitere Seilbahn zum Gletscher hinabschwingt, der 7 km über die zerklüftete Seite des Mont Blanc hinunterfließt. 400 Stufen führen zu einer Eishöhle, die jedes Jahr aufs Neue mit Eisskulpturen gespickt wird. Von Chamonix führt die Schmalspurbahn Mont-Blanc-Express (www.mont-blanc-express.ch) über Argentière und Vallorcine ins Schweizer Martigny.

So geht's zurück

Die Rückreise führt über St.-Gervais-Le-Fayet, wo der Anschluss nach Lyon oder Paris wartet, mit Anbindungen in andere Städte Europas.

Die Romantische Straße in Bayern

Würzburg • Rothenburg ob der Tauber • Nördlingen • Augsburg • Füssen

Auf dieser Bahnfahrt entlang der Romantischen Straße mit Burgen und Fachwerkörtchen taucht man schnurstracks in die deutsche Märchenwelt ein.

So kommst du hin

Die Romantische Straße beginnt in Würzburg. An den einzelnen Stationen kann es im Sommer sehr voll werden, sodass man besser in der Zwischensaison unterwegs ist. Würzburg ist z. B. von Berlin (4 h) und Frankfurt am Main (1 h 10) zu erreichen. Nach Frankfurt bestehen schnelle Verbindungen ab Paris Est (weitere 4 h). Oder man leiht in Frankfurt ein Elektroauto oder in Würzburg ein E-Bike und erkundet die Route in Eigenregie.

1 Würzburg

Würzburg ist mit seiner mittelalterlichen Festung oberhalb der Gassen der Altstadt ein echtes historisches Schwergewicht: Hier residierten 500 Jahre lang die Fürstbischöfe. Top-Attraktion ist die Residenz, ein Barockpalast, dessen Treppenhaus das größte Deckengemälde der Welt ziert – ein Welterbe. Veitshöchheim, Sommerpalast der Würzburger Fürstbischöfe, ist ein weiteres Highlight und nur eine kurze Bahnfahrt entfernt. Das alte Würzburg verströmt mit seinen Weinstuben, Biergärten und Kneipen aber durchaus auch ein jugendliches Flair.

Regionalzüge fahren stündlich nach Rothenburg o.d.T. (1 h 10). www.bahn.de

Faktencheck

CO_2 (kg pro Pers.) 7

Entfernung (km) 350

Übernachtungen 8

Fahrtkosten (€) 92

Die barocke Würzburger Residenz

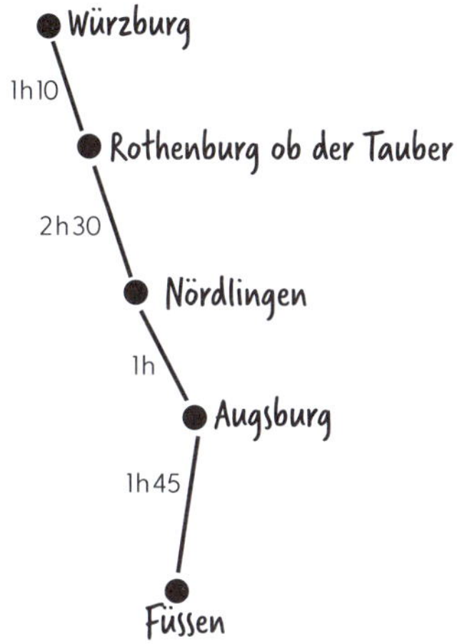

❷ Rothenburg ob der Tauber

Wenn die Reisegruppen weg sind, verliebt man sich umgehend in dieses mittelalterliche Juwel mit seinen schiefen Gassen, Fachwerkhäusern und der turmbewehrten Stadtmauer. Märchenhaft! Man kann einen 2,5 km langen Rundweg entlang der Stadtmauer abgehen, in Gassen spähen, in denen einst Kupferschmiede, Schuster und Töpfer ihrem Handwerk nachgingen, und den Marktplatz bestaunen, der im Dezember wie eine Weihnachtskarte ausschaut.

Es verkehren Regionalbahnen nach Nördlingen (2 h 30), mit bis zu dreimal Umsteigen.

❸ Nördlingen

In dieser reizenden Stadt mit einer Stadtmauer ist weniger los, und daher wirkt sie auch authentischer. Sie liegt im Nördlinger Ries, dem Krater eines Meteoriteneinschlags vor über 15 Mio. Jahren – mehr darüber im Rieskratermuseum. Wem Nördlingen bekannt vorkommt, der hat die hübschen Giebelhäuser der Stadt vielleicht in der letzten Riesenglasaufzugsszene des Films *Charlie und die Schokoladenfabrik* (1971) gesehen.

Von hier fahren Regionalzüge etwa jede Stunde nach Augsburg (1 h).

Tagestrip

Harburg

Schloss Harburg ist ein echtes mittelalterliches Traumschloss und vom gleichnamigen niedlichen Ort nur 15 Minuten zu Fuß entfernt.

Links: der Augsburger Weihnachtsmarkt; unten: Rothenburg ob der Tauber; rechts: Schloss Neuschwanstein

Von Nördlingen fahren jede Stunde Züge nach Harburg (19 min) und seinem Schloss.

---

❹ Augsburg

Die 15 v. Chr. von den Römern gegründete beliebte Stadt verdankt ihren Namen Kaiser Augustus. Der mittelalterliche Wohlstand als Zentrum des Tuchhandels spiegelt sich im historischen Kern der Stadt, besonders am Rathausplatz mit dem von Zwiebeltürmen gekrönten Renaissance-Rathaus. Unbedingt den reich ausgemalten Bankettsaal anschauen! Ein Bummel führt zu versteckten Höfen, Patrizierhäusern und rustikalen Wirtshäusern, wo Bier, riesige Schnitzel und Schweinshaxen serviert werden.

Stündlich fahren Regionalbahnen nach Füssen (1 h 45).

❺ Füssen

Das Beste hebt sich die Romantische Straße bis zum Schluss auf: Bei der Anfahrt nach Füssen machen bewaldete Hügel Platz für die Alpen. Zwar hat auch die Stadt selbst ihren Reiz, doch die meisten Besucher zieht es zu den Märchenschlössern von Konig Ludwig II.: Der alte Romantiker drückte u. a. Schloss Neuschwanstein seinen exzentrischen Stempel auf. Der Blick auf die Alpen ist am schönsten von der sich über eine Schlucht spannenden Marienbrücke.

Tagestrip

Tegelberg

Den Massen entgeht man auf einer Bergwanderung am 1720 m hohen Tegelberg. Bus 78 fährt etwa zweimal die Stunde vom Füssener Bahnhof zur Talstation der Tegelbergbahn.

So geht's zurück

Alle zwei Stunden fahren Direktzüge von Füssen nach München (2 h) mit Anschluss z. B. nach Paris (6 h) und Berlin (4 h 30).

Insel-Hopping im Ionischen Meer

Venedig • Korfu • Paxos • Lefkada • Ithaka • Kefalonia
Per Zug und Fähre zu den venezianischen Städten, üppigen Wäldern und verstecken Buchten der Ionischen Inseln.

So kommst du hin

Die Anreise mit der Fähre von Italien nach Griechenland hat etwas Magisches. Von mitteleuropäischen Städten wie München (7 h 30) und Wien (8 h) aus fahren Hochgeschwindigkeitszüge nach Venedig. Hier geht's aufs Schiff und an der bergigen Küste Kroatiens und Albaniens entlang bis zur Ankunft in Korfu einen Tag später.

❶ Venedig

Nach der langen Zugfahrt sollte man einen Tag für die Lagunenstadt mit ihren Kanälen, Marmorpalästen und Kunstschätzen einplanen. Nicht verpassen: den Markusdom mit seiner Mosaikkuppel, den gotischen Palazzo Ducale und die Galleria dell'Accademia mit Originalen von Canaletto und Co.

Faktencheck

CO_2 (kg pro Pers.) 211
Entfernung (km) 1100
Übernachtungen 10-14+
Fahrtkosten (€) 125

ANEK Lines fährt im Juni und September-Oktober sonntags direkt von Venedig nach Korfu (25 h 30). Sonst nimmt man die Fähre nach Igoumenitsa auf dem Festland und steigt auf eine der häufigen Schnellfähren nach Korfu um. www.anek.gr

Tagestrip

Venezianische Inseln
Vor Venedig liegen mehrere ruhigere Inseln. Per Vaporetto (Wasserbus, ca. stündlich)

Melissani (See und Höhle) auf Kefalonia

geht es, z. B. auf die Glaskünstler-Insel Murano, Burano mit seinen pastellfarbenen Häusern und das mittelalterliche Torcello.

❷ Korfu

Alle an Deck für die Ankunft in Korfu-Stadt (Kerkyra) zu Sonnenaufgang! Die von weißen Stadthäusern gesäumten Gassen laden zum Spaziergang ein, bevor man unter den Arkaden des Liston beim Eiskaffee Leute beobachtet. Wer es aktiver mag, besucht die Landzunge mit der venezianischen Festung aus dem 14. Jh. Eine Übernachtung lohnt sich, denn am Abend wird es ruhiger und der Sonnenuntergang taucht die Stadt in sanftes Licht.

Von Juni bis September gibt's täglich drei Fahrten mit dem Tragflächenboot nach Paxos (1h 30), im Mai und Oktober nur eine pro Tag.

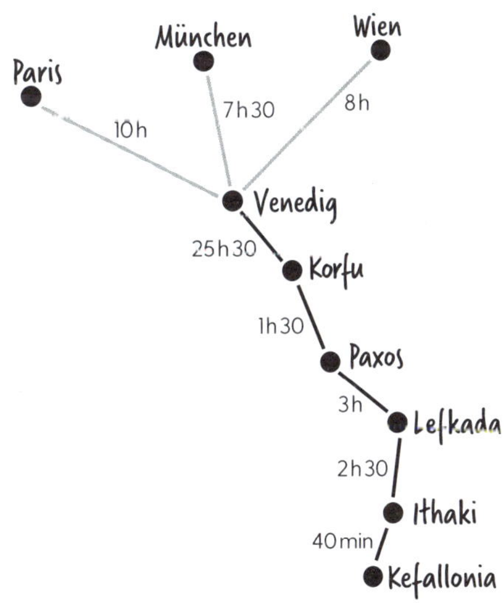

Links: eine Bucht in Antipaxos südlich von Paxos; oben: das Dorf Longos auf Paxos

Tagestrip

Paleokastritsa

Die Hügel der Westküste Korfus sind geprägt von Olivenbäumen, Zypressen und tiefblauen Buchten. Die einstündige Busfahrt nach Paleokastritsa lohnt sich schon wegen der Aussicht vom byzantinischen Kloster aus.

Busse fahren ca. stündlich am Busbahnhof der Green Buses in Korfu-Stadt ab.

---

3 Paxos

So müssen die griechischen Inseln vor dem Massentourismus ausgesehen haben! Ein oder zwei Tage sind ideal für Wanderungen durch von Zikaden bewohnte Olivenhaine und bis zu Buchten mit Kalksteinklippen, die im blauen Meer versinken. Besonders schön sind die Routen zum Bogen von Tripitos und zum Erimitis-Strand. Nach der Anstrengung locken die Tavernen an der Piazza.

Von Mitte April bis September legt die Fähre Azimut am Montag-, Mittwoch- und Freitagmorgen nach Lefkada-Stadt ab (3 h).

4 Lefkada

Im wilden Inneren der bergigen Insel Lefkada verbergen sich kleine Dörfer und alte Olivenhaine. Der Hauptort mit Festung und Hafen ist ein entspannter Zwischenstopp auf dem Weg nach Ithaka.

Dieselbe Fähre schippert an denselben Tagen weiter nach Pisaetos auf Ithaka (2 h 30).

5 Ithaka

Die Heimat von Odysseus ist schroff, romantisch und weitestgehend vom Tourismus verschont geblieben. Die Insel gilt als Geheimtipp unter Jachtfans, ist aber auch schön zum Wandern. Eselspfade verlaufen übers Land, von Hügeln zu kleinen Häfen, Ruinen und hübschen Stränden. Einer davon ist der von Klippen gesäumte Strand von Gidaki, ein Halbmond aus weißen Kieselsteinen, der das strahlend blaue Meer küsst.

Die Fähre Azimut fährt nach Sami auf Kefalonia (40 min) weiter.

6 Kefalonia

Die größte der Ionischen Inseln ist ungezähmt und bergig. Deshalb ist es auch nicht schwer, sich abseits ausgetretener Pfade zu bewegen. In ein paar Tagen lassen sich so malerische Strände wie der von Myrtos und Hafenstädtchen wie Fiskardo mit seinen venezianischen Villen erkunden. Mit dem Leihrad kann man durch Eichenwälder, Weinberge und Olivenhaine fahren. Den Hafenort Sami krönt eine antike Akropolis.

So geht's zurück

Ab Kefalonia gibt's Fähren nach Patras (3 h 30), von wo Nachtfähren nach Brindisi in Italien übersetzen (16 h). Von dort fahren Züge gen Norden, z. B. nach Venedig (8 h 45) und München (18 h, mit mehreren Umstiegen).

Italienische Seen & Kanäle

Mailand • Gardasee • Verona • Padua • Venedig

Das Beste von La Dolce Vita in Norditalien: von Designermode über Seeorte bis zur sagenhaften Stadt der Kanäle.

So kommst du hin

In Mailand treffen sich viele Zugverbindungen. Hochgeschwindigkeitszüge kommen hier z. B. aus Genf (4 h), Zürich (3 h 40) und München (7 h 30, mit Umstieg in Verona) an.

1 Mailand

Die Wurzeln der italienischen Mode sind im Mailand der 1930er-Jahre zu finden. Bei einem Besuch des Designmuseums Triennale kann man die Arbeiten der besten Modeschöpfer des Landes bewundern. Neben Leonardo da Vincis Abendmahl gibt's noch jede Menge Kunst in der Pinacoteca di Bera, darunter Werke von Tintoretto, Botticelli und Caravaggio. Auch nicht zu verpassen: Shopping im Quadrilatero d'Oro, einem der berühmtesten Einkaufsviertel der Welt.

Faktencheck

CO_2 (kg pro Pers.) 5

Entfernung (km) 244

Übernachtungen 10

Fahrtkosten (€) 100-120

Malcesine am Gardasee

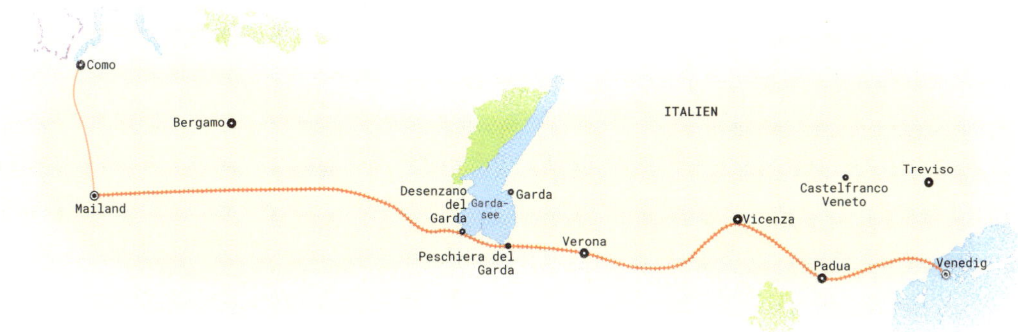

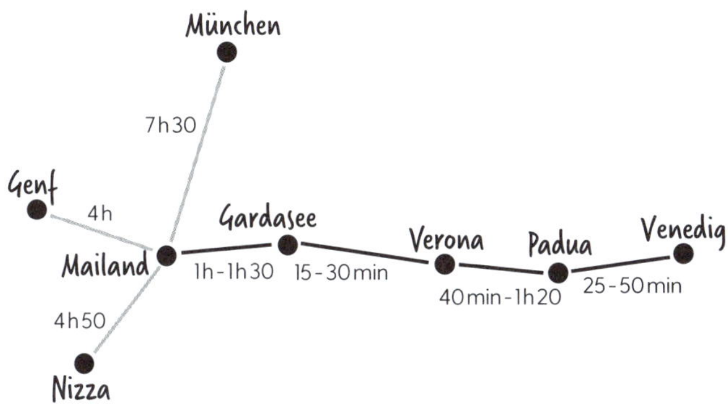

Die Hauptstrecke von Mailand nach Venedig passiert die zwei wichtigsten Städte des Gardasees, Desenzano del Garda und Peschiera del Garda (1 h bis 1 h 30, zweimal stündlich).

Züge verkehren zwischen Como-San Giovanni und den Mailänder Bahnhöfen Stazione Centrale und Porta Garibaldi (40 min bis 1 h 30, mind. stündlich).

Tagestrip

Como

Seine geordnete mitteleuropäische Atmosphäre und die Kaffeekultur hat Como den österreichischen Herrschern des 18. Jhs. zu verdanken. Dutzende Palazzi und Villen im Stile Liberty (italienischer Jugendstil) stammen aus der Blütezeit der Seidenindustrie. Navigazione Lago di Como (www.navigazionelaghi.it) betreibt Fähren und Tragflächenboote auf dem Comer See.

2 Gardasee

Mit 370 km² ist der Gardasee der größte der italienischen Seen. Zum Erkunden der Region braucht man richtig viel Zeit. Mitteleuropäer zieht es vor allem in die Badeorte des Nordufers wie Riva del Garda und Torbole, wo die Restaurants luftgetrockneten Schinken und österreichisch angehauchte carne salada (Salzfleisch) servieren. Der Süden dagegen gehört französischen und italienischen Familien. Diese halten sich

Oben: Verona; rechts: Venedig und seine Kanäle

bevorzugt in Bauernhäusern des Valtenesi und familienfreundlichen Thermalbädern wie Sirmione und Bardolino auf. Navigazione Lago di Garda (www.navigazionelaghi.it) betreibt Fähren am ganzen See.

Von Peschiera sind es mit dem Zug 15 Min. bis nach Verona, von Desenzano 20 bis 30 Min. Züge fahren mindestens stündlich.

3 Verona

Verona, die fiktive Heimat von Romeo und Julia, hat viel mehr zu bieten als Renaissance-Romantik. In ihrem Herzen steht das riesige Amphitheater aus dem 1. Jh., in dem jeden Sommer das berühmte Opernfestival stattfindet. Es sind aber vor allem die hübschen Kirchen, die malerischen Brücken über die Etsch sowie der ausgezeichnete Wein und das leckere Essen aus dem Hinterland Venetiens, an die man sein Herz verliert.

Ab Verona gibt's stündlich bis zu vier Züge nach Padua (40 min bis 1 h 20). Der Bahnhof von Padua liegt nördlich der Altstadt und ist über eine Einschienenbahn mit ihr verbunden.

4 Padua

Als mittelalterlicher Stadtstaat und Sitz der zweitältesten Universität Italiens war Padua einst so bedeutend wie Venedig und Verona. An diese Blütezeit erinnern ein paar grandiose Fresken, darunter die in Giottos Cappella degli Scrovegni, Menabuois himmlische Zusammenkunft im Baptisterium des hl. Johannes sowie Tizians hl. Antonius in der Scoletta del Santo.

Es fahren regelmäßig Züge nach Venedig (25 bis 50 min, ein bis neun Züge pro Stunde).

❺ Venedig

Die meisten Tagesausflügler müssen sich in Venedig zeitbedingt auf die Besichtigung des Markusplatzes beschränken. Um die Stadt kennenzulernen, braucht man aber etwas länger. Berühmte Palazzi, exzellente Galerien und die charakteristischen Kirchen gehören genauso zu Venedig wie das allgegenwärtige Wasser. Natürlich kann man sich auf einer Gondel durch die Kanäle schippern lassen, aber noch besser ist es, eine traditionelle *batellina coda di gambero* (Krebsschwanz-Boot) selbst zu rudern. Row Venice (www.rowvenice.org) bietet Kurse.

So geht's zurück

Ab Venedig gibt's Direktverbindungen in viele andere italienische Städte sowie u. a. nach Frankreich, Deutschland, Österreich und in die Schweiz.

Neapel und die Amalfiküste

Neapel • Minori

Diese Tour von Neapel bis an die Amalfiküste bietet schöne Strände, Kultur und Wandermöglichkeiten.

So kommst du hin

Die Route aus nur zwei Zielen kann man nach Lust und Laune aktiv oder entspannt gestalten. Von Turin (mit Anschluss nach Frankreich) oder Verona (mit Verbindungen nach Deutschland) fahren Hochgeschwindigkeitszüge in Nullkommanichts zur Fähre nach Salerno mit Zwischenstopp in Neapel.

❶ Neapel

Von opernhaften Plätzen und kultischen Schreinen bis zu überschwänglichen Kaffeeverkäufern und frittierter Pizza – in der zum Weltkulturerbe gehörenden Altstadt Neapels ist für jeden etwas dabei. Man sollte mindestens einen Tag zum Erkunden einplanen. Looking For Lila (www.lookingforlila.com) organisiert u. a. Elena-Ferrante-Führungen.

Weiter geht's dann morgens oder mittags mit dem Schnellzug nach Salerno (40 min). Vom Bahnhof sind es gerade einmal 7 Min. zu Fuß bis zur Fähre an der Piazza Concordia (April bis Oktober sechs Fahrten täglich). Die 30-minütige Überfahrt nach Minori ist wirklich ausgesprochen malerisch.

Faktencheck

CO_2 (kg pro Pers.) 33

Entfernung (km) 325

Übernachtungen 10

Fahrtkosten (€) 125

Der Ort Amalfi an Italiens gleichnamiger Küste

Zwei Wochen oder mehr

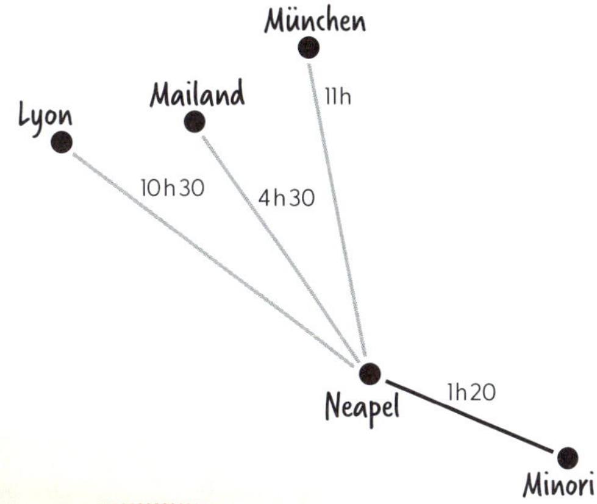

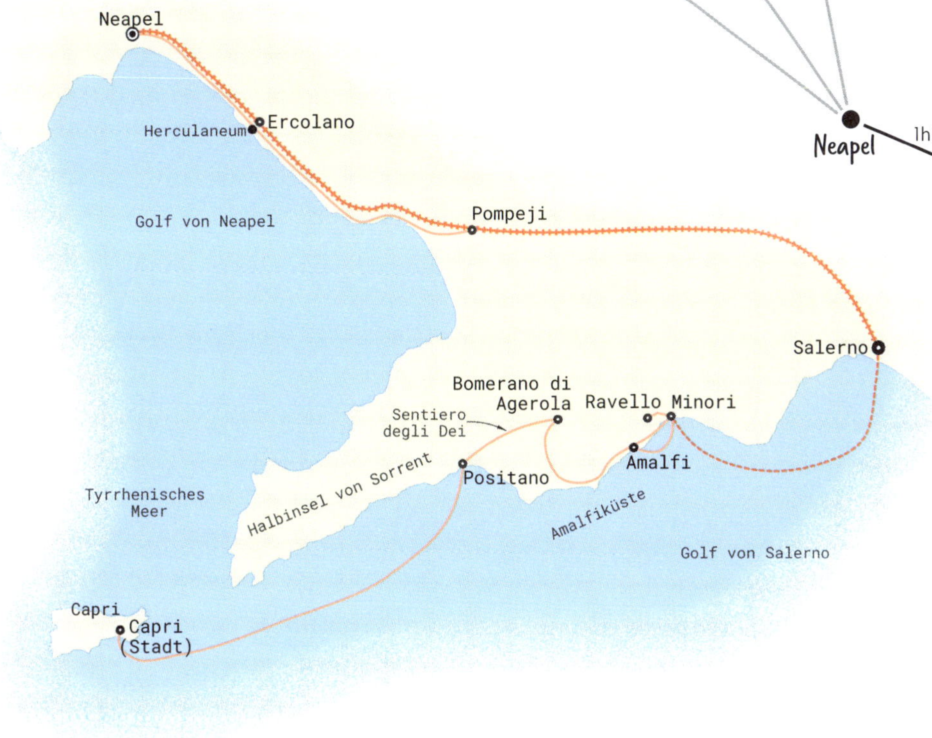

Tagestrip

Pompeji oder Herculaneum

Die Geschichte der von der Asche des Vesuvs 79 n. Chr. begrabenen Städte ist bekannt. Pompeji ist riesig und wird teils noch immer ausgegraben. Herculaneum ist kompakter und zeigt Funde, die vor allem das häusliche Leben der Antike näherbringen.

Die Neapolitaner Ferrovia Circumvesuviana hält an beiden Stätten. Nach Herculaneum steigt man in Ercolano-Scavi aus, nach Pompeji in Pompeii Scavi-Villa dei Misteri.

2 Minori

Die Travelmar-Fähre (www.travelmar.it) hält in jedem Dorf an der Amalfiküste. Man kann also aussteigen und übernachten – wenn man das nötige Kleingeld hat. Am preiswertesten ist Minori. Der Ort ist zwar nicht so vornehm wie seine Nachbarn, hat aber eine zentrale Lage und ist ruhiger. Dank des kleinen Sandstrands, der Wandermöglichkeiten und der Bars und Restaurants kann man es hier gut eine Woche aushalten.

Gegenüber: das glitzernde Meer bei Capri; links: die traditionelle italienische Küche

Der 2,5 km lange „Wanderweg der Zitronenbäume“, der Sentiero dei Limoni, führt nach Süden zum Badeort Maiori. Das Bergdorf Ravello (2 km westlich von Minori) wartet mit Villen, Gärten und Piazzen auf.

Tagestrip

Amalfi

Kaum zu glauben, dass das kleine, von Klippen gesäumte Amalfi vor tausend Jahren eine bedeutende Seemacht mit 70 000 Einwohnern war. Besonders schön sind die Kathedrale, die Klöster und die lebhafte Piazza. Vom Zentrum aus kann man durch die Valle delle Ferriere wandern. Der Weg führt durch unberührte Wälder und an den Ruinen alter Papiermühlen vorbei zu einem bemoosten, urzeitlich wirkenden Wasserfall.

Mit der Fähre sind es 10 Min. nach Amalfi.

Tagestrip

Sentiero degli Dei & Positano

Der 7 km lange „Weg der Götter“ gehört zu den berühmtesten Wanderwegen Italiens. Er zieht sich auf den Klippen hoch über dem Mittelmeer entlang und bietet atemberaubende Aussichten. Richtung Positano verliert er langsam an Höhe und fällt am Ende abrupt zu den Restaurants, Boutiquen und blumenumrankten Straßen des Küstenorts hin ab. Nach der Anstrengung genehmigt man sich einen Drink in einer der Bars und beobachtet das Treiben.

Zur Anreise nimmt man eine frühe Fähre oder einen frühen Bus nach Amalfi. Von dort fahren Busse (www.sitasudtrasporti.it) wochentags um 10.15 Uhr nach Bomerano di Agerola, wo der ausgeschilderte Wanderweg startet. Abends geht's mit der Fähre von Positano zurück nach Minori über Amalfi (35 min).

Tagestrip

Insel Capri

Seit der Kaiser Tiberius auf der Insel zwölf Villen bauen ließ, steht Capri für Schönheit und Eleganz. Die kleinen Orte, Wanderwege und Villen sind ideal für einen Tagesausflug.

Ab 9 Uhr gibt's Fähren zwischen Positano und Capri, die Rückfahrt ist bis 19 Uhr möglich. Nach Positano nimmt man die Travelmar-Fähre in Minori und steigt in Amalfi um.

So geht's zurück

Von Minori geht's mit der Travelmar-Fähre zurück nach Salerno (40 min). Von dort fahren täglich bis zu sechs Direktzüge gen Norden nach Mailand (5–6 h) über Neapel, Rom, Florenz und Bologna. Die erste Abfahrt von Minori ist um 9.15 Uhr, die letzte mit Anschluss an einen Zug in Richtung Mailand um 14.30 Uhr.

Korsika und die Alpen

Paris • Nizza • Bastia • Genua • Turin • Chambéry • Lyon • Paris

Diese Route führt zur Côte d'Azur und auf die felsige Insel Korsika, bevor es über Norditalien und die Alpen zurück nach Frankreich geht.

So kommst du hin

Paris ist ein praktischer Ausgangspunkt für diese Tour: Die französische Hauptstadt ist von ganz Europa aus mit dem Zug zu erreichen und hat schnelle TGV-Verbindungen nach Nizza und Marseille.

❶ Paris

Mit nur einem Tag in Paris konzentriert man sich am besten auf ein Arrondissement. Der Marais mit vielen coolen Cafés, Bistros und Bars ist ein toller Startpunkt. Zwei Empfehlungen: das bretonische Breizh Café (www.breizhcafe.com) für Cancale-Austern und Galettes aus Buchweizen, und La Maison Plisson (www.lamaisonplisson.com) mit einer bunten Auswahl an französischen Leckereien.

Faktencheck

CO_2 (kg pro Pers.) 85

Entfernung (km) 2398

Übernachtungen 14

Fahrtkosten (€) 500-550

Der TGV in der Pariser Gare de Lyon bringt Reisende in unter sechs Stunden nach Nizza (vier bis sechs täglich).

❷ Nizza

Wer nur einen Tag in Nizza hat, macht sich auf in die Altstadt: Der Cours Saleya lädt zu einem Marktbummel ein, die Promenade des Anglais zum Inlineskaten und die Colline du Château zu schönen Aussichten über die Stadt. Wer jetzt Hunger hat, pro-

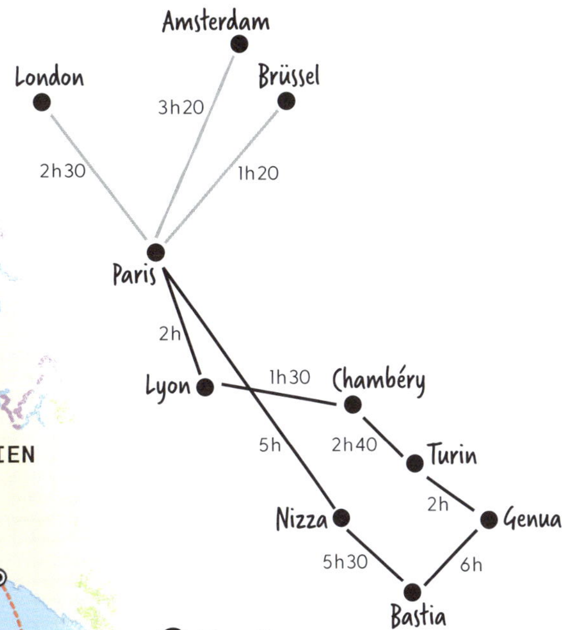

biert Nizzaer Spezialitäten wie socca (Kichererbsenfladen), pissaladière (Zwiebelkuchen) und den berühmten Nizza-Salat.

Mehrere Fähren von Corsica Ferries fahren im Sommer täglich von Nizza nach Bastia, manche über Nacht. Abfahrten von Toulon und/oder Ankünfte in Île Rousse bieten mehr Reisedaten. www.corsicaferries.com

Hoteltipp: Nice Garden Hotel (www.nicegardenhotel.com)

3 Bastia

Mit ihren lädierten Mietshäusern, der hübschen Altstadt und dem fotogenen Hafen ist die Stadt die perfekte Einführung für Korsika. Die ummauerte Festung Terra Nova wurde für die ehemaligen genuesischen Herrscher errichtet. In den Hafenrestaurants gibt's ausgezeichneten Fisch; zum Übernachten bieten sich familiengeführte Hotels an.

Im Sommer setzen Fähren der Moby Lines zweimal täglich von Bastia nach Genua in Italien über (6 h).

Hoteltipp: Hotel Central (www.hotel-central.fr)

Tagestrip

Ajaccio

Korsikas einzige Zugstrecke führt von Bastia über die Berge und die einstige Inselhauptstadt Corte bis nach Ajaccio, der

Links: Esel auf Korsika; unten: das Flussufer Lyons; rechts: eine *salade Lyonnaise*

Geburtsstadt Napoleons. Eine spektakuläre Fahrt.

Eine einfache Fahrt dauert 3 h 45. Die Fahrpläne des Chemin de Fer de la Corse stehen auf www.cf-corse.corsica

---

4 Genua

Italiens größte Hafenstadt hat ein mittelalterliches Herz aus verschlungenen, größtenteils gut erhaltenen *caruggi* (enge Gassen). Die prachtvollen Palazzi dei Rolli gehören zum Unesco-Weltkulturerbe.

Nach einer Erkundungstour nimmt man den Zug nach Turin (2 h, stündlich).

5 Turin

Das elegante Turin vor der Kulisse der Alpen erinnert dank Jugendstilcafés und herrschaftlicher Architektur an Wien. Besonders schön sind der Palazzo Reale und die Piazza Castello. Eataly Torino Lingotto hat sich dem Slow Food verschrieben und bietet ausgezeichnete Piemonteser Spezialitäten.

Mit der Metro gelangt man zum Bahnhof Torino-Porta Susa, von wo aus TGVs nach Chambéry in Frankreich fahren (2 h 40, dreimal täglich).

Hoteltipp: DuParc Contemporary Suites (www.duparcsuites.com) bietet Übernachtungen mit Stil.

6 Chambéry

Das hübsche Alpenstädtchen Chámbery war vom 13. Jh. bis 1563 die Hauptstadt des Fürstentums Savoyen. In den letzten Jahrhunderten entstanden hier herrliche Stadthäuser, ein mittelalterliches Château und die einzigartige Kathedrale mit Trompe-l'Œils.

Züge fahren fast stündlich nach Lyon-Part-Dieu (1 h 30).

7 Lyon

Die Stadt am Fuß der Alpen ist besonders für ihre gute Küche bekannt. Traditionelle Bistros mit karierten Tischdecken, die *bouchons*, servieren deftige Gerichte wie

quenelles de brochet (Hechtklöße in cremiger Flusskrebssoße) und poulet au vinaigre (in Essig gekochtes Hähnchen). Für die zum Weltkulturerbe gehörende Altstadt mit ihren engen Straßen, den Mittelalter- und Renaissancebauten sowie der eindrucksvollen Kathedrale sollte man einen Tag einplanen. Wer den Hügel Fourvière und die modernisierte Gegend um Confluence erkunden möchte, nimmt sich zwei Tage mehr Zeit. Fahrräder, Straßenbahnen, eine Metro und zwei Standbahnen sorgen für eine unkomplizierte Fortbewegung.

Mit dem TGV sind es zwei Stunden bis nach Paris-Gare de Lyon: Einige fahren von der Gare de la Part-Dieu 1,5 km östlich der Rhône ab, andere von der Gare de Perrache.

Hoteltipp: Das trendige Mob Hotel (www.mobhotel.com) legt Wert auf Design und lokale Produkte.

Poitou-Charentes: Boote, Biken, Baden

Coulon · Arçais · Île de Ré

Eine gemütliche Route für Groß und Klein über Radwege, Strände und durch Sumpfgebiete.

So kommst du hin

Alle paar Stunden gehen tagsüber SNCF-Direktzüge von Paris Montparnasse nach Niort, Fahrtzeit 2 h 10. Von Niort starten Busse und Züge in alle Destinationen dieser Tour, obwohl die Distanzen so gering sind, dass man alles mit dem Rad bewerkstelligen kann, wenn man einen Tag mehr einplant. Zum ersten Übernachtungsstopp in Coulon fährt der Bus 22 von Niort aus (30 min, sonntags kein Betrieb, Buchungen samstags unter www.tanlib.com).

❶ Coulon

Das Sumpfgebiet Poitevin gilt in Frankreich als La Venise Verte (Grünes Venedig). Das dichte Netz aus Kanälen und Tunneln bildet das zweitgrößte Schwemmland nach der Camargue und lässt sich am besten gemächlich vom Fahrradsattel aus erkundschaften, oder mit einem der typischen Flachboote. Zum Vorschein tritt eine idyllische Szenerie: Weiden ragen ins Wasser, Vögel flattern von den Pappeln empor und Kühe grasen die Weiden ab. Coulons Ökomuseum informiert über die Region, bevor man auf einer Bootsführung durch die Kanäle alles selbst sieht. Fahrräder kann man leihen und zahlreiche Wege führen direkt am Wasser entlang.

Faktencheck

CO_2 (kg pro Pers.) 14

Entfernung (km) 182

Übernachtungen 4-10+

Fahrtkosten (€) 74

Die Île de Ré ist ein Paradies für Radler

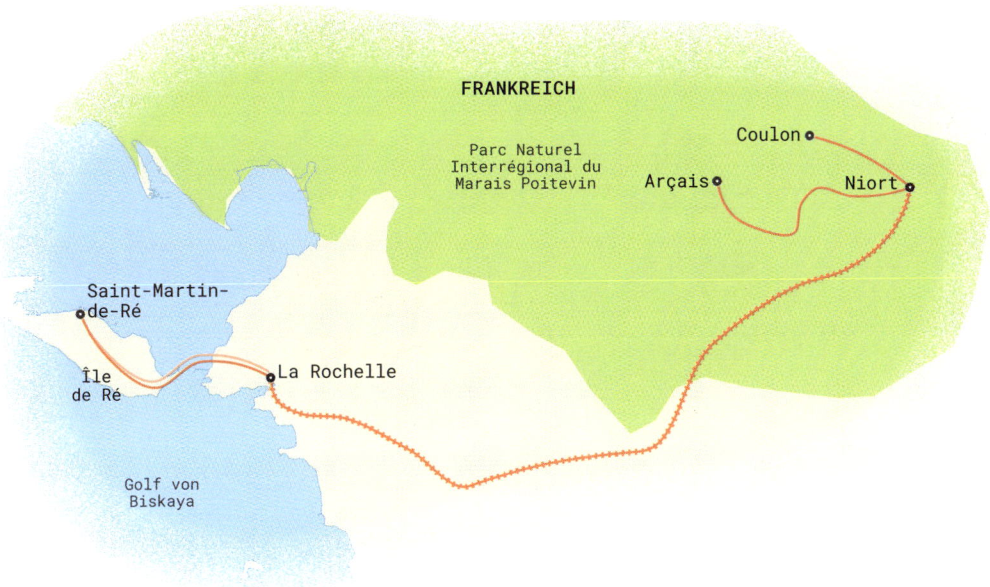

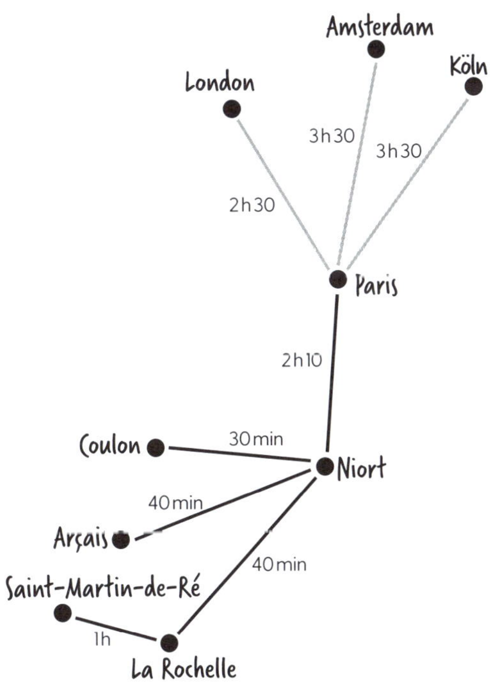

© Justin Foulkes / Lonely Planet

Der Bus 22 fährt zurück nach Niort (30 min, 6 pro Tag, eingeschränkter Betrieb am Wochenende). Dort steigt man in den Bus 21 nach Arçais (40 min, 5 pro Tag, eingeschränkter Betrieb am Wochenende). Am besten vorher anrufen oder online buchen, um sicherzugehen, dass der Bus im Stadtzentrum hält (www.tanlib.com).

❷ Arçais

Das winzige Dorf ist eins der reizvollsten im Sumpfgebiet, mit Holzkränen am „großen Hafen", die noch aus einer Zeit vor der Eisenbahn stammen. Ein Dorfladen und ein paar Restaurants versorgen Besucher für ein, zwei Tage, und man kann hier Boote ohne Guide mieten. Die Sportlichen nehmen ein Kanu, wem nach gemütlicheren Ausflügen zumute ist, nimmt sich ein Flachboot. Es gibt auch Leihräder, zusammen mit Tipps zu den besten Routen entlang der Kanäle.

Mit dem Bus geht's zurück zum Bahnhof in Niort, wo stündlich Züge nach La Rochelle rattern, Fahrtzeit 40 min. Von La Rochelle über-

Links und unten: Saint-Martin-de-Ré; rechts: Uferpromenade in Le Blois-Plage

quert der Bus 3 oder 3E die 3 km lange Brücke zur Île de Ré (1 h, im Stundentakt, sonntags und feiertags eingeschränkter Betrieb).

❸ Île de Ré

Obwohl es seit 1988 eine Brücke zum Festland gibt, ist die Île de Ré immer noch irgendwie getrennt vom Rest Frankreichs. Statt Straßen schlängeln sich rosengesäumte Wege, statt Autos rollen Fahrräder. Die Hafendörfer, Dünen und Kiefernwälder erkundet man am besten mit dem Zweirad; in jedem Dorf kann man Tandems, E-Bikes oder Kinderanhänger leihen. Die Insel ist so klein, dass es egal ist, wo man unterkommt. Wer mit Kindern reist, findet sicherlich ein Plätzchen in Strandnähe. Die Großen zieht es in die Hauptstadt Saint-Martin-de-Ré.

Hauptattraktion ist hier der Strand. Mit einem Fahrrad kann man jeden Tag einen anderen besuchen und die Salzgärten und Sümpfe im Norden erkunden, die Märkte von Le Bois-Plage, die große Zitadelle von Saint-Martin-de-Ré und die Ausblicke vom Leuchtturm Phare des Baleines genießen.

Tagestrip

La Rochelle

Bei Regenwetter oder für eine Shoppingtour ist La Rochelle die richtige Adresse. Die Stadt liegt gleich hinter der Brücke und ist bekannt für ihre historischen Bauten, Fischrestaurants und eleganten Boutiquen. Ein Tag hier verfliegt im Nu. Wer die Meerestiere lieber anderswo statt auf dem Teller sehen will, kommt ins Aquarium, das Kindern und auch den meisten Erwachsenen gefallen wird.

Die Rückfahrt ist entweder auf demselben Weg mit dem Bus oder (von April bis September) mit der Fähre direkt von Saint-Martin-de-Ré (1 h 10, Fahrtzeiten variieren, Infos unter www.iledereLarochelle.fr).

So geht's zurück

Von La Rochelle rumpeln die Züge in weniger als 3 h (über Niort) nach Paris Montparnasse.

Atlantik-Vélodyssée

Bordeaux · Lacanau-Océan · Mimizan · Biarritz · Bayonne · Bordeaux

Wein, Wasser und gemütlich in die Pedale treten lautet das Motto dieser Tour. Anschließend geht's über familienfreundliche Wege an Surfstränden vorbei gen Süden nach Biarritz.

So kommst du hin

In 2 h braust der TGV von Paris nach Bordeaux. Paris bietet sich also für alle an, die aus dem Norden oder Nordosten (einschließlich London) anreisen. Bordeaux hat auch eine rasche Direktverbindung nach Montpellier im Südosten (4 h 30). Achtung: Für den Fahrradtransport in TGV-Zügen muss man extra reservieren.

❶ Bordeaux

Mit dem Rad kommt man hier mühelos zu etlichen Winzern in der Umgebung. Die großen Châteaus rund um Margaux in der Region Médoc liegen ca. 30 km nordwestlich die Garonne entlang. Noch näher ist das Weinbaugebiet Pessac-Léognan im Südosten. Innerhalb der Stadtgrenze lockt das Château Haut-Brion in Pessac. Gerade mal 12 km vom Zentrum entfernt ist das Château Bardins, wo geführte Radtouren zu den umliegenden Châteaus und Weinkellern organisiert werden. Auf jeden Fall sollte man die Gegend um den Fluss anschauen, inkl. Chartron-Viertel. Von Bordeaux geht's dann zur Küste, möglichst fernab der vielbefahrenen Straßen. Eine Option ist der *voie verte* (grüner Weg) entlang einer stillgelegten Bahnstrecke von Bordeaux nach Lacanau-Océan.

Faktencheck

CO_2 (kg pro Pers.) 4

Entfernung (km) 300 per Rad, 200 per Zug

Übernachtungen 5-10+

Fahrtkosten (€) 50

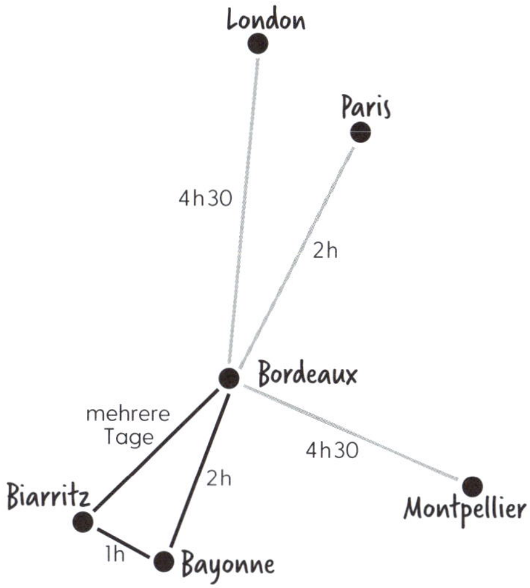

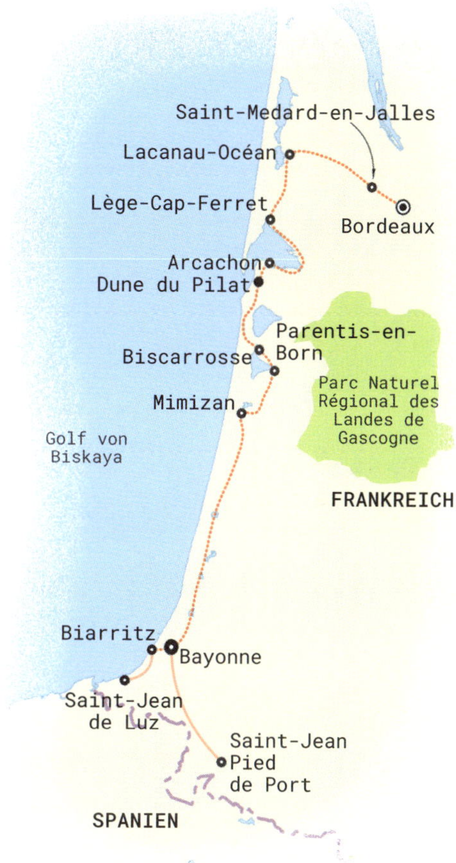

Dieser Abschnitt umfasst 70 km. Am besten in den Bäckereien in Saint-Medard-en-Jalles mit ausreichend Proviant versorgen. Man kann die Strecke auch in zwei oder drei Etappen abstrampeln, v. a. wenn Kinder mitreisen, und entlang der Route für ein, zwei Nächte Unterschlupf finden.

❷ Lacanau-Océan

Diese Stadt steht für Surfen und Sandstrände und hat jede Menge Restaurants sowie Hotels, B&Bs und Campingmöglichkeiten. Hier startet La Vélodyssée, die Langstrecken-Radroute, die den ganzen Weg von der Grenze zu Spanien entlang der französischen Atlantikküste bis nach Brittany (Teil der legendären Route EuroVelo 1) führt. Städte und Dörfer sorgen in regelmäßigen Abständen für Rastmöglichkeiten entlang der grün markierten Route. Von Lacanau-Océan sind es 36 km südwärts nach Lège-Cap-Ferret und weitere 42 km ins schicke Arcachon, wo die Einwohner von Bordeaux gern ein Wochenende entspannen. Wer sich den Bauch mit Meeresfrüchten vollgeschlagen hat, hat genug Energie für einen Rundgang über die Bucht und durch die Sanddünen von Pilat getankt.

Von Arcachon verläuft La Vélodyssée 26 km nach Biscarrosse Plage, weitere 26 km nach Parentis-en-Born und dann 32 km nach Mimizan Plage. Wer mit Kindern reist, kann nach Bedarf Zwischenstopps einlegen oder ein Zeltlager aufschlagen. Der Weg ist für Fahrradanhänger geeignet.

Links: die Atlantikküste, das Musée de la Mer in Biarritz; die Pont Saint-Esprit in Bayonne; vorherige Seite: Weingärten in Bordeaux

❸ Mimizan

La Vélodyssée (www.cycling-lavelodyssee.com) empfiehlt fahrradfreundliche Unterkünfte entlang der Route und Mimizan gibt eine nette Raststation ab. Von hier ist es ein Katzensprung zu den Stränden im Süden, mit Wäldern zur Linken und dem Atlantik zur Rechten. Das nächste Etappenziel ist Biarritz, ein nobles Strand- und Spa-Resort, wo sich schon Napoleon III. erholt hat.

Sportliche Solo-Radler spulen die Fahrt von Mimizan nach Biarritz (ca. 125 km) in einem Tag runter. Bis nach Biarritz ist der Weg flach. Unterwegs findet man auch regelmäßig Übernachtungsmöglichkeiten.

❹ Biarritz

In Biarritz ist erst mal Pause angesagt. Die Stadt breitet sich am Meer entlang aus und umschließt zahllose Fußwege, Spas und einen Leuchtturm mit Blick über die Bucht von Biskaya. Wer will, radelt nochmal 15 km bis zum Fischerhafen und Erholungsort Saint-Jean-de-Luz oder nimmt in Bayonne den Zug in den Wallfahrtsort Saint-Jean-Pied-de-Port, wo man die Ausläufer der Pyrenäen mit dem Rad oder zu Fuß erklimmen kann.

Jetzt sind es nicht mal 10 km nach Norden bis Bayonne.

❺ Bayonne

Die Hauptstadt des französischen Baskenlands steht für leckeres Essen und eine ereignisreiche Vergangenheit. Die kopfsteingepflasterte Innenstadt und die Restaurants am Flussufer füllen schnell ein Tagesprogramm, bevor der Zug wieder nach Bordeaux rattert.

Normalerweise starten 12 Züge pro Tag von Bayonne nach Bordeaux, Fahrtzeit 2 h (man verliert nicht viel Zeit, wenn man die TER Lokalbahn nimmt, und für Fahrräder ist keine Reservierung notwendig, aber man muss früh da sein, um einen Platz zu ergattern).

So geht's zurück

Von Bordeaux geht's auf demselben Weg wieder ins Herkunftsland.

Einmal durch Marokko

Málaga • Melilla • Fès • Meknes • Tanger • Algeciras
Per Schnellzug nach Málaga und mit der Fähre nach Marokko zu alten Reichsstädten und zauberhaften Bergdörfern.

So kommst du hin

Dank der grenzüberschreitenden Zugverbindungen von Renfe/SNCF ist Málaga leicht per Hochgeschwindigkeitszug von Barcelona, Madrid und anderen spanischen und französischen Städten aus zu erreichen. In Málaga legt die Fähre nach Marokko ab; zurück geht's über die Straße von Gibraltar nach Algeciras.

❶ Málaga

Die südspanische Stadt strotzt nur so vor Energie. Durch die Eröffnung einer Niederlassung des Pariser Centre Pompidou und des Carmen Thyssen Museums hat sich Málaga endgültig als Kunststadt etabliert. Bei Wein und Tapas lassen sich hier gut ein paar Abende verbringen.

Faktencheck

CO_2 (kg pro Pers.) 45
Entfernung (km) 1015
Übernachtungen 10
Fahrtkosten (€) 150

Mit der Abend- oder Nachtfähre geht's weiter nach Melilla (6 h). www.balearia.com, www.trasmediterranea.es

❷ Melilla

Wer würde in Nordafrika schon Hunderte von Jugendstilbauten vermuten? Die zweitgrößte Ansammlung nach Barcelona steht hier neben einer perfekt erhaltenen Mittelalterburg und faszinierenden Museen. Nach

Heri es-Souani in Meknes

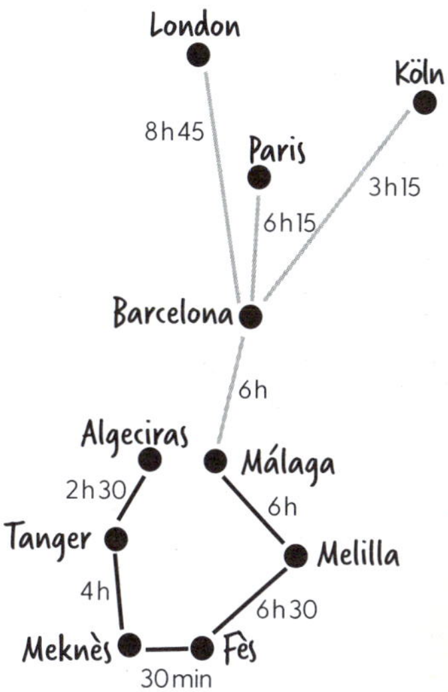

einem langen Sightseeing-Tag locken die vielen Tapasbars der sehenswerten Stadt. Zusammen mit Ceuta gehört das multikulturelle Melilla zu den zwei autonomen spanischen Enklaven an der Küste Marokkos. Die touristische Infrastruktur ist ausgezeichnet.

Von Melilla nimmt man ein Taxi nach Nador (35 min).

Ab Nador fährt zweimal täglich ein Zug nach Fès (6 h; www.oncf-voyages.ma).

3 Fès

Die reiche Geschichte und Kultur von Fès faszinieren. Es ist beeindruckend, dass 70 000 Menschen in der dunklen und baufälligen Medina leben, die zu den größten autofreien Gebieten der Welt zählt.

Es gibt fünf Züge täglich von Fès nach Meknes, die Fahrt dauert ca. 30 Min.

Hoteltipp: Riad Tizwa Fes

4 Meknes

Das entspannte Meknes ist die leiseste der marokkanischen Reichsstädte, steht den anderen aber in nichts nach. Der Berberstamm der Meknassi ließ sich im 10. Jh. hier nieder; so richtig los ging es für die Stadt jedoch erst im 17. Jh. unter Mulai Ismail. Der Herrscher aus der Alawiden-Dynastie schenkte ihr 25 km lange Stadtmauern, monumentale Tore und eine Palastanlage. Heute ist Meknes eine gute Basis für einen Besuch der römischen Ruinen von Volubilis und der heiligen Stadt Moulay Idriss.

Von Meknes fahren täglich fünf Züge nach Tanger (4 h).

Tagestrip

Volubilis & Moulay Idriss

Die römischen Ruinen von Volubilis sind die bestenerhaltenen Ausgrabungsstätten Ma-

3389

Links: Bou Inania Madrasa in der Medina von Fès; ein Dattelbauer; unten: Chefchaouen

rokkos und liegen 33 km nördlich von Meknes. Zusammen mit der weißen Stadt Moulay (5 km) sind sie ein toller Tagesausflug.

Es gibt keine Busse nach Volubilis, weshalb man in Meknes am besten ein Taxi für den Halbtags- oder Ganztagstrip nimmt.

5 Tanger

Tanger hat viele Gesichter, vom verlotterten Treffpunkt der Beat-Generation bis zur heutigen modernen Touristenstadt. In der Medina aus dem 15. Jh. bekommt man einen Einblick in eine ganze andere Welt und kann sich gut und gerne einen Tag in den engen Gassen verlieren.

Von Tanger-Ville nimmt man ein Taxi zum Hafen Tanger-Med (1h; Busse sind weniger verlässlich), wo oft Fähren nach Algeciras ablegen (1h 30; 30 min mit der Schnellfähre).

Tagestrip

Chefchaouen

Marokkos berühmte blaue Stadt sitzt am Fuß des Rif-Gebirges. Ihre Medina ist eine Augenweide aus marokkanischen und andalusischen Einflüssen mit roten Dächern, leuchtend blauen Hausern und schmalen Gassen, die auf der geschäftigen Plaza Uta El Hamman mit der restaurierten Kasbah zusammentreffen. Auch das umliegende Gebirge ist einen Ausflug wert.

Busse und Taxis brauchen ca. drei Stunden von Tanger nach Chefchaouen, was eine Tages- oder Mehrtagestour möglich macht.

So geht's zurück

Von Algeciras fährt die Bahn nach Málaga und Madrid mit Anbindung ans Hochgeschwindigkeitsnetz.

Auszeit auf den Balearen

Barcelona · Alcúdia · Pollença · Palma · Ibiza · Valencia

Eine Tour mit Zug und Fähre über Barcelona auf die Baleareninseln Mallorca und Ibiza.

So kommst du hin

Dank der Hochgeschwindigkeitszüge von Renfe und SNCF zwischen Frankreich und Spanien ist man schnell in Barcelona (wo die Fähre nach Mallorca ablegt), z. B. ab Paris in 6 h 15. Paris ist per Schnellzug von Städten wie London, Köln, Frankfurt, Genf und Brüssel aus zu erreichen.

❶ Barcelona

Bevor man die Fähre nach Mallorca nimmt, sollte man einen Tag für die Kunst und Architektur Barcelonas einplanen.

Pro Woche gibt's ca. 19 Überfahrten von Barcelona nach Alcúdia (6 h) inkl. Nachtfähren (www.balearia.com oder www.trasmediterranea.es). Alle 20 Min. fährt ein Bus von Port d'Alcúdia nach Port de Pollença (ca. 40 min). Oder man nimmt ein Taxi.

❷ Pollença

Pollença und der dazugehörige Hafen bilden eine tolle Basis für Ausflüge in die Serra de Tramuntana mit ihren Klöstern und Bergdörfern sowie an die Strände der mallorquinischen Nord- und Ostküste. Im hübschen Ort gibt's viele Hotels und Ferienhäuser jeder Preisklasse; die mit-

Faktencheck

CO_2 (kg pro Pers.) 72

Entfernung (km) 600

Übernachtungen 12

Fahrtkosten (€) 220

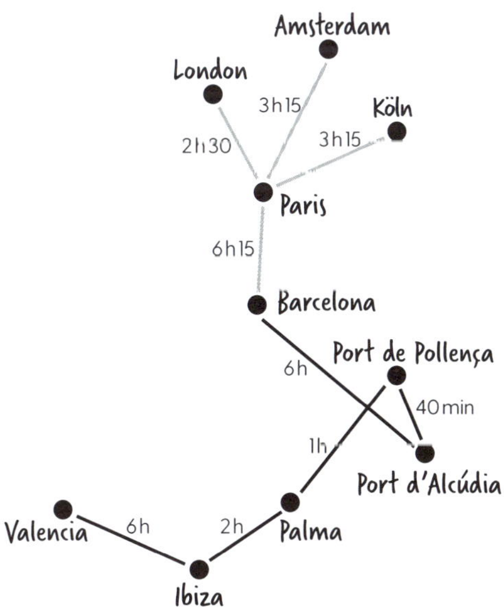

© Joanna Pechmann / 500px

telpreisigsten liegen in Port de Pollença. Man sollte sich für den Norden der Insel mindestens drei bis vier Tage Zeit nehmen. **Für die Fahrt in den Süden bis zur Hauptstadt Palma bietet sich der Bus (ca. 1 h, 16 Fahrten werktags, neun am Wochenende) oder ein gemietetes Elektroauto an.**

Tagestrip

Fahrradtour

Die vielen ausgeschilderten Routen und jede Menge Radverleihe machen Mallorca zu einer fahrradfreundlichen Insel. Für jeden ist etwas dabei: von Mountainbike-Touren durchs Tramuntana-Gebirge für erfahrene Radler bis zu gemütlichen Ausflügen durch das flache Inselinnere und von Küste zu Küste. Bergigere Routen führen von Pollença zum Cap de Formentor oder nach Sa Ca-

Links: Ibizenker Garnelen mit Knoblauch; rechts: Cala d'en Serra, Ibiza; vorherige Seite: der Palau Nacional in Barcelona

lobra; gemächlicher ist die Strecke von Alcúdia in das Naturschutzgebiet S'Albufera.
Leihräder für diese Touren gibt's in Pollença oder Alcúdia.

3 Palma

Das kleine sonnenverwöhnte Palma wird oft unterschätzt. Seine Museen können mit denen Barcelonas mithalten, die gotische Kathedrale ist atemberaubend und die Altstadt strotzt nur so vor maurischen Wunderwerken.
Fähren legen täglich nach Ibiza ab und brauchen ca. zwei Stunden für die Überfahrt.
Hoteltipp: Convent de la Missió

4 Ibiza

Egal, ob tanzwütige Raver, coole Boho-Hippies oder strandverrückte Sonnenanbeter – die Partyinsel der Balearen zieht sie alle in ihren Bann. Im Sommer legen hier die besten DJs der Welt auf, aber außerhalb der Clubs und der Hochsaison locken Wellnessoasen und malerische Strände. Besonders schön zum Übernachten ist die Inselhauptstadt oder ein umweltfreundlicher agriturismo auf dem Land. Nirgends lässt sich der Sonnenuntergang entspannter genießen als auf der „Weißen Insel" Ibiza.
Von Ibiza setzt die Fähre nach Valencia über (6 h). www.balearia.com, www.gnv.it

Tagestrip

Yoga

Abgelegene weiße Villen und ruhige Stränden laden Yogis in Ibiza zum Üben ihres Pranayama ein. Vor Ort bieten Yogalehrer je nach Vorlieben verschiedene Kurse an.
Man hat die Wahl zwischen Gemeinschafts- oder individuellen Klassen, wie z. B. Hatha-Workshops bei Almond Blossom oder eine vegane Auszeit mit Supersoulyoga.

---

5 Valencia

Im pulsierenden Valencia findet man eine florierende Kultur-, Gastronomie- und Ausgehszene. Die futuristische Stadtarchitektur kommt besonders in der Ciudad de las Artes y las Ciencias sowie den vielen modernistischen Bauwerken – wie z. B. dem Mercado Central in der Altstadt – zur Geltung. Perfekt für eine Verschnaufpause vor der Rückfahrt.

So geht's zurück

Von Valencia nimmt man die Bahn nach Madrid oder Barcelona mit Anschluss an schnellere Züge nach Frankreich, Deutschland oder Großbritannien.

Tour du Mont Blanc

Paris • Chamonix • Courmayeur • Chamonix • Paris
Diese fulminante Trekkingtour führt rund um den höchsten Berg Westeuropas – mit dem Bike oder zu Fuß.

So kommst du hin

Mit der Zugverbindung Paris–Chamonix ist die Anreise aus dem Norden, wie London, Amsterdam oder München, ein Leichtes. Wer aus Italien bzw. Südeuropa kommt, ist eventuell schneller mit dem Bus von Turin nach Courmayeur (2 h 30) und startet dort.

❶ Paris

Das Großstadtabenteuer Paris muss warten. Jetzt heißt es ab mit dem TGV in die Alpen. Wer das Mountainbike dabeihat, erkundigt sich am besten vorab, ob bei TGV Lyria eine Reservierung dafür nötig ist. Während der Zug durch die Landschaft gleitet und zusehends an schwindelerregender Höhe gewinnt, bleibt genug Zeit, sich mit der Frage auseinanderzusetzen, warum es gerade diese Tour sein soll. Es spricht so einiges für die beliebte 170-km-Reise durch die Alpen: Erstens ist die Tour du Mont Blanc eine Rundreise, was vieles vereinfacht. Zweitens ist sie eine erschlossene Trekkingroute durch drei Länder (Frankreich, Italien und die Schweiz) mit Hütten alle 15 km. Zur Hochsaison im Juli und August am besten im Voraus buchen! Viele starten im winzigen Les Houches und marschieren gegen

Faktencheck

CO_2 (kg pro Pers.) 11
Entfernung (km) 800
Übernachtungen 7-12
Fahrtkosten (€) 200

den Uhrzeigersinn. Sie brauchen zehn Tage oder mehr (besonders trainierte und schnelle Trailläufer schaffen die Strecke in 24 h). Mit dem Mountainbike ist die Route in fünf Tagen zu bewerkstelligen, je nach Witterung und wie voll der Trail ist (September ist einen Versuch wert, um den Wanderfreunden im Sommer zu entgehen). Von Dezember bis Mai bevölkern Tourengänger das Mont-Blanc-Massiv.

Rund sechs TGVs fahren von Gare de Lyon nach Chamonix, mit zweimal Umsteigen in Lokalbahnen, in Bellegarde sur Valserine und Saint-Gervais-Les-Bains; Fahrtzeit insgesamt mindestens 5 h 30.

❷ Chamonix

Schon bei der Ankunft in Chamonix wird klar, dass du in einem klassischen Bergdorf bist. An jeder Ecke warten Sportgeschäfte, inklusive Mountainbikeverleih. Spätestens jetzt sollte man sich mit allem Nötigen eindecken: einem Kocher für die Trockennahrung, Snacks, Wasserflasche und Wasserfilter (obwohl ausreichend Trinkwasser – *eau potable* – vorhanden ist – siehe Ausschilderungen entlang der Route).

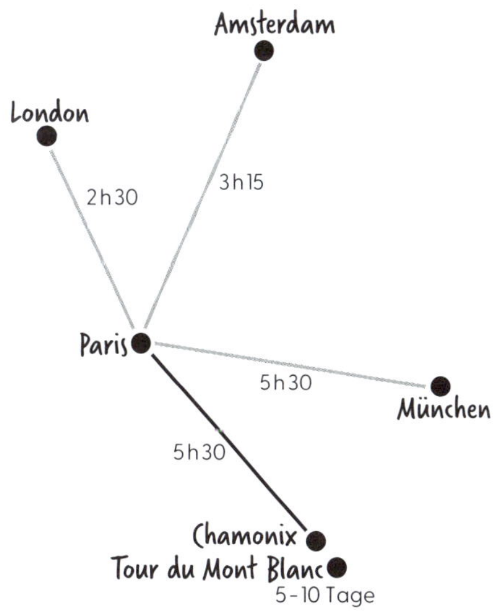

Vorherige Seite: der Lac Blanc und das Mont-Blanc-Massiv; links: ein Chalet in Courmayeur; rechts: Mountainbiker in Chamonix

Wanderer haben jeden Tag einen beachtlichen Anstieg vor sich, bevor es zum Nachtlager im Tal geht. Der Höhenunterschied ist größer als der Mount Everest insgesamt (10 000 m oder mehr). Rund sechs Monate vor Reiseantritt mit dem Training anzufangen, zahlt sich aus. Auch für Mountainbiker ist diese Tour definitiv eine Herausforderung und eher etwas für erfahrene, fitte Sportler, die schroffes Gelände und der Witterung ausgesetztes Gefälle mit einem voll beladenen Bike meistern, genauso wie lange Steigungen, wo man das Rad schon mal schieben oder tragen muss. Zur Belohnung gibt's ein unvergessliches Naturschauspiel und das Gefühl, hoch über allen profanen Sorgen zu schweben. Obwohl man im Gebirge unterwegs ist, ist man in guter Gesellschaft und der Trail und die Hütten sind oft recht voll. Und falls doch etwas nicht klappt, finden sich auch entlang der Route noch Abzweigungen zurück in die Zivilisation.

Ab Les Houches hängt alles von deinen zwei Beinen (oder Rädern) ab. Die meisten Wanderer schaffen bis zu 20 km pro Tag, Biker das Doppelte.

❸ Courmayeur

Auf halber Strecke stößt man auf die alte italienische Bergstadt Courmayeur im Aostatal. Hier lautet die Devise: ausruhen, sich verköstigen, die verschwitzten Klamotten waschen und Bier trinken. Wie schon in Chamonix sind in Courmayeur die Seilbahnen nicht weit, die im Nu einen herrlichen Rundumblick herzaubern. Ansonsten fährt ein Bus in 30 Minuten zu den Spas in Pré-Saint-Didier, wo sich schon die Römer entspannten. Weiter auf der Mont-Blanc-Tour geht's von Italien über die Grenze in die Schweiz und vorbei an den Dörfern Issert und Champex, während im Hintergrund die Glocken der weidenden Kühe und Schafe schellen.

Theoretisch hast du jetzt die halbe Strecke bis Chamonix hinter dir, also nichts wie weiter!

So geht's zurück

Von Chamonix braust der Zug zurück nach Paris, mit Anschluss in die Heimat.

Mit dem Rad von Paris nach London

Paris • Chaussy • Gisors • Dieppe • London

Nahezu autofrei verbindet der Fernradweg Avenue Verte diese beiden Hauptstädte in einer Woche – voller Schlösser und mit einer Fähre über den Ärmelkanal.

So kommst du hin

Paris ist von zahlreichen Städten Europas mit der Bahn zu erreichen – das Rad nimmt man mit. Im Eurostar oder Thalys nach Paris ab Brüssel (1 h 30) oder London (2 h 30) muss man die kostenpflichtige Radmitnahme vorbuchen. Pro Zug können nur zwei Drahtesel zusammengebaut befördert werden. 90 Minuten vor Abfahrt einchecken! Von Paris nach London gibt's zwei Routen: Dies ist die weniger bergige und so für Familien leichtere Strecke durch die Normandie – die 460 km sind relativ flach. Superfitte können die Route in drei Tagen schaffen, Genussradler sollten eine Woche veranschlagen, ohne Erkundung von Paris, London oder Chaussy. Natürlich kann die Strecke auch andersherum absolviert werden.

Faktencheck

CO_2 (kg pro Pers.) 14.5

Entfernung (km) 400

Nächte 5–10

Fahrtkosten (€) 24 (Fähre)

1 Paris

Die Tour von einer Weltstadt zur anderen beginnt man am besten am spirituellen Herz von Paris: Notre-Dame. Die Avenue Verte führt dann durch die Eichen und Buchen des Forsts Saint-Germain-en-Laye, an Conflans-Sainte-Honorine vorbei und durch den malerischen Regionalen Naturpark Vexin Français. Unterkünfte sollten mit flexibler geschätzter Ankunftszeit gebucht werden – vielleicht bietet sich unterwegs ja ein schöner Abstecher an.

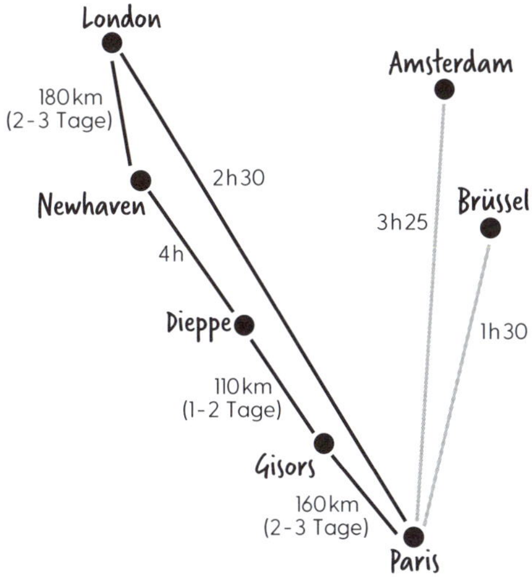

Die ausgeschilderte Route zum Canal Saint-Martin stößt schließlich auf die Seine für die 45 km aus der Stadt hinaus Richtung Gisors (160 km vom Zentrum von Paris, 2–3 Tage).

Tagestrip

Domaine de Villarceaux

Am besten macht man einen Tag Pause, um in Chaussy die Domaine de Villarceaux zu erkunden. Hier gibt's nicht nur gepflegte Gärten und ein Märchenschloss, sondern man kann sich im Centre d'Ecodéveloppement de Villarceaux (CEV) auch über nachhaltige Landerschließung informieren. Außerdem kann man hier in der Bergerie de Villarceaux (http://bergerie-villarceaux.org) in umweltbewusst renovierten Bauernhäusern übernachten und im Biorestaurant regional und saisonal speisen. Reservierung empfohlen!

Durchs 12 km nördlich der Seine gelegene Chaussy radelt man auf der Strecke nach Gisors.

2 Gisors

Der Weg zum mittelalterlichen Burgstädtchen Gisors und zum Epte-Tal ist zwar regelmäßig ausgeschildert, doch vielleicht verfährt man sich trotzdem auf den stillen Landstraßen inmitten der Obstgärten und Hügel der ländlichen Normandie, sodass eine gute Karte oder ein GPS von Nutzen ist. Die letzte Etappe führt dann vom Kurort Forges-les-Eaux über eine alte Bahntrasse nach Dieppe (50 km) – hier nahm die Idee der Avenue Verte ihren Ausgang.

Von Dieppe fahren jede Stunde SNCF-Regionalzüge zurück nach Paris

Links: im Wald von Saint-Germain-en-Laye; unten: St. Paul's Cathedral; rechts: die Domaine de Villarceaux; vorhergehende Seite: mit dem Rad durch Paris

(2 h 30) – falls man umkehren möchte. Ansonsten reiht man sich an der Fähre in die Schlange der Autos und Motorräder ein, und nach Erledigung der Formalitäten schiebt man sein Rad an Bord, wo man es für die Überfahrt (4 h, 2-mal tgl., www.dfds.com) in einem der bereitstehenden Ständer abstellt.

❸ London

Nach der Fahrt über den Ärmelkanal folgt die Route in England dem National Cycle Network, doch zur Orientierung findet man auch das Avenue-Verte-Logo. Von Newhaven geht's auf den Routen 20 und 21 zum Dorf Hailsham in East Sussex, dann über mehrere Tage weiter nach Forest Row, Red Hill und London. Die 180 km lange England-Etappe mit ein paar Hügeln dauert gewöhnlich zwei bis drei Tage. Der Symmetrie zuliebe sollte man den Trip an der Londoner St. Paul's Cathedral gleich nördlich der Themse beenden und anschließend noch einen oder zwei Tage lang London per Rad erkunden – aber Vorsicht: Hier werden sehr viele Räder gestohlen, also ein sehr gutes Schloss mitnehmen!

So geht's zurück

Wer über Paris nach Hause zurückkehrt, muss den Fahrradplatz für den Eurostar ab St. Pancras International vorbuchen.

Schiffsfahrt auf dem Canal du Nivernais

Auxerre • Mailly-le-Château • Clamecy

Mit Schiff und Fahrrad geht's auf dieser gemütlichen Reise den Canal du Nivernais entlang. Unterwegs warten Wälder, Weingärten und Burgen.

So kommst du hin

Ausgangspunkt für die Schiffsfahrt über den Canal du Nivernais ist die Mittelalterstadt Auxerre, 1 h 30 mit dem Zug von Paris entfernt (www.sncf.com), bzw. 4 h 15 von Brüssel und 6 h von Zürich. Zur Auswahl steht ein All-Inclusive-Hotelschiff (mit Vollpension, Wein und Rädern für Erkundungstouren; www.edgecharter.com) oder eine erschwinglichere Option, bei der man selbst das Steuer übernimmt (www.leboat.co.uk). Was keine Hexerei ist, schließlich fährt man auf einem Kanal. Die Fahrräder kann man dann in Auxerre abholen. Mehr zur Geschichte des Kanals (ursprünglich ein Transportweg für Feuerholz) liest man unter www.france.fr und http://burgundy-waterways.com.

Faktencheck

CO_2 (kg pro Pers.) Je nach Boot

Entfernung (km) 65

Übernachtungen 6–10

Fahrtkosten (€) 1000–3500

1 Auxerre

Über 174 km bahnt sich der Canal du Nivernais seinen Weg durchs Burgund, von Auxerre über Clamecy bis Decize an der Loire. Zwischen Auxerre und Clamecy ist sie komplett menschengemacht. Sie führt an Weingärten vorbei und durch eine Schlucht aus Kalkstein, parallel zur Yonne. Schleusenwarter bieten Hilfe an (insgesamt sind 116 Schleusen über den Kanal verteilt).

Am besten nimmt man sich ein paar Tage Zeit für die Fahrt nach Mailly-le-Château (27 km; 6 h Fahrtzeit).

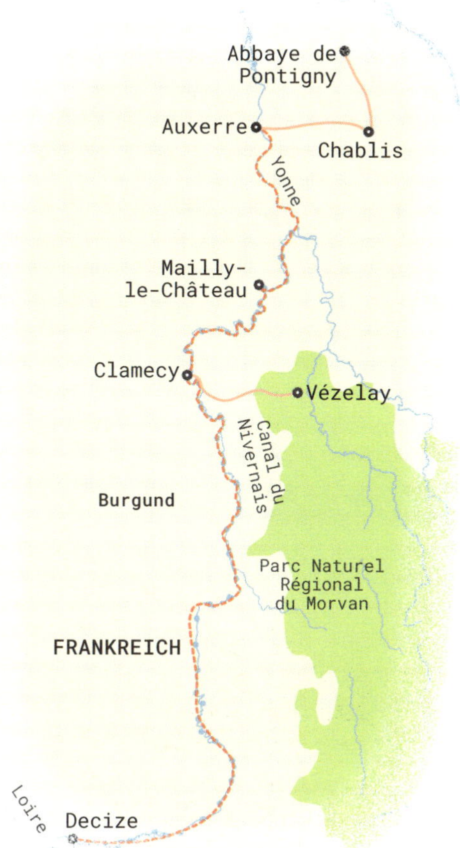

Tagestrip

Radfahren in Chablis

Mindestens einen Tag sollte man fürs bukolische Chablis einplanen, mit seinen alten Dörfern, Auen, Wäldern und Weingütern, die man am besten mit dem Fahrrad besucht. Die Weinindustrie geht hier auf die Mönche von Pontigny zurück. Geübte Straßenradfahrer können einen Abstecher zur beeindruckenden Abbaye de Pontigny machen, 15 km nördlich von Chablis. Sie ist eins der letzten Zeugnisse zisterziensischer Baukunst im Burgund, und die weißen Steinwände heben sich von der grünen Umgebung deutlich ab.

Von überall entlang des Kanals bis Camps-sur-Yonne kommt man auf Nebenwegen wieder nach Chablis (20 km, 1 h eine Strecke). Straßenkarte oder GPS nicht vergessen.

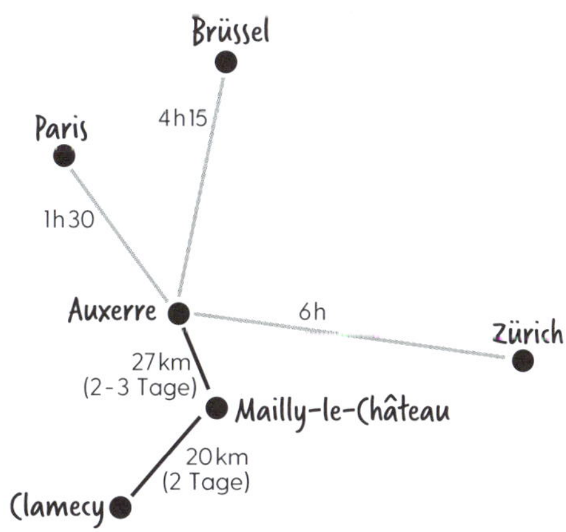

Von links: Mailly-le-Chateau; Buchladen Librairie L'Or des Etoiles in Vézelay; Chablis; vorherige Seiten: Schleuse in La Collancelle, Abbaye St-Germain, Auxerre

❷ Mailly-le-Château

Die lange Strecke bis Mailly-le-Château, mit seiner alten Brücke an der Kapelle Saint-Nicolas, lässt sich mit einem Zwischenstopp in Ecluse des Dames unterteilen, wo ein Restaurant und Abenteuerspielplatz für Kinder warten. Wenn man so übers ruhige Wasser gleitet, während der Bug einen Keil ins Spiegelbild der Bäume treibt, lässt man all seine Sorgen hinter sich zurück. Abgesehen von ein paar Radfahrern und Fußgängern triffst du hier nur Wildentenfamilien, Reiher, Schwäne und Schmetterlinge.

Nächstes Etappenziel ist Clamecy (20 km).

❸ Clamecy

Clamecy stammt aus dem 13. Jh. und liegt an den Flüssen Yonne und Le Beuvron. Besucher schlendern hier durch mittelalterliche mit Blumen geschmückte Gässchen.

Tagestrip

Vézelay

Die architektonische Perle Vézelay ist Unesco-Welterbe. Man fühlt sich wie in einem Land vor unserer Zeit, hoch oben auf einem Felsvorsprung, mit mittelalterlicher Basilika, und einem Mosaik aus Weingärten, Sonnenblumenfeldern und Kuhweiden ringsum. Hier startet auch der Jakobsweg nach Santiago de Compostela in Spanien.

Von Clamecy sind es 20 km mit dem Rad (ca. 1 h) nach Vézelay und retour.

So geht's zurück

Es sind zwar grad mal 45 km bis Clamecy, aber in diesem Tempo dauert die Strecke ihre Zeit. Wer noch Zeit zur Verfügung hat, kann Richtung Decize weitertrudeln oder einen Platz zum Umkehren suchen und sich den Kanal aus anderer Perspektive auf dem Weg gen Norden zurück nach Auxerre ansehen. Parallel verläuft die Bahnlinie mit Anbindungen von allen größeren Dörfern zurück nach Paris (je nachdem, was mit dem Bootsverleih ausgemacht wurde).

Wandern an der Küste Portugals

Lissabon · Santiago do Cacém · Porto Côvo · Odeceixe · Cabo de São Vicente
Auf der Rota Vicentina geht's in aller Ruhe an der Küste des Alentejo entlang.

So kommst du hin

Seit 2020 gibt es keine Nachtzüge nach Lissabon mehr, weder von Madrid noch von Hendaye an der französisch-spanischen Grenze mehr. Eine Hochgeschwindigkeitsstrecke ist nicht in Sicht, daher erreicht man Lissabon von Madrid aus (mit zweimaligem Umsteigen) in etwa 9 h bis 10 h. Von Paris aus geht's nach Madrid mit dem TGV über Barcelona. Die Wanderung auf dem Historischen Weg von Santiago do Cacém – leicht von Lissabon aus zu erreichen – nach Porto Côvo dauert drei Tage. Der Fischerpfad Trilho dos Pescadores) führt in neun Tagen von dort nach Cabo de São Vicente in der Algarve. Man kann aber jederzeit den Bus zurück nach Lissabon nehmen.

Faktencheck

CO_2 (kg pro Pers.) 16
Entfernung (km) 264
Übernachtungen 8–14
Fahrtkosten (€) 33,30

❶ Lissabon

Zunächst lässt man sich ein oder zwei Tage von Lissabons Kunst und Architektur verzaubern, dazu eine kulinarische Führung und ein Trip zum Hieronymuskloster in Belém.
Zum Historischen Weg geht's per Rede Expressos vom Busbahnhof Sete Rios nach Santiago do Cacém (2 h, alle 3 Std., buchen).

❷ Santiago do Cacém

Der Startpunkt dieses Abenteuers ist das verschlafene Santiago do Cacém mit

seinen Orangenbäumen. Von hier geht's in südwestliche Richtung über Cercal do Alentejo an den Atlantik. Einige Wanderer campen an der Strecke, aber die meisten reservieren ihre Quartiere im Voraus. Eine Alternative ist die Nutzung von Reiseanbietern, die sich um die Übernachtungen kümmern und das Gepäck von Ort zu Ort bringen. Auf diesem Abschnitt gibt's reichlich Unterkünfte.

Die Dreitageswanderung über 57 km nach Porto Côvo führt durch ein Mosaik aus Korkwäldern, Kiefernhainen und Ackerland, aus dem hier und da sonnengebleichte Dörfer blitzen.

❸ Porto Côvo

Hier wird aus dem Historischen der Fischerweg. In den folgenden drei Tagen geht's über Strände und gelegentlich Dünen, weshalb man genügend Zeit (und Geduld) mitbringen sollte. Langsamer als hier kann man kaum reisen. Ausreichend Wasser und Proviant sind ebenfalls mitzunehmen, denn der Weg ist recht abgelegen. Wenn man nicht gerade über menschenleere Strände stapft, folgt man den Trampelpfaden der Fischer über die zerklüfteten Klippen und zu den versteckten Buchten des südwestlichen Alentejo und des Parque Natural do Sudoeste Alentejano e Costa Vicentina. Wer richtige Höhenangst hat, für den ist dieser Abschnitt nicht so toll.

Oben: Cabo de São Vicente; rechts: Odeceixe; vorherige Seite: Wandern in Porto Côvo

Für die 16 km von Porto Côvo nach Vila Nova de Milfontes sollte man genug Zeit einplanen. Der nächstgrößere Ort ist erst Cavaleiro (20 km) und dann Odeceixe (24 km).

4 Odeceixe

Odeceixe sitzt an der Mündung des Flusses Ribeira de Seixe. In der Kleinstadt und seiner Umgebung kann man schön Kanu fahren, Vögel beobachten und das Surfen lernen. Wer eine Pause vom Wandern braucht, sollte sich gleich mehrere Tage hier einmieten. Im Sommer wimmelt es am Strand von Urlaubern, aber außerhalb der Saison ist es relativ ruhig.

Vier bis sechs Tage braucht man von hier über den Fischerweg bis zum Cabo de São Vicente (60 km). Alle 20 km kommt man durch Ortschaften.

5 Cabo de São Vincente

Vom windgepeitschten Kap, dem südwestlichsten Punkt Europas, hat man einen dramatischen Blick auf den Sonnenuntergang. Im Zeitalter der Entdeckungen war es das letzte Stück Europa, das die Seefahrer zu Gesicht bekamen, bevor ihre Schiffe am Horizont verschwanden. In dem kleinen Leuchtturm befindet sich ein Museum zu Portugals Seefahrtsgeschichte.

So geht's zurück

Von Sagres (1 h zu Fuß vom Kap entfernt) fahren Busse zurück nach Lissabon (4 h 15, täglich). Wer den Wanderweg eher verlassen möchte, nimmt einen Bus in einem der Dörfer an der Strecke. Fahrpläne und Tickets gibt's online über Rede Expressos (www.rede-expressos.pt).

Donau-Radweg

Passau · Schlögener Schlinge · Linz · Grein · Melk · Krems · Wien

Der Donau-Radweg ist eine genüssliche Strecke entlang eines der mächtigsten Flüsse Europas, zwischen Weinbergen, Obstgärten, Dörfern und Burgen.

So kommst du hin

Nach Passau rollen die Hochgeschwindigkeitszüge aus München (2 h 45) und Salzburg (2 h 30). Die Route ist am einfachsten von West nach Ost, flussabwärts und bergab. Im Juli und August wird's voll, dann den Weg lieber meiden. Räder und E-Bikes kann man in Passau leihen und in Wien gegen einen Aufpreis (etwa 35 €) zurückgeben.

❶ Passau

An der Grenze zu Österreich und Tschechien hat man Passau im großen Stil errichtet, war es doch das größte Bistum des Römischen Reichs. Die stolze barocke Altstadt liegt auf einer Halbinsel am Zusammenfluss von Donau, Inn und Ilz. Ein Geflecht aus Gassen, Tunneln und Bogengängen windet sich um einen extravaganten Dom im italienischen Stil.

Von Passau führt der erste Abschnitt durch eine liebliche Landschaft ins österreichische Schlögen (45 km).

Zwischenstopp

Engelhartszell

Die Trappisten-Abtei Engelhartszell aus dem 13. Jh. ist ein guter Platz zum Verschnaufen und um Mönchsbräu, Likör und Käse zu probieren.

Faktencheck

CO_2 (kg pro Pers.) 0,1

Entfernung (km) 315

Übernachtungen 9+

Fahrtkosten (€) 130–235

Engelhartszell befindet sich nach ca. 30 km auf dem Weg zur Schlögener Schlinge.

2 Schlögener Schlinge

Die Schlögener Schlinge ist das Sahnehäubchen auf dieser malerischen Route durchs Donautal. Der Fluss schlägt hier eine 180° Kehrtwende durch bewaldetes Granitgestein. Eine sensationelle Aussicht verspricht der Schlögener Blick, den man vom Dorf Schlögen nach 30-minütigem Aufstieg erreicht.

Kleine Passagierfähren tuckern von Schlögen ans gegenüberliegende Flussufer, wo die Fahrt nach Linz weitergeht (46 km).

3 Linz

Hier weitet sich das Donautal zu einer fruchtbaren Ebene. Die Kulturstätte Linz ist voll und ganz auf Zukunft eingestellt: Das Lentos Kunstmuseum stellt moderne Werke zur Schau und das interaktive Ars Electronica Center steht für neue Technologien, Wissenschaft und digitale Medien. Ansonsten lädt die Linzer Altstadt mit Einflüssen aus Barock und Renaissance zum Schlendern ein. Sie drapiert sich vom Café-gesäumten Hauptplatz weg wie ein Fächer. Bis nach Grein, dem nächsten Ziel, sind es weitere 60 km.

Zwischenstopp

Enns

Enns wurde 1212 gegründet und ist eine der ältesten Siedlungen Österreichs.

Es liegt 23 km von Linz entfernt auf dem Weg nach Grein.

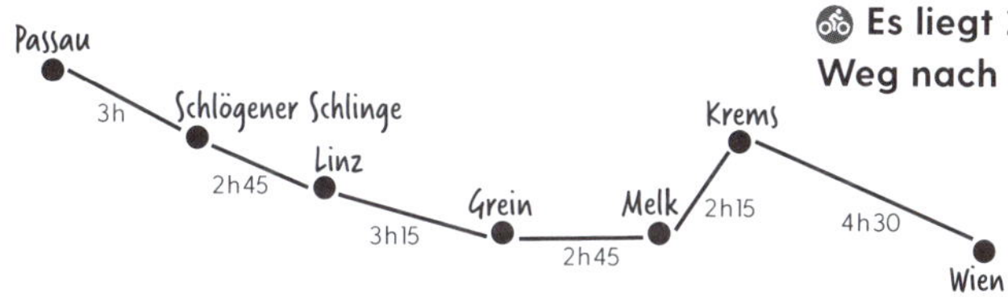

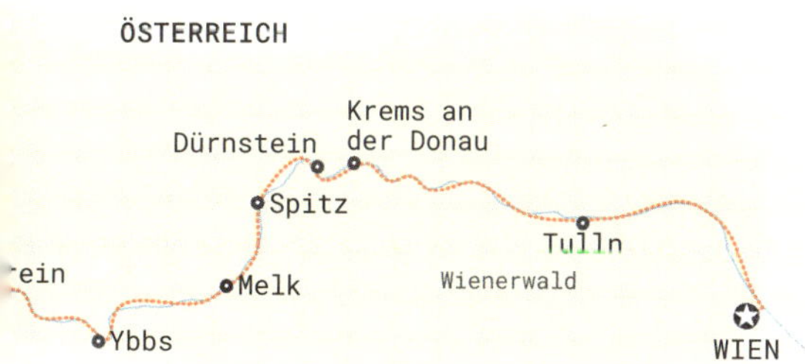

Entlang der Donau, der Beschilderung der EuroVelo 6 folgend

❸ Grein

Viele Zweiradfans schwärmen von Grein, und es ist zweifellos ein Juwel. Über dem Dorf ragt eine barocke Burg mit Türmen hie und da empor. Dahinter versteckt sich ein mustergültiger Säulenhof aus der Spätrenaissance. Ein ehemaliger Getreidespeicher beherbergt das Stadttheater aus dem 18. Jh., das älteste noch bespielte Festspielhaus Österreichs.

Dann heißt es 44 km in die Pedate treten bis Melk (über Ybbs – ein guter Stopp fürs Mittagessen).

❹ Melk

Nur wenige Attraktionen haben so eine Anziehungskraft wie das Benediktinerstift Melk, hoch auf einem Hügel mit Blick über die Donau. Kirche, Bibliothek und Marmorsaal präsentieren Barock hoch drei. Die nächste Etappe führt tief in die Unesco-Region Wachau, wo sich die Donau ihren Weg vorbei an Weinterrassen, Aprikosengärten, Waldhängen und Burgen bahnt, die an jeder Ecke auftauchen.

Auf dem malerischen 35 km langen Abschnitt von Melk nach Krems wünscht man sich, die Fahrt würde ewig weitergehen.

Pit stop

Spitz & Dürnstein

Unzählige Weinreben ranken sich in Spitz, wo man in den Heurigen die lokalen Weine verkosten kann. Dürnstein setzt noch eins drauf in puncto Romantik, mit seiner Ruine, wo Richard Löwenherz einst gefangen gehalten wurde.

Spitz liegt 18 km, Dürnstein 29 km von Melk entfernt.

❺ Krems an der Donau

Krems brilliert mit seinem historischen Zentrum, Grünem Veltliner und Riesling von den Weingütern vor Ort und jeder Menge heimeliger Restaurants und Unterkünfte. Auch die Kunstmeile mit ihren Galerien und das prunkvolle Barockstift Göttweig sind einen Besuch wert.

Von da führt der Radweg über Tulln und den Wienerwald nach Wien (80 km).

Zwischenstopp

Tulln

Der österreichische Expressionist Egon Schiele (1890–1918) stammte aus Tulln. Seine Heimatstadt widmet gleich zwei Museen dem Leben und Schaffen des außergewöhnlichen Künstlers (eins davon ist sein Geburtshaus).

Tulln liegt 45 km von Krems entfernt.

❻ Wien

Die österreichische Hauptstadt ist wirklich ein würdiger Abschluss für diese ehrgeizige, aber traumhafte Radtour. Wien wickelt jeden um den Finger, mit seinem wunderbaren Ensemble an Palästen, Galerien, Parks, Konzerthallen und Kaffeehäusern. Zumindest ein, zwei Tage solltest du dir hier genehmigen, bevor du die Heimreise antrittst.

So geht's zurück

Von Wien starten regelmäßig Hochgeschwindigkeitszüge in Richtung Norden und Osten, einschließlich München (4 h 15), Paris (10 h 30), Bratislava (1 h) und Prag (4 h).

Von Mallorca nach Madrid

Barcelona • Palma • Sollér • Sa Pobla • Petra • Manacor • Valencia • Madrid
Erst erkundet man die beschauliche Welt jenseits der Touristenstrände, dann geht's in die unterschätzte spanische Hauptstadt.

So kommst du hin

Barcelona ist per Hochgeschwindigkeitszug u. a. von Madrid, Paris (6 h 30) und Genf (8 h 30) aus zu erreichen.

❶ Barcelona

In der Stadt von Joan Miró und Starkoch Ferran Adrià kann man so richtig in die katalanische Kultur eintauchen. Kulinarisch gesehen ist von klassischen Tapas an der Bar Pinotxo auf dem Markt La Boqueria bis hin zur Sterneküche des Disfrutar für jeden Geschmack etwas dabei. Satt und glücklich wird es nun künstlerisch in der Fundació Joan Miró. Die vollständigste Sammlung von Werken des Lieblingssohns Barcelonas ist hier in einem hellen Gebäude auf einem Hügel im Parc de Montjuïc ausgestellt.

Faktencheck

CO_2 (kg pro Pers.) 133
Entfernung (km) 1083
Übernachtungen 10–15
Fahrtkosten (€) 160

Fähren von Balearia (www.balearia.com) und Trasmediterránea (www.trasmediterránea.com) setzen täglich nach Palma de Mallorca über. Die Fahrt dauert ca. 7 h 30; es gibt auch Nachtfähren.

❷ Palma

Joan Miró verbrachte seine letzten Tage in der mallorquinischen Hauptstadt, die wie ein Barcelona im Miniformat wirkt. In der Fundació Pilar i Joan Miró gibt's noch mehr seiner Werke zu sehen. Im Museu de

Terrassen an der Serra de Tramuntana bei Banyalbufar

Mallorca und dem Palau de l'Almudaina bekommt man einen Eindruck von der islamischen Geschichte der Stadt.

Eine kleine Bahn fährt zwischen April und Oktober sechsmal täglich von Palma nach Sollér (1 h; www.trendesoller.com); im Winter gibt's weniger Fahrten.

❸ Sóller

Der Ort liegt in einem Tal des Tramuntana-Gebirges, in dem es nach Zitrusblüten duftet. Mit öffentlichen Verkehrsmitteln lässt sich die Region in ein paar Tagen erkunden. Nach Port de Sollér (berühmt für seine Fischrestaurants) fährt eine Straßenbahn. Busse bringen Besucher nach Deià und Valldemossa im Süden (Linie 210) und ins hübsche Dorf Fornalutx sowie nördlich nach Puig Major und zum Kloster von Lluc (Linie 354). In den Bergen gibt's Wandermöglichkeiten, darunter die Ruta de Pedra en Sec (Trockenstein-Route) auf gepflasterten Wegen von Port d'Andratx nach Pollença. Man nimmt am besten einen Bus bis zum gewünschten Startpunkt und läuft zurück.

Viermal täglich fahren zwischen 9 und 18.40 Uhr Busse der Linie 231 (www.tib.org) nach Pollença (1 h 40;

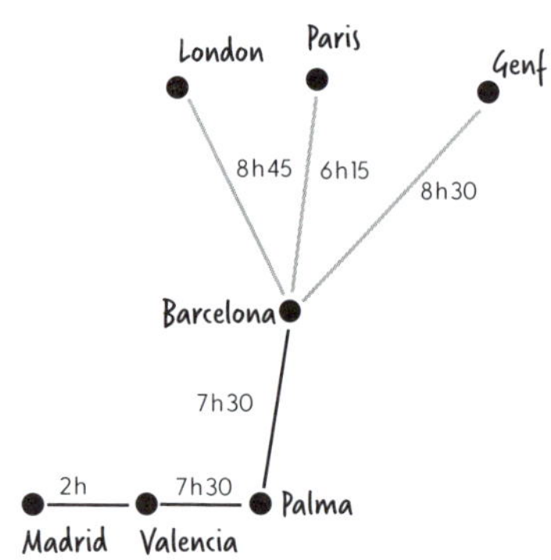

nur von April bis Oktober, in den anderen Monaten kehrt man nach Palma zurück und nimmt die Buslinie 301).

❹ Pollença

Beim Aufstieg über 365 Stufen zur einfachen und anmutigen Kapelle Església del Calvari lernt man die Inselkultur besser kennen. Wer aktiv bleiben will, leiht sich ein Fahrrad (oder E-Bike) und ergründet die kleineren Nebenstraßen oder macht sich auf zum Cap de Formentor.

Die Busse der Linie 301 nach Sa Pobla halten an der Ringstraße. Der Bahnhof liegt 2 km entfernt am anderen Ende des Orts.

Das Museo del Prado in Madrid

❺ Sa Pobla

Sa Pobla ist nicht nur transporttechnisch ein Scheidepunkt, sondern auch landschaftlich: Hier werden die Berge der Serra de Tramuntana vom fruchtbaren Flachland Es Pla abgelöst. Zu sehen ist dieser Übergang an den Weinbergen und Mandelplantagen.

Man nimmt einen Zug der Linie T2 nach Inca und steigt dort in die T3 nach Petra und Manacor um (www.tib.org). Die Fahrt dauert nur ein paar Minuten.

❻ Petra

Es gibt zwei Gründe, um in Petra vorbeizuschauen: Einer ist die Ermita de la Mare de Déu de Bonany, wo der Mönch und Missionar Junípser Serra seine letzte Predigt hielt, bevor er Kalifornien gründete. Der andere ist der Wein der Bodegas Miquel Oliver.

Die Züge der Linie T3 fahren nach Manacor weiter.

❼ Manacor

Manacor ist ein Umsteigepunkt, der keinen großen Aufenthalt lohnt. Hier nimmt man einen der Busse an die Ostküste und hält wegen der atemberaubenden (und überlaufenen) Tropfsteinhöhlen Coves del Drac in Porto Cristo. Südlich davon gibt's mehrere ruhige Strände, zu denen einige Busse fahren.

Mit dem Zug geht's zurück nach Palma und von dort mit der Fähre nach Valencia. Die Route wird von denselben zwei Fährgesellschaften betrieben und die Überfahrt dauert ebenfalls um die 7 h 30.

❽ Valencia

Die coole und moderne Stadt Valencia ist einen mehrtägigen Aufenthalt wert. Zu sehen sind u. a. Santiago Calatravas Ciudad de las Artes y las Ciencas und der Fischerhafen El Cabanyal. Es gibt unzählige Bars und Restaurants.

Hochgeschwindigkeitszüge fahren 15-mal täglich in unter 2 h von Valencia-Joaquin Sorolla nach Madrid-Puerta de Atocha. Langsamere Züge halten an verschiedenen Orten auf derselben Strecke.

❾ Madrid

In einem Land voller zauberhafter Küstenorte wird die Hauptstadt oft zu Unrecht übersehen. Dabei ist hier eins der besten Kunstmuseen der Welt zu Hause, das Museo del Prado, wo Werke von Goya und Velázquez die spanische Seele beleuchten.

So geht's zurück

Von Madrid gibt's Hochgeschwindigkeitsverbindungen nach Frankreich und über Barcelona in andere europäische Länder.

Per pedes durch Ligurien

Nizza · Menton · Genua · La Spezia · Genua · Mailand

Diese Tour folgt der Italienischen Riviera bis zu den Cinque Terre mit atemberaubenden Klippenwegen.

So kommst du hin

Nizza ist gut mit dem TGV von Paris und mit Hochgeschwindigkeitszügen von Montpellier, Marseille und Mailand aus zu erreichen.

❶ Nizza

Nizza ist die Königin der Côte d'Azur und verzaubert mit ihrem besonderen Licht, ihrer Opulenz und dem glitzernden Meer. In der Stadt der Schönen und Reichen gibt's zwar kein geheimnisvolles Hinterland, aber es lohnt sich trotzdem, mal über die berühmte Promenade des Anglais und das Musée Matisse hinauszuschauen. Die exklusive Halbinsel Saint-Jean-Cap-Ferrat zieht die Stars an und der Küstenort Villefranche-sur-Mer bietet eine Ruhepause vom hektischen Stadtleben.

Faktencheck

CO_2 (kg pro Pers.) 17

Entfernung (km) 547

Übernachtungen 10+

Fahrtkosten (€) 55

Regionalzüge fahren halbstündlich an der Küste entlang nach Menton (40 min).

❷ Menton

Menton gehörte einst den Fürsten von Monaco (die Steuern auf die hochgeschätzten Zitronen erhoben), kam aber später zu Frankreich. Bereits seit dem 19. Jh. gilt es als vornehmer Badeort, in den sich schon Queen Victoria, Winston Churchill und Jean Cocteau verliebten. Hier, am Fuß der Alpen, soll das beste Klima der ganzen Riviera herrschen. Wer will, bestätigt diese Theorie

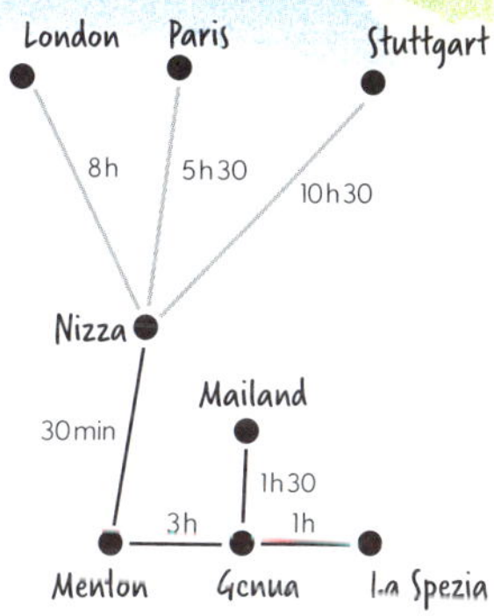

bei einer Erholungspause unter den Zitrusbäumen der Jardins Biovès.
Züge nach Genua (3 h, Umsteigen in Ventimiglia) fahren etwa zweimal stündlich.

Tagestrip

Sainte-Agnès

Gleich hinter Menton türmen sich die Alpen auf und 10 km im Landesinneren liegt das bezaubernde mittelalterliche Sainte-Agnès – ideal für einen Tagesausflug. Einige Restaurants haben Terrassen mit Meerblick.
Busse der Linie 10 fahren sechsmal täglich vom Busbahnhof in Menton nach Sainte-Agnès (45 min, www.zestbus.fr). Für Aktive gibt's bei Bike Trip Leihräder.

3 Genua

In der Geburtsstadt von Christoph Kolumbus spielt die Seefahrt nach wie vor eine große Rolle, denn hier legen Fähren in den ganzen

Von links: Vernazza; ein Wanderer an der Küste der Cinque Terre; regionale Zitronen; vorherige Seite: der Bahnhof Gare de Nice-Ville; Eis in Menton

Mittelmeerraum ab. Der maritime Wohlstand ist an den Palästen der mächtigsten Genueser Familien, den Palazzi dei Rolli, zu erkennen. Viele von ihnen sind der Öffentlichkeit zugänglich. In den Musei di Strada Nuova auf der Via Garibaldi sind die Kunstsammlungen aus drei der Palazzi zu sehen. Zum Schluss deckt man sich im Mercato Orientale mit Proviant für die Wanderungen ein. **Intercity-Züge vom Bahnhof Piazza Principe brauchen 1 h 30 nach La Spezia (2–3 pro Stunde; www.trenitalia.com).**

❹ Cinque Terre

La Spezia liegt südöstlich der fünf berühmten Dörfer der Cinque Terre und ist das Tor zu jenem schroffen Küstenabschnitt am Ligurischen Meer. Der erste Ort in westlicher Richtung ist Riomaggiore (ca. 15 km von La Spezia entfernt), gefolgt von Manarola, Corniglia, Vernazza und Monterosso. Der 11 km lange landschaftlich grandiose „Blaue Weg" Sentiero Azzurro (sowie eine Zugstrecke) verbindet die Dörfer miteinander. Von Riomaggiore führt das Teilstück Via dell'Amore auf den Klippen entlang nach Manarola (ca. 30 min). Wer plant, durch die Cinque Terre zu wandern, sollte schweres Gepäck in Genua lassen und am Ende wieder abholen. Achtung: Der Parco Nazionale delle Cinque Terre und die Dörfer sind während der Hauptsaison extrem voll. Deshalb sollte man lieber in der Nebensaison reisen und die Unterkünfte vorab buchen. Im Nationalpark gibt's aber auch weniger besuchte Wanderwege, die leicht von den Dörfern aus zu erreichen sind. **Von Monterosso fahren alle zwei Stunden Züge zurück zur Piazza Principe in Genua (1 h 20). Die regelmäßig verkehrenden Direktzüge nach Mailand sind ab Genua 1 h 30 bis 2 h unterwegs.**

❺ Mailand

Mailand ist der nächstgrößte Umsteigebahnhof. Möglicherweise geht die Rückfahrt von hier schneller als über Nizza. Bevor man nach Hause fährt, sollte man einige Tage in dieser Stadt verbringen und sich den Dom, die Boutiquen des Quadrilatero d'Oro und da Vincis Abendmahl anschauen.

Auf den Spuren der Antike

Rom • Neapel • Bari • Dubrovnik • Sarandë • Korfu • Athen • Samos • Kuşadası

Eine Entdeckungsreise durch den östlichen Mittelmeerraum zu den antiken Schätzen der Römer und Griechen.

So kommst du hin

Alle Wege führen nach Rom, z. B. ab Paris mit dem Nachtzug Thello (nach Mailand) und anschließendem Schnellzug (Mailand–Rom 3 h) oder dem TGV über Turin (ab 10 h). Von München nimmt man den Eurocity nach Verona (5 h) und steigt nach Rom um (3 h).

❶ Rom

Die antiken Sehenswürdigkeiten der einstigen Hauptstadt des Römischen Reiches liegen eng beieinander im Südosten der Stadt. Über Jahrhunderte diente das Kolosseum als Ort der Unterhaltung und bedeutete den Tod für viele Wildtiere und Gladiatoren. Zivilisierter ging es im Forum Romanum zu, von dem heute noch die Ruinen von Tempeln, Basiliken und Plätzen übrig sind.

Die regelmäßigen Schnellzüge brauchen ca. 1 h nach Neapel (www.trenitalia.com).

Faktencheck

CO_2 (kg pro Pers.) 451

Entfernung (km) 2915

Übernachtungen 30+

Fahrtkosten (€) 360

❷ Neapel

Einen detaillierten Einblick ins römische Leben bietet das Museo Archeologico Nazionale mit einer der weltweit größten Sammlungen griechisch römischer Artefakte.

Schnellzüge nach Bari Centrale mit Umstieg in Caserta sind ca. 4 h unterwegs.

Tagestrip

Pompeji

Das römische Pompeji wurde 79 n. Chr. unter Vulkanasche begraben. Die sorgte dafür, dass die zu jener Zeit florierende Hafenstadt bis in kleinste Details erhalten blieb, von Fresken, Badeanstalten und Tempeln bis hin zu Wohnhäusern.

Von Neapels Bahnhof Piazza Garibaldi gehen Züge halbstündlich nach Pompeji (45 min).

❸ Bari

Von der Hauptstadt Apuliens legen Fähren in den Adriaraum ab. Die außergewöhnlich schöne Basilika aus dem 12. Jh. macht den Mangel an römischen Stätten wieder wett.

Die Fährgesellschaft Jadrolinija bietet eine Nachtüberfahrt pro Woche nach Dubrovnik (11 h, Mai–Okt.) und Fährverbindungen von Bari nach Split an. www.jadrolinija.hr

❹ Dubrovnik

Dubrovniks Mauern aus dem 14. Jh. umschließen eine faszinierende Altstadt, die

Links: das Forum Romanum

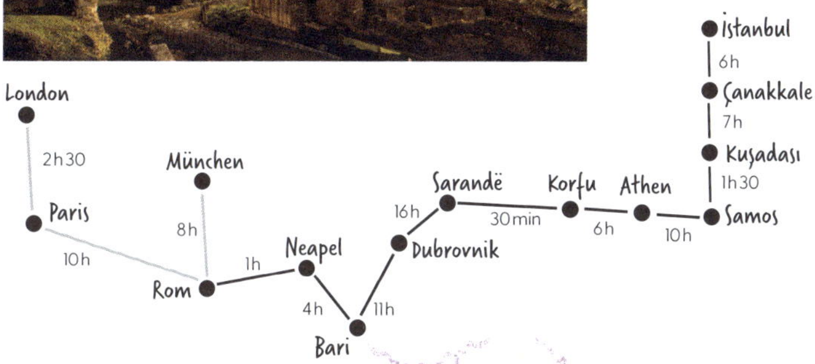

trotz des Touristenansturms begeistert. Eine tolle Aussicht bietet sich vom Berg Brdo Srđ, der per Seilbahn zu erreichen ist. Auch schön ist ein Ausflug auf die winzige Insel Lokrum mit Badestellen und Wäldern (10 Min. von Dubrovnik mit der Fähre).

Die nächste Etappe ist die abenteuerlichste. An der Küstenstraße entlang geht's durch Montenegro und Albanien zur südlichen Stadt Sarandë. Von Dubrovnik fahren Direktbusse nach Kotor (ca. 2 h.; www.buscroatia.com) und über Reisebüros kann man die Anschlussfahrt in die albanische Hauptstadt Tirana buchen (5 h 30). Ab Tirana gibt's täglich um die acht Busse nach Sarandë (8 h).

5 Sarandë

Der beliebte Badeort liegt an den entspannten Stränden der Albanischen Riviera.

Nach Korfu fahren normalerweise mindestens eine oder zwei Fähren pro Tag. (30 min, mit Zeitzonenwechsel; www.sarrislines.gr oder www.finikas-lines.com).

6 Korfu

Wer es bis hierher geschafft hat, verdient sich eine Auszeit. Korfus Strände, wilde

Landschaften und gutes Essen betören. Kein Wunder, dass der Legende nach schon Odysseus hier zu Gast war. Die Insel lässt sich per Linienbus (www.greenbuses.gr) erkunden. In Korfu-Stadt gibt's Fahrradverleihe.

Die Buslinie X1 verkehrt zwischen Korfu und Athen (www.greenbuses.gr; 6 h plus Fährüberfahrt zum Festland).

7 Athen

Die Akropolis und ihr erstklassiges Museum sind nur zwei der Sehenswürdigkeiten, die bei keinem Besuch fehlen dürfen. Wer noch tiefer in die Antike eintauchen möchte, schaut im Archäologischen Nationalmuseum und beim Tempel des Olympischen Zeus vorbei.

In Piräus, dem Hafen von Athen, nimmt man entweder die Direktfähre nach Vathy auf der Insel Samos (10 h; www.hellenicseaways.gr) oder eine indirekte Route durch die Kykladen über Mykonos, Paros usw.

8 Samos

Die östlichste Insel Griechenlands war ein Zentrum der hellenischen Kultur. Hier wurde nicht nur Zeus' Frau Hera, sondern auch der Philosoph Pythagoras geboren. Vathy ist die beeindruckende Inselhauptstadt.

Die Überfahrt von Vathy nach Kuşadası in der Türkei dauert 1 h 30 (tgl. oder alle zwei Tage; www.meandertravel.com).

9 Kuşadası

Der für sein wildes Nachtleben bekannte Badeort ist eine gute Basis für einen Besuch der atemberaubenden antiken Stadt Ephesos. Anschließend geht's die Küste hinauf nach Çanakkale.

Man nimmt einen Bus nach Izmir (1 h) und steigt nach Çanakkale um (6 h).

Tagestrip

Ephesos

Mehr als 150 Jahre haben die Ausgrabungen an den am vollständigsten erhaltenen antiken Ruinen Europas gedauert und dabei gerade einmal ein Fünftel der gesamten Stadt freigelegt. Ephesos war die Hauptstadt des römischen Anatolien, eine dynamische Metropole der Kaufleute, Seefahrer und Pilger. Letztere zog es zum Tempel der Artemis, einem der sieben Weltwunder der Antike.
Nach Ephesos kommt man per Kleinbus oder Taxi, oder als Teil einer geführten Tour mit Reisebüros wie Meander.

Links: die Strände Korfus; oben: die Ruinen von Ephesos

⑩ Çanakkale

Die schicke Universitätsstadt liegt ganz in der Nähe des sagenhaften Troja. Wer nach dem berühmten Pferd sucht, wird enttäuscht: Es wird nicht mal im Ilias, der Chronik des Trojanischen Kriegs, erwähnt.
Mit dem Bus sind es 6 h bis nach Istanbul.

So geht's zurück

Für die Rückreise gen Westen kann man u. a. der Route des Orient Express folgen (S. 173).

Register

Titel der englischen Ausgabe
FLIGHT-FREE EUROPE
November 2023
Herausgegeben von Lonely Planet Global Limited
CRN 554153
www.lonelyplanet.com

Managing Director, Publishing Piers Pickard
Associate Publisher Robin Barton
Redakteure Bridget Blair, Lorna Parkes, Polly Thomas, Clifton Wilkinson
Art Director Daniel Di Paolo
Layout Jo Dovey
Coverdesign Eiko Ojala (http://ploom.tv)
Kartografie James Leversha, Wayne Murphy
Herstellung Nigel Longuet
Besonderer Dank Jessica Cole

Verlag der deutschen Ausgabe
MAIRDUMONT GmbH & Co. KG
Marco-Polo-Straße 1, 73760 Ostfildern
www.mairdumont.com, www.lonelyplanet.de,
lonelyplanet-online@mairdumont.com

Übersetzung Gunter Mühl, Carina Wurzinger, Teresa Zuhl, Jens Bey
Redaktion Verlagsbüro Wais & Partner, Stuttgart, Jens Bey, Stuttgart
Abbildungen Fotos © wie angegeben 2020

8. Auflage 2025
ISBN 978-3-575-01170-1
Printed in Malaysia

Autor:innen Oliver Berry, Oliver Smith, Kerry Christiani, Brana Vladisavljevic, Tasmin Waby, James Smart, Tom Hall, Lauren Keith

FSC www.fsc.org MIX Papier | Fördert gute Waldnutzung FSC® C021741

Dieses Buch wurde auf FSC® zertifiziertem Papier gedruckt. FSC® ist ein internationales Zertifizierungssystem für nachhaltigere Waldwirtschaft. Das Holz für dieses Papier kommt aus Wäldern, die verantwortungsvoller bewirtschaftet werden.